Rebecca Gablé studierte Literaturwissenschaft, Sprachgeschichte und Mediävistik in Düsseldorf, wo sie anschließend als Dozentin für mittelalterliche englische Literatur tätig war. Heute ist sie freie Autorin. Sie lebt mit ihrem Mann am Niederrhein und in Spanien. Nach zahlreichen historischen Romanen, die alle Bestseller wurden, ist dies ihr erstes historisches Sachbuch – das im HC natürlich auch auf der Bestsellerliste landete.

Weitere Titel der Autorin:

Das Lächeln der Fortuna
Das zweite Königreich
Der König der purpurnen Stadt
Die Siedler von Catan
Die Hüter der Rose
Das Spiel der Könige
Hiobs Brüder
Der dunkle Thron
Das Haupt der Welt
Der Palast der Meere
Die fremde Königin

Titel in der Regel auch als Hörbuch bei Lübbe Audio und als E-Book erhältlich.

REBECCA GABLÉ

VON RATLOSEN UND LÖWENHERZEN

Eine kurzweilige,
aber nützliche Geschichte
des
englischen Mittelalters

Lübbe

NACHHALTIG PRODUZIERT

Die Bastei Lübbe AG verfolgt eine nachhaltige Buchproduktion. Wir verwenden Papiere aus nachhaltiger Forstwirtschaft und verzichten darauf, Bücher einzeln in Folie zu verpacken. Wir stellen unsere Bücher in Deutschland und Europa (EU) her und arbeiten mit den Druckereien kontinuierlich an einer positiven Ökobilanz.

FSC www.fsc.org MIX Papier | Fördert gute Waldnutzung FSC® C014496

Vollständige Taschenbuchausgabe
der bei Lübbe Ehrenwirth erschienenen Hardcoverausgabe

Lektorat: Karin Schmidt
Illustrationen: © akg-images
Karten auf Seiten 6 und 238: Reinhard Borner
Umschlaggestaltung: HildenDesign, München
Titelbild: © Richard the Lionheart, John of Gaunt, Edward III,
Joan Plantagenet and Philippa of Hainault; The Stapleton Collection/
The Bridgeman Art Library
Autorenfoto: © pro event Andreas Biesenbach
Satz: Kremerdruck GmbH, Lindlar
Gesetzt aus der ITC Berkeley Oldstyle
Druck und Verarbeitung: GGP Media GmbH, Pößneck
Printed in Germany
ISBN 978-3-404-64242-7

10 12 11

Sie finden uns im Internet unter
luebbe.de
Bitte beachten Sie auch: lesejury.de

Inhalt

N
W
O
S
ALNWICK
CARLISLE
DURHAM
LANCASTER
YORK
BEVERLEY
HULL
PONTEFRACT
CHESTER
LINCOLN
NOTTINGHAM
DERBY
SHREWSBURY
LEICESTER
NORWICH
COVENTRY
ELY
WARWICK
ST. EDMUNDS
WORCESTER
HEREFORD
CAMBRIDGE
IPSWICH
MILFORD HAVEN
ST. ALBANS
CARMARTHEN
GLOUCESTER
LONDON
PEMBROKE
BERKELEY
WINDSOR
READING
SANDWICH
WINCHESTER
CANTERBURY
DOVER
SALISBURY
WINCHELSEA
HASTINGS
EXETER
SOUTHAMPTON
ARUNDEL
PLYMOUTH
DARTMOUTH

Kapitel 1
Worüber reden wir hier eigentlich?

Wenn man sich daran begibt, eine Geschichte des Mittelalters zu schreiben – oder zu lesen –, ist es vielleicht nicht das Dümmste, zuerst einmal zu fragen, was denn eigentlich »das Mittelalter« ist. Die Antwort ist ganz einfach: Niemand weiß es. Jedenfalls nicht so genau.

Der so oft und immer wieder erfolglos definierte Begriff kam schon im 14. Jahrhundert auf, obwohl das Mittelalter zu der Zeit kurioserweise noch gar nicht vorüber war. Ausgedacht haben sich dieses Wort die Humanisten, die der unbescheidenen, aber zutreffenden Auffassung waren, sie hätten ein neues Zeitalter eingeläutet, das sich logischerweise die Neuzeit nannte. Die Humanisten hielten große Stücke auf die philosophischen und wissenschaftlichen Errungenschaften der Antike, aber die rund tausend Jahre zwischen deren Ausklang und der soeben erfundenen Neuzeit betrachteten sie als eine dunkle Epoche, geprägt vom Verfall der griechischen und lateinischen Sprache und Bildung. Sie betitelten sie also als Mittelalter – eine Art intellektueller Sendepause –, die man getrost vernachlässigen könne. Die Aufklärung setzte ein paar Hundert Jahre später noch eins drauf und nannte das Mittelalter »finster«. Dieser Begriff hält sich hartnäckig, und wenn er in der Aufklärung lediglich die (angebliche) Finsternis der mittelalterlichen Unbildung beschrieb, bedient er heute unsere klischeehaften Vorstellungen von einem Zeitalter, das von Hungersnöten, Kriegen, Pest, Obrigkeitswillkür, Folter und Hexenverfolgung geprägt sei, was übrigens nicht stimmt.

Also. Wir befassen uns hier mit der Zeit zwischen der hell strahlenden Antike und deren Wiederentdeckung durch die im wahrsten Sinne des Wortes epochemachenden Humanisten.

Und von wann bis wann genau soll dieses leidige Zwischenstadium gedauert haben?

Das ist nicht abschließend geklärt. Was die Dinge erschwert, ist die Tatsache, dass z.B. in Deutschland noch Mittelalter herrschte, als die Renaissance (ein weiterer Name für die Eröffnungsphase der Neuzeit) in Italien längst begonnen hatte.

Sagen wir also mit aller gebotenen Vorsicht: Das Mittelalter dauerte etwa von der Völkerwanderung, die Ende des 3. Jahrhunderts einsetzte, bis zur Verbreitung des Buchdrucks Ende des 15. Jahrhunderts. Diese Definition ist gerade deswegen brauchbar, weil sie Prozesse und nicht Zeitpunkte an den Anfang und das Ende der Epoche setzt.

In England ist bekanntlich alles ein wenig anders. Nicht nur fährt man dort auf der falschen Straßenseite, mäht den Rasen am Sonntag, betrachtet Mischbatterien als überflüssigen Schnickschnack und setzt ehrwürdigen Juristen drollige Perücken auf; auch in der Einteilung geschichtlicher Epochen gehen unsere Nachbarn auf der Insel eigene Wege und sagen: Bei *uns* dauerte das Mittelalter von ziemlich genau 450 bis ziemlich genau 1485. Das ist keine unbestrittene, aber eine weit verbreitete Meinung, und ich finde sie zumindest tauglich.

Warum, werden Sie verstehen, wenn Sie dieses Bändchen lesen.

Also, woll'n wir?

Kapitel 2
450–1066: Die Angelsachsen

Das englische Mittelalter begann mit einer Standortaufgabe: Um die Wende vom 4. zum 5. Jahrhundert war das römische Imperium von so vielen Feinden bedroht, dass es sich gezwungen sah, seine schöne, nebelverhangene Inselprovinz Britannia aufzugeben.

Vielleicht war der damalige Kaiser Honorius insgeheim ganz froh, dieses entlegene Abschreibungsobjekt loszuwerden, denn Britannia hatte den Römern viel Ärger beschert: Die ersten beiden Versuche unter Julius Caesar, Britannien zu erobern, waren 55 und 54 vor Christus ziemlich kläglich gescheitert, weil bei der Überfahrt zu viele Schiffe – mitsamt lebender Fracht – verloren gingen und die Insulaner unerwartet heftigen Widerstand leisteten.

Erst rund hundert Jahre später wagten die Römer im Jahr 43 n. Chr. in der Zeit des Kaisers Claudius einen neuen Versuch, und dieses Mal gelang es, längerfristig in Britannien Fuß zu fassen. Etwa der Teil der Insel, der heute England heißt, wurde römische Provinz. Vor allem der Süden erlebte eine kulturelle und wirtschaftliche Blüte, die nicht nur in den Ruinen von Bädern und Aquädukten bis heute ihre Spuren hinterlassen hat: Wenn man mit dem Auto von London nach Canterbury fährt, folgt man immer noch ziemlich genau der Straße, die die Römer angelegt haben. Apropos London: Es war die größte Handelsmetropole der Provinz Britannia und zählte rund 25 000 Einwohner.

Doch, wie gesagt, die Freude der Römer an dieser blühenden Provinz, die ihnen vor allem Blei und Silber bescherte, war nie ungetrübt. Allen voran die wilden Pikten – die keltischen Bewohner des heutigen Schottlands – fielen so oft in Britannia ein, dass die Römer sich genötigt sahen, eine gewaltige Wehrmauer, den »Hadrianswall«, zu bauen, um sie fernzuhalten. Später heuerten sie gelegentlich auch sächsische Söldnerhorden an, um die Pikten quasi mit ihren eigenen Waffen zu schlagen. Aber rund dreihundert Jahre nach der Besatzung hatten die Römer zu Hause erdrückende Sorgen, weil unter anderem auch die Vandalen jetzt hin und wieder in Rom und seinen südeuropäischen Provinzen vorbeischauten, und wie der Name schon erahnen lässt, waren sie keine besonders netten oder willkommenen Besucher. Also segelten die Römer heim.

Die britischen Kelten blieben sich somit selbst überlassen, und vielleicht sollte man meinen, dass sie den römischen Imperialisten keine Träne nachweinten, aber ganz so war es nicht. Viele von ihnen – vor allem die einheimische Aristokratie – hatten Geschmack an römischer Lebensart und der hoch gerühmten römischen Kultur gefunden. Sie sprachen Latein, besuchten römische Bäder und Theater und hatten sich der neuen römischen Staatsreligion – dem Christentum – zugewandt. Sie fühlten sich im Stich gelassen, teilten das Land dennoch unverdrossen unter sich auf und versuchten, die Verwaltung, die öffentliche Ordnung und die Verteidigung aufrechtzuerhalten.

Aber natürlich hatte der Abzug der Römer und vor allem ihrer Legionen ein Machtvakuum hinterlassen. Die bereits erwähnten Pikten aus Schottland und die kaum weniger wilden Scoten aus Irland (verwirrend, ich weiß) witterten nach dem Abflug der römischen Adler ihre Chance und unternahmen neue Überfälle auf ihre Nachbarn. Die Briten mussten bald feststellen, dass sie allein nicht mit ihnen fertig wurden, und taten das, was die Römer ihnen vorgemacht hatten: Sie engagierten germanische Söldnerverbände, um die Pikten und Scoten zu vertreiben. Und damit kommen wir zur ersten von vielen fatalen Fehlentscheidungen, denen Sie in diesem Buch begegnen werden. Diese germanischen Söldner – die aus dem heutigen Norddeutschland stammten und von den Briten als »Sachsen« bezeichnet wurden – vertrieben zwar die einfallenden Aggressoren, weigerten sich dann aber, wieder nach Hause zu gehen. Sie fanden das Land fruchtbar, das Klima mild, die Einheimischen uneins und nicht besonders wehrhaft. Etwa um das Jahr 450 begannen sie, ihre Frauen, Kinder, Brüder und sonstige Sippschaft zu holen und eigene Herrschaftsgebiete zu gründen. Das war der Beginn der sächsischen Besiedlung – was den Sachsen klar gewesen sein dürfte – und ebenso der Beginn des englischen Mittelalters – was ihnen eher unklar gewesen sein dürfte.

Und was mag es für ein Land gewesen sein, das sie vorfanden? Auf jeden Fall war es wilder, als wir uns das ohne Mühe vorstellen können. Schätzungsweise achtzig Prozent seiner Fläche waren von dichten Wäldern bedeckt, die neben allen heute noch verbreiteten Wildarten auch von Wölfen und Braunbären bevölkert waren. Wenn jemand in den Wald ging, war es keine Selbstverständlichkeit, dass er auch wieder herauskam. Wo kein Wald war, lag Marschland, das teilweise sehr sumpfig war, sodass gerade die Flussniederungen oft unbewohnbar waren. In all dieser ungezähmten Wildnis fand sich hier und da eine Siedlung, wo die Bauern nicht nur dem Boden die Ernte, sondern auch dem Wald den Boden abringen mussten. Außer London und York gab es kaum nennenswerte Städte, und selbst diese boten ein eher dörfliches Bild mit Gemüsebeeten und Obstbäumen an den Häusern und mehr Schweinen und Hühnern als Fuhrwerken auf den schlammigen Straßen. Kein lieblicher Garten Eden also, und trotzdem siedelten die Sachsen in diesem Land. Ihnen folgten ein paar Jüten, ein paar Friesen und viele Angeln, und diese germanische Heimsuchung wurde bald die »Angelsachsen« genannt. Wie Wölfe in den Schafspferch habe man sie ins Land gelassen, schrieb ein Chronist.

Ein friedliches Nebeneinander der britischen Ureinwohner und der angelsächsischen Einwanderer gestaltete sich schwierig. Einmal abgesehen vom harten Verteilungskampf unter schwierigen Lebensbedingungen gab es auch nichts, das sie gemeinsam hatten. Keine Sprache, denn die einen waren Kelten, die anderen Germanen. Keine Religion, denn die Kelten waren entweder Christen oder Anhänger ihrer alten Naturreligion, während die Angelsachsen Wotan und Thor um Beistand in ihren Schlachten baten. Oft fanden ihre Gebete Gehör, und über die nächsten 250 Jahre rissen die Angelsachsen sich die einstige römische Provinz Britannia fast vollständig unter den Nagel. Die keltischen Briten wurden ins heutige Wales und Cornwall abgedrängt. Nicht einmal ihr Anführer Artus, der sich den Angelsachsen in zwölf Schlachten entgegenwarf und zwölfmal siegte (und das ist *alles*, was es an historischen Belegen über ihn gibt), konnte verhindern, dass sie von der Bühne der englischen Geschichte verschwanden.

Bis zum Jahr 700 hatten die germanischen Siedler sieben Königreiche gebildet: Kent, Ostsachsen (Essex), Südsachsen (Sussex), Westsachsen (man ahnt es schon: Wessex), East-Anglia, Mercia und Northumbria, die bis ins neunte Jahrhundert Bestand hatten. »Heptarchie« wird diese Epoche genannt, wegen der Anzahl der Königreiche (sieben heißt auf Griechisch »hepta«) und weil man mit einem griechischen Fremdwort bei den Unbedarften immer Eindruck schinden kann. Die Angeln, Sachsen, Jüten und Friesen konnten aber kein Griechisch und nannten sich selbst der Einfachheit halber »Angelcynn«, was »Volk der Angeln« heißt, und ihr Land »Engla-Land«, was, wie Sie sicher erraten haben, »Land der Angeln« bedeutete.

Das führte zu einem ebenso drolligen wie folgenschweren Missverständnis: Als Papst Gregor der Große von diesem Land und diesem Volk hörte, war er überzeugt, der Name sei ein göttliches Zeichen, eine Aufforderung, diese Menschen zu missionieren und zu »Engeln Gottes« zu machen. Also schickte er

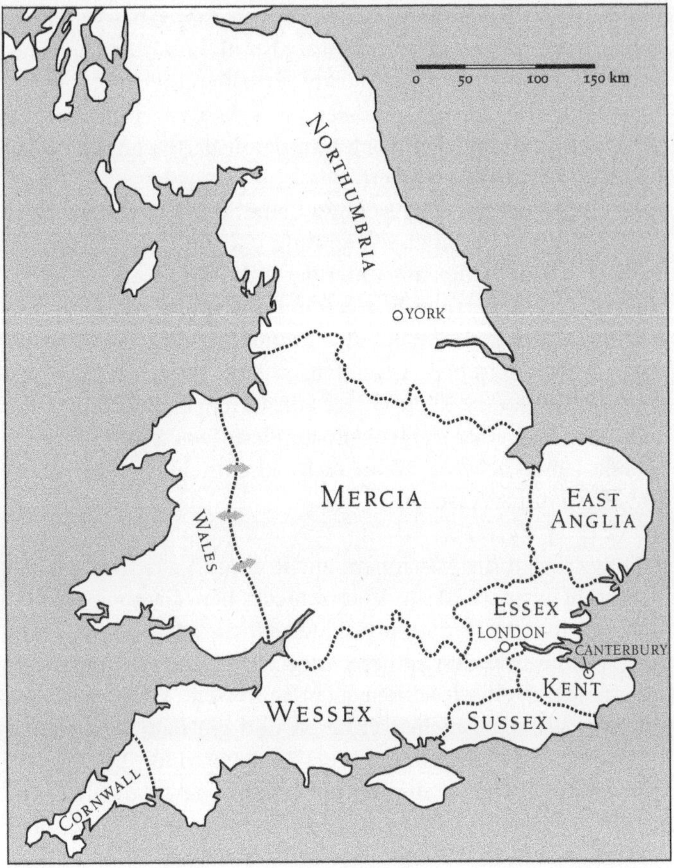

England im 8. Jahrhundert: »Heptarchie«. Die hier eingezeichneten Grenzen sollen nur eine etwaige Vorstellung geben. In Wahrheit verschoben sie sich ständig.

umgehend einen Mönch namens Augustin ins ferne Britannien, der dort 597 ankam. Augustin hatte das große Glück, dass er in Kent landete, denn es war das weltoffenste der sieben Königreiche, unterhielt aufgrund seiner Geografie engeren Kontakt zum Kontinent als seine Nachbarn, und die kentische Königin Bertha entstammte dem fränkischen Königshaus und war schon getauft. So wurde Augustin also nicht Wotan und Thor geopfert, sondern Berthas Gemahl Æthelbercht, der König von Kent, ließ sich zum neuen Glauben bekehren. Vielleicht aus Überzeugung. Vielleicht auch nur, damit Bertha endlich Ruhe gab. Das ist nicht überliefert.

Jedenfalls setzte von Kent aus eine Missionsbewegung in nördlicher und westlicher Richtung ein, und eine zweite begann 633 von Norden aus unter der Führung irischer Mönche, die auf der zu Northumbria gehörenden Insel Lindisfarne ein Kloster und einen Bischofssitz gründeten. Die Christianisierung der heidnischen Angelsachsen ging natürlich nicht reibungslos und ohne Rückschläge vonstatten, doch schon in der zweiten Hälfte des siebten Jahrhunderts war praktisch ganz »Engla-Land« bekehrt (wenn auch sicher nicht alle Einwohner Engel geworden waren).

Anfangs waren die Missionare aus Rom und aus Irland einander nicht grün, weil sie unterschiedlichen Glaubenstraditionen angehörten. Der Streit machte sich vor allem an der Frage fest, wie das Osterfest zu berechnen sei. Das kommt uns heute albern vor, doch wir sollten nicht vergessen, dass Ostern das höchste aller christlichen Feste ist und die Fähigkeit, diesen wichtigen Tag zu bestimmen, eine Art Symbol für das Wissensmonopol der Kirche in allen Glaubensfragen darstellte. 663 fand im Kloster zu Whitby eine Synode statt, auf der diese und andere Streitfragen zugunsten der römischen Fraktion entschieden wurden. (Wer je in Whitby war, wird sich vielleicht fragen, warum diese wichtige Synode ausgerechnet auf einer so entlegenen, stürmischen Klippe an der Küste von Yorkshire stattfand. Die Antwort ist: Hild, die Äbtissin von Whitby, war die Großnichte des Königs von Northumbria. Vermutlich wollte sie einfach mal ein großes Event ausrichten, oder vielleicht wollte sie in die Geschichte eingehen, was ihr ja auch gelungen ist. Und gute Beziehungen konnten eben schon im 7. Jahrhundert das Unmögliche möglich machen.)

Damit war der Kirchenstreit jedenfalls beigelegt, und viele Historiker glauben, dass dies eine wichtige Voraussetzung für den politischen Einigungsprozess des angelsächsischen Englands war. Wie überall in Europa setzte mit der Christianisierung jedenfalls eine rasche kulturelle Entwicklung ein, die uns z.B. die ersten schriftlichen Belege der angelsächsischen Sprache bescherte. In Canterbury, York und Winchester wurden Klöster gegründet, deren Schulen bald hoch gerühmt waren, und das Kloster zu Jarrow (unweit von Durham) und seine umfangreiche Bibliothek brachten den größten englischen Gelehrten dieser Epoche hervor: Beda Venerabilis, der zu den Kirchenvätern zählt und dank seiner historischen Schriften zu den wichtigsten Quellen über die angelsächsische Epoche.

So hätten also in »Engla-Land« rosige Zeiten anbrechen können, doch die *Angelsachsenchronik* berichtet im Jahr 793 von furchtbaren Omen: Schreckliche Wirbelwinde und Blitze habe man am Himmel über Northumbria gesichtet, gefolgt von feurigen Drachen und einer Hungersnot, und am 8. Januar seien plündernde Heiden auf der Klosterinsel Lindisfarne eingefallen, hätten geraubt und gemordet und die Kirche zerstört, ehe sie wieder verschwanden.

Dieses traumatische Erlebnis des ersten Wikingerüberfalls (vermutlich handelte es sich um Dänen) war der Beginn eines lange währenden Albtraums für die Angelsachsen, die ja schließlich besser als die meisten wussten, dass man an einer Küste landen, ein ganzes Land erobern und seine Einwohner vertreiben oder versklaven konnte, wenn man sich nur genug Mühe gab. Und die Dänen gaben sich Mühe: Wieder und wieder kamen sie mit ihren Schiffen über die Nordsee und überfielen die Klöster entlang der Küste und befahrbaren Flüsse, weil es gerade in den Klöstern so schön viel Gold und Silber zu rauben gab. Aber damit begnügten sie sich nicht lange. Im Laufe des 9. Jahrhunderts wurden aus den gelegentlichen Überfällen systematische Raubzüge gegen ganze Küstenstriche, unter denen die Bevölkerung unsäglich zu leiden hatte. 865

Angelsächsischer Helm aus dem 7. Jh., gefunden in der berühmten Ausgrabung von Sutton Hoo

fielen die Dänen mit einem großen Heer ein, und dieses Mal kamen sie endgültig, um zu bleiben: Sie eroberten Northumbria, East-Anglia und den nordöstlichen Teil Mercias. Erfolgreich Widerstand leisteten hingegen die Sachsen von Wessex, wo in diesen finsteren Zeiten die erste Lichtgestalt der englischen Geschichte hervortrat: König Alfred der Große.

Alfred kam 848 oder 49 als jüngster von mindestens vier Söhnen des Königs von Wessex zur Welt, und weil er ja so viele große Brüder hatte, kam niemand auf den Gedanken, dass der kleine Alfred einmal König werden sollte. Durchaus möglich, dass er für eine kirchliche Laufbahn vorgesehen wurde – seinen Antrittsbesuch in Rom machte er jedenfalls mit fünf Jahren. Seine Mutter war eine belesene Frau und verstand es, in Alfred eine Liebe zur Literatur zu wecken, die für einen Mann seiner Epoche als höchst wunderlich galt.

Die Zeiten waren kriegerisch und auch das Leben eines Königs schnell verloren – 871 waren Alfreds Vater und all seine Brüder tot, und so wurde der Zweiundzwanzigjährige unerwartet König von Wessex. Noch im selben Jahr errang er den ersten Sieg über die Dänen, und 878 schlug er sie bei Edington so vernichtend, dass dem dänischen König Guthrum nichts anderes übrig blieb, als sich entgegen seiner Gewohnheit an das anschließende Friedensabkommen zu halten und sich nach Norden zurückzuziehen. Um seinen guten Willen zu beweisen, ließ er sich sogar taufen.

Es ist seltsam, dass ausgerechnet Alfred die wilden Nordmänner das Fürchten lehrte, denn er war kein gewaltiger Recke, sondern ein kränklicher Intellektueller. Er litt an so ziemlich jedem damals bekannten Gebrechen und auch an unbekannten – Morbus Crohn, zum Beispiel, wird heute vermutet. Eine besonders heftige Attacke überfiel den Ärmsten am Tag seiner Hochzeit, was manche als Indiz dafür werten, dass er sich eigentlich zu einem Leben für Gott verpflichtet oder berufen fühlte. Fünf Kinder bekamen er und seine Frau Ealhswith trotzdem.

Alfred war nicht daran gelegen, den Dänen ein knappes Jahrhundert wiederholter Überfälle heimzuzahlen, sondern vornehmlich am Wohlergehen der Engländer. Und Alfred war Realist. Darum schloss er einen Friedensvertrag mit den Dänen, der ihnen die nordöstliche Hälfte Englands, die sie sowieso schon besetzt hielten, als eigenes Territorium zugestand. Dort konnten sie nach Herzenslust siedeln und nach ihren eigenen Gesetzen leben. Nach und nach gewöhnten die dänischen und angelsächsischen Nachbarn sich aneinander, trieben Handel und begannen zu verschmelzen. Das war nicht einmal so schwierig, denn ihre Sprachen und kulturellen Wurzeln waren sich sehr ähnlich.

Alfred ruhte sich derweil nicht auf seinen Lorbeeren aus: Die Friedenszeiten nach der Einigung mit den Dänen nutzte er zum Bau einer Flotte und befestigter Wehranlagen und Städte. Vor allem diesen vorausschauenden Maßnahmen war es zu verdanken, dass die neuen dänischen Piraten, die England in den 890er Jahren regelmäßig besuchten, wenig Erfolg hatten. Doch er tat noch mehr: Durch Diplomatie und geschickte Heiratspolitik brachte er das gesamte angelsächsische England unter seine Vorherrschaft und wurde bald als »König der Angelsachsen« anerkannt. In diesem Sinne ist es richtig, Alfred als den ersten König von England zu bezeichnen. Er gab seinem Land neue Gesetze und sah es als die Pflicht eines Königs an, für das Wohlergehen seines Volkes Sorge zu tragen. Zu diesem Zweck startete er eine Bildungsinitiative und ließ historische, philosophische und politische Schriften aus dem Lateinischen ins Angelsächsische übersetzen. Manche glauben, dass er diese Übersetzungen teilweise sogar selbst anfertigte. Alfred wusste, dass viele Priester im Land nicht genug Latein konnten, um zum Beispiel die *Cura Pastoralis* Gregors des Großen im Original lesen zu können, doch er wollte, dass dieses Werk, welches er in Fragen der Seelsorge, aber auch der Verwaltungspraxis für so wichtig hielt, jedem Geistlichen zugänglich sei. Also ließ er die Übersetzung zigmal abschreiben (rund fünfhundert Jahre trennen uns noch von der Erfindung

Unvergessen: Statue Alfreds des Großen in Winchester

der Druckerpresse) und ins ganze Land verschicken. Seine Zeitgenossen mögen über so neumodische Ideen die Köpfe geschüttelt haben. Heute gilt Alfred als Visionär, der seinem Land nicht nur eine kulturelle Blütezeit bescherte, sondern auch ungewöhnlich lange Friedenszeiten und zumindest die Anfänge einer nationalen Identität.

Er starb 899 mit rund fünfzig Jahren. Sein Sohn und dessen Nachfolger brachten den dänischen Nordosten Englands nach und nach unter ihre Kontrolle und erweiterten den angelsächsischen Machtbereich bis an die schottische Grenze, doch Ruhe hatten sie selten. Der norwegische König Erik »Blutaxt« kam beispielsweise in den 950ern nach England, um seinem Namen dort alle Ehre zu machen.

Während der zweiten Hälfte des 10. Jahrhunderts schienen Raubzüge gegen England in Dänemark und Norwegen jedoch vorübergehend aus der Mode gekommen zu sein, und diese Ruhephase ermöglichte eine neuerliche kulturelle Blütezeit in England, die vor allem vom Benediktinerorden getragen wurde und neben vielen Klostergründungen auch einen Großteil der angelsächsischen Literatur hervorbrachte, die heute noch erhalten ist. Doch diesem beinah goldenen Zeitalter folgte ein sehr finsteres, und das bringt uns zum ersten Unglücksraben der englischen Geschichte: König Æthelred, dem die Chronisten den vielsagenden Beinamen »the Unready« verpassten, was aber nicht »der Unfertige« heißt, sondern eher »der Unberatene« oder auch »der Ratlose«.

Nach dem Tod seines Vaters wurde erst einmal Æthelreds älterer Halbbruder Edward König, der die Unterstützung der Kirche, vor allem des mächtigen Erzbischofs von Canterbury, genoss. Doch gab es eine Gruppe unzufriedener Adliger, die für die neuen Klostergründungen Land hatten hergeben müssen und von der gewachsenen Macht der Priester und Mönche gar nicht so entzückt waren. Diese Unzufriedenen wurden von Æthelreds Mutter angeführt. (Sie wollen wissen, wie sie hieß? Bitte, auf eigene Gefahr: Ihr Name war Ælfthryth.) Ausgerechnet auf einem ihrer Güter wurde der oben genannte Edward – ihr Stiefsohn – ermordet, und natürlich wurden die böse Stiefmutter und ihr Sohn Æthelred, obwohl der erst zehn oder zwölf Jahre alt war, für diese Bluttat verantwortlich gemacht.

Trotzdem folgte Æthelred 978 seinem Halbbruder Edward (der den viel hübscheren Beinamen »der Märtyrer« bekam) auf den Thron. Dieser stand in Winchester, welches so etwas wie die Hauptstadt des damaligen Englands war, und der Bischof von Winchester war ein besonnener Mann, der den kleinen König unter seine Fittiche nahm und ihm beizubringen versuchte, was ein Herrscher können und wissen muss. So hätte vielleicht doch noch alles gut werden können, aber der Bischof starb schon 984. Da war Æthelred sechzehn oder achtzehn. Alt genug nach damaliger Sitte, um allein zu herrschen, aber natürlich noch zu jung, um gute von schlechten Ratgebern unterscheiden zu können. Auf Betreiben einer Handvoll Adliger und Höflinge, denen es vor allem um ihre persönliche Bereicherung ging, enteignete Æthelred einige Klöster und legte sich mit verschiedenen Bischöfen an.

Kein Wunder also, dass seine Untertanen es als Strafe Gottes ansahen, als die Wikinger wieder in England einfielen, und zwar in größerer Zahl und hartnäckiger als je zuvor. Was vielleicht auch daran gelegen haben mag, dass die gefürchteten Nordmänner seit 910 eine eigene Herrschaftsbasis vor Englands Haustür besaßen: die Normandie.

Die Dänen machten es sich sogar zur Gewohnheit, die Wintermonate, während derer die Witterung das Brandschatzen, Morden und ihre übrigen Hobbys unmöglich machte, in England zu verbringen, damit sie es nicht so weit hatten, wenn sie im Frühling wieder losschlagen wollten. Und weil Æthelred einfach kein militärisches Mittel fand, um mit ihnen fertig zu werden, bot er ihnen Geld, damit sie verschwanden. Das fing 991 mit einer Summe von 10 000 Pfund an. Die Dänen nahmen das Geld dankend entgegen, blieben in England und machten genauso weiter wie vorher. Darum versuchte Æthelred, was auch die keltischen Briten schon mit so katastrophalen Folgen probiert hatten: Er heuerte dänische Söldner an, um die Wikinger aus dem Land zu jagen. Die Söldner kämpften anfangs auch für die Engländer, überlegten es sich dann aber anders und wechselten die Seiten. Da befahl der schlecht beratene Æthelred im Jahr 1002, alle Dänen in England zu ermorden. Es gab ein grauenhaftes Massaker, welches natürlich zu keiner Lösung führte, sondern alles nur noch schlimmer machte. Mit neuer Wut und neuen Heeren kamen die Dänen wieder, und erneut versuchte Æthelred, sie mit Geldzahlungen zu bewegen, davonzusegeln. Diese völlig nutzlose Maßnahme verschlang von Jahr zu Jahr größere Summen – bis zum Jahr 1012 waren es insgesamt etwa 120 000 Pfund –, und die leidgeprüften Engländer stöhnten unter der ständig wachsenden Steuerlast. Das ist der eine Grund, der Æthelred seinen anhaltend schlechten Ruf eintrug. Ein zweiter ist, dass er ein Bündnis mit der Normandie einging, damit deren Herzog endlich aufhörte, den Dänen in seinen Häfen Unterschlupf zu gewähren. Und um das Bündnis zu festigen, heiratete Æthelred – der praktischerweise gerade verwitwet war – die Schwester des Herzogs von der Normandie, Emma. Die Idee war eigentlich gar nicht einmal so dumm. Dass sie der Anfang vom Ende des angelsächsischen Englands war, konnte Æthelred nun wirklich nicht ahnen.

Der erste Akt der Tragödie vom Untergang der Angelsachsen hatte aber zu Beginn gar nichts mit Emma und den Normannen zu tun, sondern mit der militärischen Überlegenheit der Dänen und der Tatsache, dass Æthelreds Regierung bis zur Handlungsunfähigkeit zerstritten war und die Engländer von alldem die Nase gestrichen voll hatten. Als der dänische König Sven »Gabelbart« 1013 nach England kam, fiel ihm das Land praktisch ohne Widerstand in die Hände. Der ratlose Æthelred floh in die Normandie, und 220 Jahre nach dem ersten Wikingerüberfall wurde ein Däne König von England.

Atmen Sie auf, weil Sie glauben, jetzt kehre endlich mal ein bisschen Ruhe ein? Daraus wird leider nichts, denn König Sven starb schon nach ein paar Wochen. Sein Sohn Knut folgte ihm auf den dänischen Thron, aber die Engländer gerieten ins Wanken. Was wollte Gott ihnen wohl damit sagen, dass er den fremden König so rasant schnell wieder vom Thron abberufen hatte? Also schön, entschieden sie, dann also wieder her mit König Æthelred. Sie holten ihn 1014 aus dem Exil zurück, allerdings mit der Auflage, zukünftig gefälligst besser zu regieren. Und dann ging es Schlag auf Schlag: Æthelred starb 1016, und ihm folgte einer seiner Söhne aus erster Ehe mit Namen Edmund »Eisenseite«. Aber Sie brauchen sich seinen Namen nicht zu merken, denn Edmund starb noch im November des gleichen Jahres. Sven »Gabelbarts« Sohn Knut, der ohnehin der Meinung war, die englische Krone müsse ihm als Teil des väterlichen Erbes zustehen, nutzte die Gunst der Stunde und wurde der zweite dänische König auf dem englischen Thron.

Zum Glück war Knut ein guter König, der mehr auf Aussöhnung denn auf Unterdrückung setzte und sich, wie man heute sagen würde, hervorragend integrierte: Er achtete das englische Recht, betätigte sich als großzügiger Gönner und Förderer der Kirche wie die besten seiner englischen Vorgänger, er heiratete Æthelreds Witwe, die normannische Prinzessin Emma, und nahm sich obendrein noch eine richtige Engländerin als Nebenfrau. Die knapp zwanzig Jahre seiner Regentschaft waren eine lang ersehnte Friedenszeit. (Da die Wikinger England ja nun besaßen, schien es ihnen wohl wenig sinnvoll, es weiterhin heimzusuchen.)

Als Knut 1035 starb, folgte ein neuerliches langes Durcheinander um die Nachfolge, denn nicht nur hatte Knut von seinen zwei Frauen mindestens zwei Söhne, die in Frage kamen, sondern auch der ratlose Æthelred hatte zwei Söhne hinterlassen, die im normannischen Exil lebten und Anspruch auf die Krone erhoben. Der Jüngere der beiden, Alfred, kam nach

Knuts Tod mal herüber nach England, um zu sehen, wie die Dinge standen. Aber Godwin, der Earl of Wessex – ein Mann, von dem wir noch hören werden –, ließ ihn gefangen nehmen und blenden. Das schien ihm ein probates politisches Mittel, die Nachfolge in seinem Sinne zu entscheiden, denn wer blind ist, kann nicht König werden, galt damals. Man musste einen unliebsamen Kandidaten also nicht gleich umbringen, um ihn aus dem Weg zu räumen. Ich bin ja schließlich kein Unmensch, wird Godwin sich gesagt haben. Doch beim Blenden des unglückseligen Alfred gab es eine unappetitliche Panne, und das Opfer dieser handfesten politischen Intrige starb.

Edward, der zweite Bruder im normannischen Exil, war klug genug, die Botschaft zu verstehen, und blieb vorerst, wo er war, bis Knuts Söhne Harald »Hasenfuß« (was mehr auf schnelle Füße als auf ein feiges Herz hindeutet) und Harthaknut nacheinander regiert hatten und gestorben waren und 1042 schließlich nur noch er – Edward – übrig war.

So kehrte also mit Æthelreds Sohn ein Spross des angelsächsischen Königsgeschlechts auf den englischen Thron zurück, und zwar ein Spross, der keinerlei verwandtschaftliche Bindung zum dänischen Herrscherhaus hatte, wohl aber zum normannischen: Seine Mutter war die bereits erwähnte Emma, und deren Neffe, Herzog Robert »der Teufel«, hatte Edward jahrzehntelang an seinem Hof in Rouen Obdach geboten. So ist es also nicht verwunderlich, dass König Edward normannisch geprägt war und beinah als Fremder nach England kam. Dort empfing ihn mit offenen Armen und großer Herzlichkeit Godwin, der Earl of Wessex. Sie erinnern sich? Er hatte Edwards Bruder ermordet, was der junge König aber nur vermuten und nicht beweisen konnte. Außerdem war Godwin – verheiratet mit König Knuts Schwester – der mächtigste Mann in England, und Edward musste das Regieren erst noch lernen. Also vertraute er sich wohl oder übel Godwins Führung an und heiratete dessen Tochter Edith.

Edward »der Bekenner«

Tatsächlich war es so, dass während Edwards vierundzwanzigjähriger Regentschaft meist Godwin und dessen Söhne die Zügel in der Hand hielten, denn der König war ein wenig weltfremd und überaus fromm und widmete sich lieber dem Kirchenbau als den Regierungsgeschäften. Darum ging er auch als Edward »der Bekenner« in die Geschichte ein. 1051 raffte er sich einmal zu ungewohnter Tatkraft auf, versuchte, Godwins Macht zu brechen, und schickte ihn ins Exil.

Etwa in die gleiche Zeit fällt ein Ereignis, von dem manche behaupten, es habe niemals stattgefunden: Einem Bericht zufolge bekam König Edward Besuch von seinem Cousin William, dem Herzog der Normandie. Dieser William – ebenfalls ein Mann, von dem wir noch hören werden – war der uneheliche Spross einer skandalösen Liaison zwischen Herzog Robert »dem Teufel« und einer schönen Gerberstochter aus Falaise, und darum war er seinen Zeitgenossen als William »der Bastard« bekannt. Aber Bastard oder nicht, als sein Vater 1035 auf einer Pilgerfahrt nach Jerusalem starb, war William sein einziger Sohn und erbte mit sieben oder acht Jahren den Herzogstitel seines Vaters. Lange und hart musste er kämpfen, um nach dem Titel auch die Macht zu gewinnen, doch als er 1051 zu seinem Cousin Edward nach England kam, war William ein Herrscher, der nicht nur seine Untertanen in der Normandie, sondern auch seine französischen Nachbarn das Fürchten gelehrt hatte – den König von Frankreich inklusive. Genau der Richtige also, um Ordnung im ewig rastlosen England zu schaffen, fand der fromme Edward, dessen Ehe mit seiner – angeblich ungeliebten – Königin kinderlos geblieben war. Und so fragte Edward seinen normannischen Cousin William, ob der zufällig Lust habe, nach ihm König von England zu werden. William fand, das sei eine hervorragende Idee, und segelte zufrieden nach Hause, um sich wieder mit seinen französischen Nachbarn zu schlagen.

Bald darauf kehrten Godwin und seine Söhne aus dem Exil zurück nach England, mächtiger denn je. Doch 1053 starb

Godwin. Unter etwas dubiosen Umständen kippte er an der königlichen Tafel zu Winchester von der Bank, aber die Beschreibung des Ereignisses klingt mehr nach Schlaganfall denn nach Giftmord. Ihm folgte sein Sohn Harold Godwinson als Earl of Wessex und graue Eminenz hinter dem Thron. Wie sein Vater vor ihm regierte Harold mit eiserner Hand über England, dessen König und eine Schar von Brüdern, schlug die Wikinger zurück, wenn sie es wagten, ihre Nasen an der englischen Küste zu zeigen, und wenn keine kamen, drangsalierte er die Waliser, denn ähnlich wie William von der Normandie betrachtete er den Krieg als die sinnvollste Beschäftigung für einen Ehrenmann.

1064 reiste Harold Godwinson im Auftrag König Edwards in die Normandie. Es ist nicht ganz klar, warum. Aber wahrscheinlich bestand seine Mission darin, das Versprechen der Krone an William zu erneuern, und bei diesem Besuch schwor der mächtige Harold Godwinson einen heiligen Eid, Williams Thronanspruch zu unterstützen.

Doch als der fromme Edward am 5. Januar 1066 starb, wollte Harold davon nichts mehr wissen. *Ihn* habe der König auf dem Sterbebett zum Nachfolger bestimmt, behauptete er. Die Weisen des Reiches berieten, wie denn nun zu verfahren sei, und weil eigentlich niemand in England einen Normannen auf dem Thron wollte, krönten sie Harold Godwinson am 6. Januar 1066 zum letzten angelsächsischen König von England.

William bekam einen seiner berüchtigten Wutanfälle und befahl, eine Flotte zu bauen, um das berühmteste Ereignis der englischen Geschichte in Gang zu setzen: *The Norman Conquest* – die normannische Eroberung.

Erst einmal blies ihm der Wind jedoch mächtig ins Gesicht, und das im wahrsten Sinne des Wortes: Ein stetiger Nordwind hielt seine Flotte an der normannischen Küste fest, denn auch die mordernsten Schiffe konnten zu jener Zeit nur vor dem Wind fahren, nicht aber kreuzen. William verstand die Welt nicht mehr: Er hatte sich sein Eroberungsvorhaben vom Papst als »Kreuzzug« absegnen lassen. (Der Papst war unter anderem deswegen wütend auf die Engländer im Allgemeinen und Harold Godwinson im Besonderen, weil sie an einem Erzbischof von Canterbury festhielten, den er exkommuniziert hatte.) Da William also den Segen der Kirche in der Tasche hatte, wie konnte Gott ihm dann den falschen Wind schicken?

Aber Gott hatte William nicht verlassen, ganz im Gegenteil. Denn William war nicht der Einzige, der seinen begehrlichen Blick auf das Land der schwer geprüften Engländer gerichtet hatte. Es gab noch einen zweiten potenziellen Eroberer, nämlich Harald »Harderade«, den König von Norwegen (der den Anspruch auf die englische Krone auf verschlungenen Pfaden von den dänischen Königen geerbt hatte – oder das zumindest glaubte). Harald »Harderade« kam jedenfalls mit genau dem Nordwind, der William an den Rand der Verzweiflung blies, nach England gesegelt und brachte 250 Schiffe voller Soldaten mit. Harold Godwinson zog mit seiner Armee in Eilmärschen nach Norden. Am 25. September 1066 kam es bei Stamford Bridge (unweit von York) zur Schlacht, in welcher die Engländer einen entscheidenden Sieg errangen und der König von Norwegen fiel. (Vielleicht kein großer Verlust, denn »Harderade« heißt ungefähr so viel wie »harte Herrschaft«.)

Dann drehte der Wind, und William ging mit seinen rund 7000 Soldaten an Bord seiner Schiffe und segelte los.

Harold Godwinson und seine siegreiche, aber erschöpfte Armee hörten, dass die Normannen unterwegs seien, und zogen in neuerlichen Eilmärschen nach Süden. Als sie ankamen, waren sie natürlich vollkommen erledigt.

Bei der »Schlacht am grauen Apfelbaum«, wie sie damals hieß, trafen ein paar Kilometer außerhalb von Hastings am 14.10.1066 Harold Godwinson und seine müden Engländer auf William »den Bastard« und seine Normannen, die zahlenmäßig unterlegen, dafür aber ausgeruht waren. Harold Godwinson fiel in der Schlacht (nicht durch einen Pfeil ins Auge, wie immer noch gern

Schlacht von Hastings im Teppich von Bayeux

behauptet wird, sondern von den Normannen niedergeritten und anschließend in viele kleine Stücke zerhackt), und als die Sonne unterging, hatte William gesiegt und einen neuen Beinamen: Aus dem Bastard war »der Eroberer« geworden.

An dieser Stelle fängt in den meisten Werken zur englischen Geschichte ein neues Kapitel an. Und das ist auch sinnvoll, denn nach dem Sieg der Normannen war in England nichts mehr wie vorher.

Doch bevor wir uns diesem neuen Kapitel zuwenden, das William aufschlug, wollen wir noch einen Blick auf Land und Leute im angelsächsischen England werfen. Dabei ist es schwierig, allgemeingültige Aussagen zu treffen, denn wir haben es hier mit einer Epoche zu tun, die 600 Jahre währte. Vor der Christianisierung waren die sozialen und gesellschaftlichen Verhältnisse natürlich anders als danach, und Gesetze und Bräuche entwickelten sich in den Landesteilen, die lange unter dänischem Einfluss standen, ganz anders als beispielsweise in Kent. Trotzdem versuchen wir es mal.

Die überwältigende Mehrheit der Bevölkerung waren Bauern. Arme Bauern wohnten mit ihren Familien in einräumigen Holzhütten und bestellten eine Scholle, die meistens ihr Eigentum, aber nicht immer groß genug war, um eine Familie zu ernähren. Für diese Menschen waren jede schlechte Ernte und jeder harte Winter lebensbedrohlich. Reiche Bauern wohnten in komfortableren, ebenfalls aus Holz gebauten Häusern. Wenn sie es auf einen Landbesitz von 5 Hufen brachten (je nach Gegend zwischen 125 und 250 Hektar), eine eigene Kirche bauten und ein paar andere Kriterien erfüllten, konnten sie in den niederen Adel aufsteigen und ein *Thane* werden. Die gesellschaftlichen Grenzen waren etwas durchlässiger als in späteren Zeiten. Ein *Thane* schuldete dem König Wehrdienst sowie Hilfe bei der Instandhaltung der königlichen Festungen und der Brücken. Er lebte mit seinem Haushalt in einer hölzernen Halle, in der die Mahlzeiten eingenommen, Gäste empfangen und alle Tätigkeiten verrichtet wurden, die nicht im Freien stattfanden. Die Gefolgsleute und Dienerschaft des *Thane* schliefen auch in dieser Halle, während der Hausherr und die Seinen meist in abgetrennten Räumen oder separaten Gebäuden nächtigten. Der Begriff »Privatsphäre« war allerdings noch nicht erfunden, und das Leben eines jeden Einzelnen war meist eine öffentliche Angelegenheit.

Reiche und arme Bauern bewirtschafteten in der Regel offene Felder, das heißt, der einzelne Bauernhof war nicht von den dazugehörigen Äckern umgeben, sondern die Häuser bildeten ein dörfliches Zentrum, und die umliegenden Flächen wurden in lange, schmale Streifen unterteilt, von denen den Armen zwei, den Reicheren oft eine große Zahl gehörte. Diese Ackerstreifen wurden erst in Zwei-, später in Dreifelderwirtschaft bestellt.

Die unterste Sprosse der gesellschaftlichen Leiter nahmen die Sklaven ein, die juristisch nicht mit anderen Menschen, sondern mit Kühen und Schweinen auf einer Stufe standen. Viele Sklaven waren Kriegsgefangene, aber auch durch Verarmung konnte man in die Unfreiheit geraten.

Ihre Streitigkeiten regelten die freien Bauern auf regelmäßig stattfindenden Versammlungen. Um schwierigere Fälle kümmerte sich der *scir-gerefa*, ein Adliger, der praktisch das Auge und Ohr des Königs in einer Grafschaft war und aus dem sich später der *Sheriff* entwickelte (wenn Sie mal genau hingucken, werden Sie sehen, dass die Wörter miteinander verwandt sind). Hatte ein freier Mann einen anderen freien Mann getötet, wurde er in der Regel nicht hingerichtet. Die Angelsachsen hatten sich schon früh vom germanischen Blutracheprinzip verabschiedet und stattdessen das *Wergeld* eingeführt (*Wer* heißt »Mann«, also Manngeld). Dieses *Wergeld* war genau festgelegt (aber je nach Landstrich verschieden) und bemaß sich nach der gesellschaftlichen Stellung des Einzelnen. So betrug das Wergeld für einen *Thane* beispielsweise 1200 Schilling, für einen einfachen Bauern 200. Wer einen Bauern tötete, musste dessen Hinterbliebenen also 200 Schillinge Wergeld bezahlen, und zwar nicht irgendwann einmal, sondern spätestens bei der Beerdigung. Wer einen anderen verstümmelte – versehentlich oder absichtlich –, musste einen je nach Art der Verstümmelung unterschiedlichen Teilbetrag zahlen. Nur wenn die Zahlung des *Wergeldes* ausblieb, durfte die geschädigte Partei Blutrache üben. Es war ein für diese frühe Zeit erstaunlich humanes und »modernes« Rechtssystem, von dem die Sklaven allerdings ausgeschlossen waren. Wer einen Sklaven tötete, musste kein

Wergeld, sondern Schadensersatz in Höhe des »Marktwertes« leisten, meistens ein Pfund, den Preis für acht Ochsen. Für Rechtsverstöße, die ein Sklave beging, war dessen Besitzer verantwortlich. Zahlte er kein Wergeld, wurde der Sklave je nach Schwere des Vergehens ausgepeitscht, verstümmelt oder hingerichtet. Die Gesetze Alfreds des Großen, die von christlichen Prinzipien geprägt waren, besserten ihre Lage indes ein wenig: Sie durften sich in ihrer Freizeit Geld verdienen, an vier Tagen im Jahr Dinge verkaufen, die sie selbst hergestellt hatten, und wer Glück hatte, bekam so genug Geld zusammen, um sich freizukaufen.

In einem der lateinischen Werke, die Alfred der Große ins Angelsächsische übersetzen ließ, steht geschrieben, die Menschen unterteilen sich in drei Gruppen: Arbeiter (gemeint sind Bauern), Beter (Mönche und Priester) und Krieger.

Von der ersten Gruppe habe ich schon erzählt.

Die angelsächsischen Kirchenmänner verstanden sich nicht allein als Hirten der anderen beiden Gruppen. Äbte und Bischöfe gehörten zu den mächtigsten Männern im Land, denn einem frommen König blieb gar nichts anderes übrig, als auf sie zu hören. Schließlich waren sie ja diejenigen, die den Draht nach oben hatten. Außerdem waren sie die einzigen Menschen, die lesen und schreiben konnten. (Alfred der Große war eine Ausnahme. Meistens waren auch die Könige Analphabeten). Diese Fähigkeit unterstrich den Status der Kirchenmänner als Mittler zwischen Gott und dem Volk, denn Gottes Wort stand ja in einem Buch. Außerdem machte es sie zu unverzichtbaren Pfeilern der königlichen Verwaltung und zu Bewahrern der kulturellen Entwicklung. Sie bauten zur Ehre Gottes Kirchen aus Stein, die teilweise heute noch stehen und fast die einzigen erhaltenen Belege für die englische Architektur jener Zeit sind. Die *Angelsachsenchronik*, der wir heute einen Gutteil unseres Wissens über diese Epoche verdanken, wurde parallel in sechs Klöstern gleichzeitig geführt. Auch die angelsächsische Dichtung entstand mehrheitlich in Klöstern, und die Kunst der

Buchherstellung war in England so weit entwickelt, dass diese Werke auch auf dem Kontinent beliebt waren.

Zwischen den feinen Bischöfen und gelehrten Äbten einerseits und den einfachen Priestern auf dem Land andererseits bestanden allerdings Unterschiede, die so groß waren wie die zwischen König und Bauer. Die niederen Vertreter des Klerus waren meist selbst einfache Leute, die oft nicht lesen und kaum Latein konnten und ebenso an Feen und Waldgeister glaubten wie ihre Schäfchen. Sie waren verheiratet und bestellten ihre Felder genau wie der Bauer von nebenan.

Die angelsächsische Epoche war eine kriegerische: In den drei Jahrhunderten der Heptarchie bekriegten die Angeln und Sachsen sich gegenseitig, und als sie sich endlich einig geworden waren, kamen die Wikinger. So ist es nicht verwunderlich, dass der dritten Gruppe der Gesellschaft, den Kriegern, eine ganz besondere Rolle zufiel. Schon Tacitus, der im ersten Jahrhundert nach Christus Germanien bereiste und seine Beobachtungen aufschrieb, äußerte sich voller Bewunderung über den Kriegerkult der Germanen. Und auch bei den Angelsachsen war es noch so, dass es vielen Männern als die größte nur vorstellbare Ehre galt, für einen Herrn zu kämpfen. Dabei spielte es keine große Rolle, ob dieser Herr ein König oder einfach der Kerl mit den meisten Schweinen in der Gegend war. Die Krieger schlossen sich ihrem Herrn an, lebten in seiner Halle, trugen seine Streitigkeiten aus und durften im Gegenzug erwarten, dass er sie mit Waffen und Gold belohnte. In Schande geriet, wer die Schlacht überlebte, in der sein Herr gefallen war, denn er hatte sich bei dessen Verteidigung offenbar nicht genug ins Zeug gelegt, will heißen, seinen Herrn nicht unter Einsatz seines Lebens verteidigt (oder wenigstens gerächt). Für viele stand die Bindung an ihren Herrn über der an die eigene Sippe, und es war selbstverständlich für einen Krieger, mit seinem Herrn ins Exil zu gehen, wenn der einen Kampf verloren hatte, und alle persönlichen Bindungen auf unbestimmte Zeit zu kappen. Dieser besondere Ehrenkodex der Kriegerkaste gehörte zur

Lebensrealität der angelsächsischen Epoche und durchzieht ihre Dichtung wie ein roter Faden.

Der Oberste in der Hierarchie der Krieger war natürlich der König. Seine Rolle wandelte bzw. erweiterte sich im Zuge der Christianisierung, doch die Vorstellung, dass einer unter ihnen das Sagen haben und eine Sonderstellung einnehmen müsse, brachten die Angelsachsen schon vom Kontinent mit. Um diese Sonderstellung zu legitimieren, leiteten die heidnischen Könige ihre Herkunft von Wotan und Thor ab. Nach der Christianisierung tauchten die beiden in den Stammbäumen nur noch unter »ferner liefen« auf, und die Abstammung des Königs ging geradewegs auf Jesus Christus zurück. Wir schmunzeln, aber diese Herleitung symbolisierte die besondere Nähe zwischen König und Gott, eine Art Vorstufe des Gottesgnadentums.

Trotz der im Stammbaum verbrieften Sonderstellung ging die Königswürde über lange Zeit nicht zwangsläufig vom Vater auf den ältesten Sohn über. Wie in so vielen Dingen waren die Angelsachsen auch darin pragmatisch: Starb der König, überlegten die Adligen und Kirchenfürsten, die gerade bei Hofe waren, wer der geeignete Nachfolger wäre, und wählten ihn. Meist war es dann doch ein naher Verwandter des Verstorbenen. Die erste Salbung eines angelsächsischen Königs, die aus dem Herrscher fast einen papstähnlichen Stellvertreter Christi auf Erden machte, ist im späten 8. Jahrhundert belegt, und kurz vor der Jahrtausendwende wurde eine Krönungsordnung festgelegt, die auch vorsah, dass der König und seine Untertanen einen Eid tauschten. Die Königinnen wurden übrigens nicht gekrönt – anders als auf dem Kontinent –, sondern quasi als Anhängsel mit auf den Thron gehievt.

Das bringt uns zur weiblichen Bevölkerungshälfte, die bislang fast unerwähnt geblieben ist. Es wird Sie bestimmt nicht wundern, wenn ich Ihnen erzähle, dass angelsächsische Frauen es nicht leicht hatten. Sie mussten den Kerl heiraten, den ihre Eltern aussuchten. Dann mussten sie auf dem Feld schuften und ein Kind nach dem anderen bekommen. Schätzungen zur Lebenserwartung sind immer problematisch, weil es über die einfache Bevölkerung keine Aufzeichnungen gibt, aber gehen Sie mal getrost davon aus, dass höchstens die Hälfte dieser Frauen die dreißig erreichte. Das Leben war hart, jede Schwangerschaft ebenso lebensgefährlich wie jeder Winter und jede Infektion.

Trotzdem hatten die Frauen es in der angelsächsischen Epoche in mancher Hinsicht besser als später, was der vergleichsweise starken Position der Frau in der germanischen Tradition zu verdanken ist. So konnte eine Frau zum Beispiel eigenes Vermögen besitzen, und es gab adlige Damen, die steinreich wurden. So ist etwa das Testament einer adligen Witwe aus dem 10. Jahrhundert erhalten, die sage und schreibe sechsunddreißig Landgüter zu vererben hatte. Diesen Reichtum hatte sie ihrerseits großteils von ihrer Familie geerbt, aber nicht ihrem Mann überschreiben müssen, als sie heiratete. Auch die Kirche bot den Frauen Chancen – denken Sie nur an Hild, die Äbtissin, die die große Synode nach Whitby holte. In einer klösterlichen Gemeinschaft konnte eine Frau Bildung und, wenn sie wollte und klug genug war, Macht erlangen, wobei auch hier die einflussreichen Positionen meistens den adligen Damen vorbehalten blieben.

Ein wunderbares Beispiel für eine dieser klugen, einfallsreichen und begüterten Damen des angelsächsischen Adels ist Lady Godiva, die etwa um 990 geboren wurde und mit Leofric, dem mächtigen Earl of Mercia, verheiratet war. Viele Urkunden belegen ihren persönlichen Reichtum und ihre Freigiebigkeit vor allem gegenüber Kirchen und Klöstern. Eine Geschichte, für deren Wahrheitsgehalt ich keine Garantie übernehmen kann, erzählt, dass ihr Gemahl Leofric die Stadt Coventry eines Tages mit einer hohen Steuer belegen wollte, und Godiva ihn bat, von dem Vorhaben Abstand zu nehmen. Leofric erwiderte, er werde an dem Tag auf die Steuer verzichten, da Godiva nackt durch die Straßen von Coventry reite.

Godiva befahl daraufhin den Menschen der Stadt, in ihren Häusern zu bleiben, stieg nackt auf ihr Pferd, bedeckte ihre Blöße mit ihrem langen goldenen Haar und ritt, nur von zwei Wachen begleitet, durch die Straßen der Stadt. Zähneknirschend verzichtete Leofric auf seine Steuer.

Ein Denkmal der unbekleideten Reiterin in ihrem verhüllenden Haarmantel erinnert in Coventry noch heute an Lady Godiva, ebenso wie ein jährlicher Umzug. Und ein Preis, der Frauen auszeichnet, die sich für besonderes soziales Engagement international einen Namen gemacht haben, ist nach ihr benannt.

Übrigens: Die Legende erzählt, einer der Einwohner von Coventry habe Godivas Befehl missachtet und aus der Tür geschielt, als sie vorbeiritt. Sein Name war Tom. Die Strafe folgte auf dem Fuße, denn Tom wurde prompt mit Blindheit geschlagen. Und bis auf den heutigen Tag nennt man einen Spanner in der englischen Sprache »Peeping Tom«, auch wenn wohl nur die wenigsten Leute wissen, warum.

Sie wissen es jetzt.

Kapitel 3
1066–1154: Die Normannen

Nach der römischen, der angelsächsischen und der dänischen war die normannische die vierte und bislang letzte erfolgreiche Invasion Englands.

Nicht nur König Harold, sondern auch all seine Brüder waren bei der Schlacht von Hastings gefallen. (Bis auf einen, Wulfnoth, der aber schon seit seiner Jugend als Gast, sprich Geisel, an Williams Hof gelebt hatte und in England keine Rolle spielte, der Ärmste.) Die Blüte des angelsächsischen Adels hatte es ebenfalls zum größten Teil erwischt. Das *Enga-land*, welches die Angelsachsen gekannt hatten, hörte am 14.10.1066 auf zu existieren.

Eigentlich gab es nur noch vier Leute, die William gefährlich werden konnten: Der exkommunizierte, aber mächtige Erzbischof von Canterbury, Stigand. Dann zwei Brüder aus dem Norden, Edwin und Morcar (übrigens Enkel von Lady Godiva und ihrem Leofric), die die Earls of Mercia und Northumbria waren. Und ein vielleicht zehnjähriges Bübchen: Edgar, genannt der »Ætheling« (Prinz oder Edler), letztes Zweiglein am verdorrten Stammbaum des angelsächsischen Königshauses. Besonders gefährlich waren diese vier, weil sie sich in London zusammentaten, um den Widerstand gegen die Normannen zu organisieren. Jahrhundertelang waren sie irgendwie mit den Wikingern fertig geworden, sagten sie sich. Wenn man genau hinschaute, waren diese Normannen doch auch nichts anderes.

Aber das war ein Irrtum.

Von Oktober bis Dezember ließ William Englands Süden systematisch plündern, weil er die Engländer das Fürchten lehren wollte und seine siegreiche Armee ja schließlich irgendetwas essen musste. Er zog einen Belagerungsring um London, um die große Stadt von jedem Nachschub an Truppen und Lebensmitteln abzuschneiden. Bald war der Schrecken so groß, dass die angelsächsische Viererbande klein beigab und zu William nach Berkhamsted eilte, um ihm die Krone anzubieten.

Am 25.12.1066 wurde William also in Westminster Abbey gekrönt. Die Zeremonie verlief nach einem ausgeklügelten Prozedere, das auch vorsah, die versammelten Adligen um ihre Zustimmung für den neuen König zu bitten. Das war ein alter Brauch und gab Williams Herrschaft zusätzliche Legitimation. Als der Erzbischof von York die englischen Thanes und Earls also fragte, ob sie William auf dem Thron wollten, stimmten sie einen ohrenbetäubenden Jubel an. Vielleicht, weil sie froh waren, noch am Leben zu sein. Vielleicht auch, weil sie hofften, dieser starke, Furcht einflößende Herrscher werde dem Land innere Stabilität und sichere Grenzen bescheren. (Eine Hoffnung, die sich erfüllte.) Jedenfalls jubelten sie, und als die normannischen Wachen vor der Kirche das Getöse hörten, glaubten sie, es sei eine Revolte ausgebrochen, und zündeten die Häuser von Westminster an. Das kleine Städtchen vor den Toren von London wurde ein Raub der Flammen.

Dieses tragische Missverständnis war symptomatisch für William und die Engländer, die in den nächsten zwanzig Jahren eigentlich permanent aneinander vorbeiredeten.

Schon im Frühjahr darauf brach der König zu ein, zwei Scharmützeln mit seinen bedauernswerten französischen Nachbarn auf und nahm die Viererbande als Geiseln mit an seinen Hof in Rouen. Die Herrschaft über England legte er in die Hände seines Halbbruders Odo (Bischof von Bayeux und seit der Eroberung Earl of Kent) und seines Seneschalls Guillaume

William (links) und sein Widersacher Harold Godwinson im Teppich von Bayeux

FitzOsbern (frischgebackener Earl of Hereford). Diese beiden Männer gehörten zu den wenigen, denen William blind vertraute.

Wie schon angedeutet, hatte der neue König von England eine selbst für seine Zeit überdurchschnittlich grässliche Kindheit gehabt. Als er mit sieben oder acht Jahren Herzog wurde, versuchte der normannische Adel die nächsten zehn Jahre lang, ihn zu schnappen, zu vergiften, in Fallen zu locken und so weiter. Der kleine William schwebte ständig in Lebensgefahr, und als er die Macht erst in der Normandie und später in England gewonnen hatte, traute er eigentlich nur den Männern, die schon in jenen schweren Jahren seine Freunde gewesen waren.

Natürlich rechtfertigen diese schweren Jahre des kleinen William nicht alle Sünden des großen. Er war oft unverhältnismäßig grausam und hatte eine befremdliche Neigung, seine Untertanen zu verstümmeln. Manche erklären das mit alten skandinavischen Rechtsbräuchen, andere mit Williams Frömmigkeit, die ihn veranlasste, Übeltätern »nur« irgendwelche Gliedmaßen abzuhacken und so die Chance zu geben, hier auf Erden noch für ihre Sünden zu büßen. Vermutlich war es den Dieben und Wilderern egal, aus welchen Beweggründen sie eine Hand oder ein Ohr oder die Genitalien verloren.

Einer der wenigen Menschen, die es wagten, William gelegentlich die Meinung zu sagen, war seine Frau, Matilda von Flandern. Er hatte sie etwa 1049 gegen das ausdrückliche Verbot des Papstes geheiratet, weil er ein Bündnis mit Flandern wollte, doch aus der Zweckehe muss wohl irgendwie Liebe geworden sein. Es heißt, William sei seiner Gemahlin niemals untreu gewesen – sehr schrullig für einen Herrscher seiner Zeit. Die beiden müssen ein seltsames Paar abgegeben haben. Weil anlässlich einer Umbettung die Skelette vermessen wurden, wissen wir, dass William fast 1,80 m groß war – wahrhaft eine Hüne für seine Zeit –, Matilda aber nicht einmal 1,30 m. Dennoch war sie wie so viele Königinnen des englischen Mittelalters eine Löwenbändigerin, und gelegentlich hörte William sogar auf sie. Die beiden hatten vier Söhne, von denen überdurchschnittlich viele, nämlich drei, das Erwachsenenalter erreichten. (Richard, der Zweitälteste, starb bei einem Jagdunfall.) Und sie bekamen mindestens fünf Töchter. Vielleicht auch sechs. Das ist nicht so genau bekannt, weil die Mädchen natürlich nicht so wichtig waren.

Kaum war William 1067 in die Normandie gereist, begann sich in England Widerstand zu regen, und das war exemplarisch für das zentrale Problem, vor welches die normannischen Könige sich gestellt fanden: Ihr Reich befand sich an zwei Ufern eines Meeres. Das fragliche Meer war zugegebenermaßen nur ein schmaler Streifen, aber es dauerte – je nach Strecke – doch zwischen 12 und 72 Stunden, ihn zu überqueren, und wenn der Wind nicht mitspielte, ging es gar nicht. Kaum war der König am einen Ufer, gab's am anderen Scherereien. Manche der Herrscher, die William nachfolgten, sind an dieser Tücke des Schicksals verzweifelt. Nicht so William, denn er mochte Scherereien. Er verstand sie als Herausforderung; eine Gelegenheit, der Welt zu beweisen, dass mit ihm nicht zu spaßen war.

Das merkten auch die Engländer sehr schnell. Jeder, der bei Hastings Waffen gegen William geführt hatte, und jeder, der sich in den Rebellionen der folgenden Jahre gegen den König erhob, wurde enteignet. Die auf diese Weise frei gewordenen Ländereien verteilte William an seine normannischen Adligen, und eine völlig neue soziale, wirtschaftliche und politische Ordnung wurde eingeführt, die wir heute Feudalismus nennen. Das stellt man sich am besten in Form einer Pyramide vor, und die funktionierte so: Oben an der Spitze stand der König. Grundsätzlich gehörte nämlich alles Land der Krone, in diesem Falle also William. Der verteilte Teilstücke seines Landes als »Lehen«, also eine Art Dauerleihgabe, an seine Vasallen. Diese zweite Ebene der Feudalpyramide setzte sich aus Adligen, Bischöfen und Klöstern zusammen. All diese Kronvasallen schuldeten dem König eine bestimmte Anzahl von Soldaten für eine bestimmte Anzahl an Tagen pro Jahr. Die Kronvasallen wiederum vergaben Teile ihrer Ländereien als Lehen an die dritte Etage unserer Pyramide, die sogenannten Aftervasallen. Diese Gruppe kam aus der unlängst erfundenen Ritterschaft und wurde so etwas wie der niedere Landadel. Auch dieser bestand fast ausschließlich aus Normannen. Die großen Verlierer dieser Bodenreform waren, das wird Sie kaum überraschen, die Engländer. Die einst so stolzen Bauern gerieten in eine juristische Abhängigkeit von ihren neuen Herren, weil die Kronvasallen und Aftervasallen über ihre Territorien eine gewisse Rechtshoheit besaßen. Hinzu kam bald auch wirtschaftliche Abhängigkeit, denn die Normannen pressten die Engländer aus, und wer nicht zahlen konnte, verlor sein Land und konnte es bestenfalls noch als Pächter bestellen. Die Pächter schuldeten ihren Herren nicht nur Pacht, sondern auch Fronarbeit. So wurde aus den einst freien Angelsachsen nach und nach ein

Heer von Leibeigenen. Obendrein behandelten viele der Normannen die einheimischen Bauern mit Arroganz und Herablassung, rümpften die Nase über ihre Bräuche und glaubten sich ihnen in jeder Hinsicht überlegen. Hinzu kam die Sprachbarriere. Kein Wunder also, dass das unterdrückte Volk sich im Zorn erhob. Aber es nützte nicht viel.

Um seine unwilligen englischen Untertanen zur Räson zu bringen, ließ William im ganzen Land Burgen erbauen. (Bis zum Jahr 1100 waren es sage und schreibe 6000.) Das ging oft rasant schnell, denn die meisten Burgen wurden nach einem einfachen Prinzip errichtet: Ein ringförmiger Graben wurde ausgehoben und die Erde des Aushubs zu einem Hügel – »Motte« genannt – aufgeschüttet. Auf der Motte baute man einen hölzernen Burgturm, rundherum errichtete man einen Palisadenzaun. Und fertig. In manchen Fällen wurde aber auch aufwändiger gebaut, zum Beispiel am Ostrand von London, wo William schon bald nach seiner Krönung eine steinerne Burg von bislang ungekannten Ausmaßen in Auftrag gab, die er, in einem seltenen Anfall von Prunksucht, aus hellem Stein errichten ließ. Dieser »weiße Turm« wurde um 1086 fertig und ist bis auf den heutigen Tag das Herzstück des Tower of London.

Die Standorte der Burgen wurden nach strategischen Gesichtspunkten ausgewählt. Die Engländer, die das Pech hatten, auf dem ausgesuchten Areal zu wohnen, wurden ohne Entschädigung vertrieben. Ebenso erging es den Bewohnern der Wälder, die William für die Krone beschlagnahmen ließ. Und wer nicht schnell genug verschwand, bekam noch ein paar Beulen mit auf den Weg in die wenig rosige Zukunft.

William der Eroberer war ein hervorragender Stratege und effizienter Administrator, aber sein Mangel an Menschlichkeit war eine der Ursachen dafür, dass die Einführung der neuen Ordnung nur mit viel Blutvergießen durchzusetzen war.

Die Menschen im Norden Englands taten sich noch schwerer damit als ihre südlichen Nachbarn, sich den Normannen

White Tower

unterzuordnen, und so kam es 1069 zu einer furchtbaren Katastrophe.

Edgar »Ætheling«, der bereits erwähnte letzte Prinz des angelsächsischen Königshauses, war nach Schottland geflohen und hatte seine Schwester Margaret mit dem König von Schottland verheiratet. Sie schickten dem König von Dänemark, wieder mal ein Sven, einen Boten, und fragten ihn, ob er ihnen nicht helfen wolle, die Normannen aus England zu verjagen. Sven fand, das sei eine großartige Idee, und schickte seine Söhne mit einer Flotte. Sie segelten den Humber hinauf, während die Schotten von Norden kamen. Gemeinsam marschierten sie in York ein, das ihnen jubelnd die Tore öffnete. Die Stadt war ja schon unter König Alfred von Dänen besiedelt worden, und ihre Einwohner fühlten sich den Wikingern daher viel näher als den verhassten Normannen. Deren Burg in der Stadt wurde eingenommen, die Garnison niedergemetzelt, und in dem allgemeinen Tohuwabohu ging die ganze Stadt in Rauch auf.

William führte eine Armee nach Norden – so schnell, dass selbst seine Feinde diesen Marsch mit Harold Godwinsons legendärer Durchquerung Englands verglichen. Und dann kam der König im Zorn über die bedauernswerten Menschen im Norden: Er jagte die Schotten zurück über die Grenze, und auch die Dänen mussten sich ins unzugängliche Marschland zurückziehen. Um ihnen für den nahenden Winter jeglichen Nachschub zu verwehren, gab William Befehl, ganz Northumbria und Teile von Mercia, also etwa die Nordhälfte Englands, vollständig zu verwüsten. Scheunen wurden niedergebrannt und das Vieh abgeschlachtet – genau wie jeder, der sich wehrte. Die Folge war eine entsetzliche Hungersnot im Norden. Ganze Landstriche wurden komplett entvölkert, und es dauerte über zwanzig Jahre, bis die Region sich auch nur halbwegs erholt hatte. Aber William hatte sein Ziel erreicht: Die Dänen segelten nach Hause.

Auch die Angelsachsen hatten ihre Lektion gelernt. Lediglich in East Anglia scharten sich die letzten Aufständischen um einen Mann namens Hereward »the Wake«, der noch lange nach seinem Tod in Liedern und Balladen weiterlebte, die von seinem Wagemut und seiner Aufopferung für das unterdrückte Volk erzählten. Er wurde eine Kultfigur des englischen Mittelalters, bis Robin Hood ihn verdrängte, dessen Legende sich viele von Herewards (angeblichen) Abenteuern und Ruhmestaten einverleibte, sodass der arme Hereward schließlich in Vergessenheit geriet.

Doch im Frühjahr 1071 war er die letzte Hoffnung der Angelsachsen. William belagerte ihn auf der Klosterinsel Ely, und Hereward floh (woran Sie erkennen können, dass Volkshelden in der Sage immer eine Spur besser sind als in der Realität). Rund 200 seiner Getreuen wurden in Ely gefangen genommen und auf königlichen Befehl geblendet und kastriert.

Danach war Ruhe.

Allerdings nicht für William, dessen Werk noch lange nicht getan war. In enger Übereinstimmung mit Papst Gregor VII. und unterstützt von einem sehr klugen und weitsichtigen Benediktiner namens Lanfranc, welcher Erzbischof von Canterbury wurde, reformierte er die englische Kirche. Das bedeutete in der Praxis, dass beinah alle angelsächsischen Bischöfe und Äbte gegen Normannen ausgetauscht wurden und die Priester auf dem Land Ärger bekamen, wenn sie verheiratet waren. Als auch das erledigt war und William langweilig zu werden drohte, beschloss er, Wales zu erobern. Aber da hatte er die Rechnung ohne die Waliser gemacht. Diese waren ja die Nachfahren jener britischen Kelten, die die Angelsachsen aus England verjagt hatten. Nicht schon wieder, werden sie sich gesagt haben, und sie verstanden es, sich zu wehren, sodass die Normannen niemals wirklich Fuß in Wales fassten.

Mit Williams Expansionspolitik in Frankreich sah es ebenfalls nicht so rosig aus, weil sein ältester Sohn Robert, den er in der Normandie als Statthalter eingesetzt hatte, seinem Vater nicht das Wasser reichen konnte. Die französischen Nachbarn wussten das natürlich ganz genau, und sie besetzten die Grafschaft Maine und schließlich auch das Vexin, auf die William Ansprüche erhob. Und Philip, der König von Frankreich, tat noch ein bisschen mehr als das: Zusammen mit Edgar Ætheling setzte er dem jungen Robert den Floh ins Ohr, er solle von seinem Vater verlangen, ihm die Herzogswürde in der Normandie zu übertragen.

Der Anspruch war nicht einmal so unsinnig. William – der seine Söhne nur unwesentlich besser behandelte als seine Untertanen – erwartete von Robert, die Aufgaben eines Herzogs zu versehen und die entsprechende Stellung zu wahren, gewährte ihm aber keine Verfügung über die Pacht- und Steuereinnahmen des Herzogtums. Anders gesagt: Robert hatte eine Menge Pflichten, aber kaum die Mittel, ihnen nachzukommen, und erst recht keine väterliche Anerkennung. Die Lage spitzte sich zu, als Prinz Robert sich 1077 wegen einer Lappalie mit seinen jüngeren Brüdern, William »Rufus« und Henry, zerstritt und William für die beiden jüngeren Söhne Partei ergriff. Robert war gekränkt, und außerdem hatte er die Nase gestrichen voll vom Führungsstil seines Vaters – er rebellierte und erhob mit

Unterstützung des Königs von Frankreich Anspruch auf den Herzogstitel der Normandie.

Dieser handfeste Familienkrach dauerte fast zwei Jahre. 1079 kam es zwischen Williams und Roberts Truppen zur Schlacht, in welcher der Sohn den Vater um ein Haar erschlagen hätte, erzählt ein Chronist. Robert siegte, aber weil der normannische Adel nicht wagte, sich gegen William zu erheben, und der König von Frankreich daraufhin bald den Spaß an dieser Geschichte verlor, brachte der Sieg Robert letztlich überhaupt nichts ein. Außer vielen schlaflosen Nächten, darf man wohl annehmen. Es galt als Verstoß gegen die göttliche Ordnung, wenn ein Sohn sich gegen den Vater auflehnte. Und bedenkt man, was für ein Mensch dieser Vater war, wird Robert sich nachts so allein in seinem Zelt manches Mal ganz schön gefürchtet haben.

Aber einige von Williams alten Vertrauten vollbrachten das Wunder, zwischen dem König und dem abtrünnigen Prinzen eine Versöhnung zu vermitteln. Natürlich traute William seinem Ältesten nie wieder. Bei allen Charaktermängeln, die man ihm vorwerfen kann: Übermäßige Vertrauensseligkeit gehörte wirklich nicht dazu.

Vielleicht war es die Verbitterung über diese Rebellion, die William immer tyrannischer und unbarmherziger werden ließ. Vielleicht lag es auch daran, dass die alten Freunde und Weggefährten allmählich wegstarben und der König es versäumte, zur nächsten Generation eine Bindung aufzubauen. Jedenfalls wuchs die Furcht vor ihm auf beiden Seiten des Kanals, nicht nur unter der einfachen Bevölkerung, sondern auch unter Adel und Ritterschaft.

1082 nahm William seinen Halbbruder Odo fest, den Bischof von Bayeux und Earl of Kent. Die Gründe sind nicht ganz klar. Odo war ihm in den rund eineinhalb Jahrzehnten seit der Eroberung immer ein treuer Statthalter gewesen, wenn William England verlassen musste, und hatte seinem königlichen

Bruder mit dem »Teppich von Bayeux« ein Denkmal gesetzt, das Betrachter noch heute offenen Mundes bestaunen. Möglicherweise hatte Odo sich in den Kopf gesetzt, Papst zu werden, und hinter Williams Rücken zu dem Zweck eine Armee aufgestellt. Jedenfalls wurde er unter dem Vorwurf des Verrats in der Normandie eingesperrt.

1083 erhob Prinz Robert sich erneut gegen seinen Vater. Im selben Jahr starb Königin Matilda, und nun war wirklich niemand mehr übrig, der den König bändigen, besänftigen oder an sein – durchaus vorhandenes – Gewissen appellieren konnte. Gnadenlos presste er die Engländer aus, um für seine militärischen Unternehmungen immer neue Söldnerscharen anzuheuern, und weil er mit den Jahren fett geworden war, ging in England das Gerücht, er fräße all das Gold, das er anhäufte. Angesichts einer drohenden Däneninvasion 1085 (aus der nichts wurde) schickte William wieder einmal seine Steuereintreiber aus und war mit dem, was sie ihm brachten, unzufrieden. Darum beschloss er eine weitreichende Erhebung über seine widerspenstigen englischen Untertanen und ihren gesamten Besitz, um sich ein realistisches Bild über ihre Zahl und ihre Vermögensverhältnisse machen zu können. 1086 sandte er deshalb Scharen von Beamten aus (mit bewaffneter Eskorte, versteht sich), um die Engländer, ihr Vieh und ihre sonstigen Besitztümer zu zählen. Die Engländer waren natürlich empört über diesen unerhörten Verstoß gegen den Datenschutz. Aber die Historiker von heute würden William für die Durchführung dieses ehrgeizigen Projekts vermutlich die Füße küssen, wenn sie könnten, denn dieses gewaltige Statistikwerk, welches als *Domesday Book* in die Geschichte einging, liefert uns unschätzbare Informationen über die sozialen und wirtschaftlichen Verhältnisse im normannischen England.

Ende 1086 verließ William England, um neuerliche Streitigkeiten mit dem König von Frankreich auszutragen, und es spricht einiges dafür, dass er beschlossen hatte, das Problem ein für alle Mal aus der Welt zu schaffen, indem er sich Frankreich einverleibte. Bei der Einnahme von Mantes im Juli 1087 – nur noch einen Tagesmarsch von Paris entfernt – wurde William jedoch verwundet, als sein Pferd scheute und der König auf den Sattelknauf geschleudert wurde. Er zog sich schwere innere Verletzungen zu, denen er sechs qualvolle Wochen später, am 9. September 1087, erlag.

Darum heißt Frankreich heute immer noch Frankreich und nicht die Süd-Normandie.

Auf dringendes Anraten seiner Seelsorger hatte William auf dem Sterbebett eine Art Generalamnestie erlassen, sodass sich nach seinem Hinscheiden überall in England und der Normandie knarrend die Kerkertüren öffneten und seine Feinde ebenso wie die unschuldigen Opfer seiner Willkürherrschaft die Freiheit wiedererlangten, darunter auch sein Bruder Odo und Earl Morcar (Sie wissen schon, Godivas Enkel).

Bei Williams Beerdigung brannte übrigens wieder einmal eine halbe Stadt nieder, genau wie bei seiner Krönung. Dieses Mal traf es das normannische Caen. Und als man den hünenhaften William in seinen steinernen Sarg betten wollte, erwies der sich als zu klein. Die Bestatter versuchten, den Leichnam irgendwie hineinzubugsieren, wobei der Leib aufplatzte. Das war ein ekliges und unverdientes Nachspiel, aber andererseits kann man wohl sagen: William machte im Leben eine bessere Figur als im Tode.

Ein Nachruf, der längst nicht auf jeden seiner Nachfolger zutrifft.

Alle mittelalterlichen Könige standen vor dem gleichen Dilemma: Sie brauchten Söhne, um den Fortbestand ihrer Dynastie zu sichern. Und weil die Kindersterblichkeitsrate auch in der Oberschicht sehr hoch war, mussten sie viele Söhne zeugen, um einigermaßen sicherzugehen, dass einer übrig blieb. Erreichten aber zwei oder gar mehr das Erwachsenenalter und überlebten ihren Vater, waren Konkurrenzkämpfe und Rangeleien um die Nachfolge fast unvermeidlich. In den 200 Jahren nach der normannischen Eroberung geschah es tatsächlich nur zwei Mal, dass die englische Krone beim Tod des Königs an dessen ältesten überlebenden Sohn überging.

1087 war keiner dieser zwei Ausnahmefälle. Die Normandie hatte William zähneknirschend dem rebellischen Robert, seinem Ältesten, hinterlassen. Aber die Königskrone erbte der Zweitälteste, William »Rufus«, der sich während der Revolten seines Bruders immer durch unerschütterliche Treue seinem Vater gegenüber ausgezeichnet hatte.

Weil er wusste, dass diese Entscheidung seines Vaters nicht unangefochten bleiben würde, wartete Rufus nicht einmal dessen Beerdigung ab, ehe er mit den königlichen Insignien und schriftlichen Instruktionen seines toten Vaters an den Erzbischof von Canterbury nach England segelte. Er begab sich auf kürzestem Weg nach Winchester und nahm dort das Barvermögen der Krone in Besitz. Und schon am 26. September 1087 ließ er sich in Westminster Abbey krönen. Diese unwürdige Hast ließ das Ganze wie einen Staatsstreich aussehen, aber der Erfolg gab dem jungen König Recht: Als sein großer Bruder Robert endlich aus dem Loch gekrochen kam, wo er sich vor dem Zorn ihres Vaters versteckt hatte, war alles längst passiert.

William »Rufus« bekam seinen Beinamen wahrscheinlich aufgrund seiner roten Gesichtsfarbe, die seine Zeitgenossen seinem cholerischen Temperament zuschrieben. Als er König wurde, war er ungefähr siebenundzwanzig Jahre alt und bereits ein erfahrener Soldat, und sein rasches Handeln nach dem Tod des Eroberers beweist Entschlusskraft und politisches Gespür. Er hatte eine Schwäche für ritterlichen Heldenmut, heißt es, und ebenso für französische Mode und teure Schuhe. Die Chronisten – ausschließlich Kirchenmänner – haben nicht viel Gutes über ihn berichtet, denn Rufus war ein leidenschaftlicher Sünder. Er aß und trank gerne, er warf mit Geld um sich, und er war »von Wollust getrieben«. Das alles hätten sie ihm wahrscheinlich noch verziehen – mit Königen waren die Chronisten meist nachsichtig –, aber Rufus hatte keinen Respekt vor der Kirche, und außerdem stand er auf Männer. Wenn sich heute überhaupt noch jemand an ihn erinnert, dann hauptsächlich deswegen: William Rufus gilt als der erste schwule König in der Geschichte Englands.

Anfangs machte sein Bruder Robert, unterstützt von ihrem Onkel Odo, ihm die Krone streitig und versuchte, Rufus zu stürzen, doch dieser Versuch schlug fehl. Odo wurde endgültig enteignet und schon wieder eingesperrt. Robert kehrte zurück in die Normandie und leckte seine Wunden. Der jüngste Bruder, Henry, machte in diesen Jahren keine sonderlich gute Figur, weil er sich mal mit dem einen, mal mit dem anderen der konkurrierenden Brüder zusammentat. Doch da ihr Vater ihm keine Ländereien hinterlassen hatte, war es verständlich – und nach damaliger Sitte legitim –, dass er versuchte, sich durch Unterstützung des jeweils aussichtsreicheren der Kontrahenten Land zu verdienen. (Im Übrigen fanden Robert und Rufus auch nichts dabei, sich gelegentlich gegen Henry zusammenzutun.)

1093 erkrankte Rufus ernstlich – es ist unbekannt, woran. Jedenfalls glaubte er wie auch seine Ärzte, dass er sterben werde, und er gelobte, falls Gott ihn leben ließe, seinen Lebenswandel zu mäßigen, nicht mehr zu sündigen, sich mit Robert zu versöhnen, die Bischöfe und Äbte nicht mehr zu schröpfen und endlich zu heiraten. (Anselm von Bec, der wenig später Erzbischof von Canterbury wurde, saß praktisch auf der Bettkante, als Rufus diesen Schwur tat. Wir können uns also unschwer vorstellen, wer dem kranken König die Worte in den Mund legte.)

Doch wie so oft in solchen Fällen überdauerten die guten Vorsätze Rufus' Genesung nicht lange. Er sündigte weiter, trug mit den Bischöfen – vor allem mit Anselm – heftige Kämpfe um Geld und Macht aus, führte Krieg gegen seinen Bruder

Robert, die Schotten und die Waliser, und er machte keinerlei Anstalten, wie versprochen eine schottische Prinzessin zu heiraten.

1096 brach Robert zum Ersten Kreuzzug auf und verpfändete Rufus die Normandie, um das nötige Geld für seinen »Heiligen Krieg« aufzutreiben. Rufus übernahm umgehend die Herrschaft im Stammland seiner Familie, wurde de facto Herzog der Normandie – auch wenn er den Titel nie annahm – und vereinigte somit das Reich wieder, welches sein Vater auseinandergerissen hatte. Er eroberte die Grafschaft Maine zurück, die Robert nicht hatte halten können, und richtete seinen begehrlichen Blick sogar bis auf das Poitou südlich der Loire. Im Sommer 1100 kündigte er vollmundig an, er gedenke, Weihnachten in Poitiers zu verbringen.

Doch am 2. August traf ihn auf der Jagd im New Forest ein Pfeil und verletzte ihn tödlich. Bis heute wird darüber gerätselt, ob es ein Attentat oder ein Jagdunfall war. Der Leichnam wurde jedenfalls auf einem Karren nach Winchester gebracht und in der dortigen Kathedrale unter dem Vierungsturm beigesetzt – im Beisein vieler großer Männer, aber von wenigen betrauert, behauptet ein Chronist.

Rund ein Jahr später stürzte der Vierungsturm ein. Keine Kathedrale, die etwas auf sich hält, wolle *so* einem König die letzte Ruhestätte bieten, deutet der Chronist an.

Mit ebenso unwürdiger Hast wie 13 Jahre zuvor Rufus griff nun dessen jüngster Bruder Henry nach der Krone, bemächtigte sich in Winchester des Kronschatzes wie einst Rufus, schwor die Mehrheit der anglo-normannischen Lords auf sich ein und wurde schon am 5. August 1100 gekrönt.

Von den vier normannischen Königen war Henry der einzige, der in England zur Welt gekommen war und sich selbst als Engländer betrachtete. Überhaupt war Henry anders. Er konnte lesen und schreiben, was ihm den Beinamen »Beauclerc« (etwa: der Hochgelehrte) eintrug. Das Ausmaß seiner

Tod von König William »Rufus«

Bildung ist umstritten und lange Zeit wohl überschätzt worden, aber wir können getrost davon ausgehen, dass er der gelehrteste König Englands seit Alfred war.

War Rufus ein Raubein, ein Mann des Schwertes gewesen, so zog Henry die Diplomatie vor, wenngleich er sich vor keiner Schlacht scheute, wenn er glaubte, sie sei unumgänglich, und auch ziemlich hinlangen konnte. Im Gegensatz zu Rufus war Henry ein maßvoller Trinker und hielt nichts von Völlerei (obwohl er in späteren Jahren in die Breite ging, genau wie sein Vater). Und er holte die schottische Prinzessin Matilda, die

Rufus verschmäht hatte, aus der Klosterschule und heiratete sie. Sie war übrigens eine Nichte von Edgar Ætheling – dem bereits erwähnten letzten Spross des angelsächsischen Königsgeschlechts –, und deswegen geht das englische Königshaus bis auf den heutigen Tag nicht nur auf William den Eroberer zurück, wie gelegentlich geschrieben wird, sondern ebenso auf Alfred den Großen.

Anders als sein Bruder Rufus war Henry heterosexuell. Und anders als ihr Vater hielt er nicht viel auf Enthaltsamkeit und eheliche Treue: Mit einer Vielzahl adliger Mätressen zeugte er rund zwei Dutzend Bastarde und hält in dieser Disziplin bis heute den Rekord unter allen englischen Königen.

Bei seinem Regierungsantritt versprach er, den Engländern das Gesetz König Edwards des Bekenners zurückzubringen, und selbst wenn er nicht alles hielt, was er versprochen hatte, begann er doch zumindest mit einer juristischen Annäherung zwischen den (immer noch) unterdrückten Angelsachsen und den (immer noch) über sie herrschenden Normannen. Er war für seine Zeit ein visionärer Herrscher, der neben dem Rechtssystem auch die Verwaltung modernisierte und Institutionen wie etwa die königliche Kanzlei schuf, die für viele Jahrhunderte das Herzstück jeder Administration war.

Nur wenige Monate nach Henrys Krönung kehrte sein ältester Bruder Robert vom Kreuzzug heim und forderte nicht nur die Normandie zurück, sondern obendrein die englische Krone. Doch der tumbe Robert war Henry nicht gewachsen. Erst ließ er sich für 2000 Pfund im Jahr bestechen, Frieden zu halten (geldgierig wie eh und je), dann regierte er die Normandie so miserabel, dass der dortige Adel den noch nicht entdeckten Kaffee bald aushatte und Henry heimlich um Hilfe bat, seinen Bruder zu stürzen. Das gelang schließlich 1106 in der Schlacht von Tinchebray. Robert überlebte, aber Henry ließ seinen Bruder bis zu dessen Tod 1134 einsperren. Damit war der Konflikt um die Macht in der Normandie noch nicht endgültig beigelegt, aber Henry hatte die von Rufus begonnene

Wiedervereinigungspolitik erfolgreich fortgesetzt. Genau wie Rufus führte er den Titel des Herzogs nicht offiziell, aber er nahm dem normannischen Adel den Lehnseid ab.

Henry hatte mehr Respekt vor der Kirche als Rufus und folgte nicht dessen Beispiel, Bischofssitze jahrelang unbesetzt zu lassen, um sich derweil die Einnahmen aus dem Sprengel unter den Nagel zu reißen. Aber es war die Zeit des »Investiturstreits«, der die ganze Christenheit in Atem hielt und der den Papst veranlasste, die Muskeln spielen zu lassen. Dreh- und Angelpunkt dieses Streits war die Frage, wer denn eigentlich die Bischöfe auswählen durfte, der König oder der Papst. Ich natürlich, fand der Papst, denn sie sind Vertreter der Kirche und fallen also in meine Zuständigkeit. Wir natürlich, hielten die Könige dagegen, denn die Bischöfe sind uns lehnspflichtig, und unsere Kronvasallen suchen wir uns doch lieber selber aus, vielen Dank.

Dieser Zank, der auf dem Kontinent außer Kontrolle zu geraten drohte (schlagen Sie mal im Lexikon unter »Canossa« nach) und erst 1122 beigelegt wurde, verlief in England glimpflicher. Henry geriet mit Anselm, dem Erzbischof von Canterbury, aneinander, der beleidigt ins Exil ging und aus sicherer Entfernung die ganz große Keule schwang und andeutete, er könne den Papst veranlassen, Henry zu exkommunizieren. Es sah Henry ähnlich, dass er einen kühlen Kopf behielt. Er holte sich einen kompetenten Fachmann, den meistgerühmten Kirchengelehrten seiner Epoche, als Berater und hörte obendrein auch noch auf ihn. Schon 1107 kam es zu einem Kompromiss: Nicht der König, sondern die Domkapitel (also Kleriker) wählten den Bischof. Der musste dem König aber für seinen weltlichen Besitz einen Lehnseid leisten, ehe er geweiht werden durfte. Das erwies sich als kluge, vor allem praktikable Lösung, die viel zur inneren Stabilität Englands beitrug.

Trotz seiner beachtlichen Virilität hatte Henry nur einen einzigen ehelichen Sohn, William, der nach englischer Sitte »Æthe-

Der folgenschwere Untergang des White Ship

ling« genannt wurde. Am Abend des 25. November 1120 ging William Ætheling mit einer großen Zahl von Adligen, Freunden und unehelichen Geschwistern in Barfleur an Bord des *White Ship*, um nach England zurückzukehren. Sie hatten etwas zu feiern, denn König und Prinz hatten gerade einen diplomatischen Coup gelandet, der ihnen die Normandie dauerhaft sichern sollte, und darum war die Stimmung an Bord ausgelassen. Alle waren sternhagelvoll – leider auch der Steuermann. Er lenkte das *White Ship* auf ein Riff, und in Sichtweite des Hafens sank es mit Mann und Maus. Der Prinz ertrank ebenso wie seine Geschwister und ein Gutteil des Nachwuchses der anglo-normannischen Adelshäuser. Nur ein Metzger aus Rouen wurde gerettet, heißt es.

Das war eine persönliche Tragödie und eine dynastische Katastrophe für König Henry und, wie sich herausstellen sollte, der Auslöser eines lang anhaltenden Albtraums für die Engländer.

Da Henrys schottische Gemahlin zwei Jahre zuvor verstorben war, heiratete er Adelisa, die landlose, aber schöne, junge Tochter des Grafen von Louvain, um möglichst schnell einen neuen Erben zu zeugen. Aber auf einmal war's aus mit der Mannbarkeit. In fünfzehn Ehejahren schenkte Adelisa ihm nicht ein einziges Kind. (Doch an ihr lag's nicht: Als sie nach seinem Tod den Earl of Arundel heiratete, kam eins nach dem anderen.)

Henrys schlimmste Befürchtung war vermutlich, seinem Neffen William Clito, Sohn des tumben, eingekerkerten Robert, könnte die englische Krone in den Schoß fallen. Darum tat der König etwas höchst Ungewöhnliches: Er rief seine Tochter Matilda – sein einzig verbliebenes eheliches Kind – zur Thronerbin aus.

Wie so viele Prinzessinnen jener Zeit hatte Matilda mit Mitte zwanzig schon ein bewegtes Leben hinter sich. Mit acht Jahren war sie mit dem deutschen Kaiser Heinrich V. verheiratet worden, mit zwölf wurde sie in Worms zur Königin gekrönt, mit fünfzehn überstand sie eine Alpenüberquerung im Winter, wurde in Rom zur Kaiserin gekrönt, regierte nach Heinrichs Rückkehr nach Deutschland allein über seine italienischen Domänen und befehligte seine Armee. Trotz ihrer Jugend erfüllte sie ihre Aufgaben mit großer Würde und Gewissenhaftigkeit, und man kann wohl sagen, sie hatte Spaß an ihrem Job. Doch die Ehe blieb kinderlos, und 1125 starb Heinrich. So kam es, dass Matilda für die Bewältigung der anglo-normannischen Nachfolgekrise unerwartet zur Verfügung stand.

König Henry holte seine Tochter nach England zurück, um ihr auf den Zahn zu fühlen – schließlich hatte er sie als achtjähriges Kind zuletzt gesehen. Er fand eine welterfahrene junge Frau, die die besten Kontakte zum europäischen Adel unterhielt und in Diplomatie ebenso beschlagen war wie in politischen Intrigen. Denkbar gut geeignet also für das, was er mit ihr im Sinn hatte. Höchstens eine Spur zu selbstbewusst für eine Frau, deuten die Chronisten hier und da an. So nannte sie sich zum Beispiel bis ans Ende ihrer Tage »Kaiserin« (und auch wir werden sie hier fortan so nennen, denn als Kaiserin Matilda, auf Englisch »Empress Maud«, ging sie in die Geschichte ein).

Eine *Frau* auf dem Thron?, fragten die englischen Lords der Welt und der Kirche pikiert.

Aber Robert, Earl of Gloucester, der berühmteste von Henrys Bastarden (der einen prima König abgegeben hätte), sprach in den Beratungen für den Vorschlag seines Vaters. Genau wie Matildas Onkel, der König von Schottland, und einige andere große Lords. Am Neujahrstag 1127 ließ Henry seinen versammelten Hof einen Treueschwur an Matilda leisten. Zwei Männer rangelten um die Ehre, der Erste sein zu dürfen, der diesen Eid leistete: ihr Halbbruder Robert of Gloucester und ihr Cousin Stephen von Blois. Von dem werden wir noch hören.

Nicht nur die Fürsprache der politischen Schwergewichte beeinflusste die Mehrheitsentscheidung der Lords, sondern auch die Tatsache, dass sie des tumben Roberts Sohn, William

Clito, nun wirklich nicht auf dem Thron haben wollten. Es war also wohl eher eine Entscheidung *gegen* den einen als ein überzeugtes Votum *für* die andere, und vielleicht war das der Grund, warum es nicht gut gehen konnte. Hinzu kam, dass Matilda sich selten in England blicken ließ und eine Fremde blieb. Außerdem fanden viele, sie habe den falschen Mann. 1128 hatte Matilda nämlich auf Wunsch ihres Vaters einen gewissen Joffrey Plantagenet geheiratet, den Grafen von Anjou, der Henrys südlicher Nachbar auf dem Kontinent war und zu dem der König dringend einen besseren Draht brauchte. Der junge Graf war ganze vierzehn Jahre, beinah halb so alt wie seine Braut, und diese Ehe wurde ein Desaster. Trotzdem bekamen die Kaiserin und ihr ungeliebter Joffrey drei Söhne.

Die Grafen von Anjou waren jedoch lange Zeit die Lieblingsfeinde der Herzöge der Normandie gewesen, und die Lords fürchteten nun, dass Henry ihnen mit dem jungen Schwiegersohn eine Laus in den Pelz setzte.

Als Henry auf einem neuerlichen Feldzug in der Normandie am 1. Dezember 1135 im gesegneten Alter von 67 nach einwöchiger Krankheit starb (vielleicht an einer Fischallergie oder -vergiftung), war Matilda wieder einmal nicht in England und machte auch keinerlei Anstalten, zu ihrer Krönung dorthin zu eilen. Ganz anders ihr schneidiger, gut aussehender, charmanter Cousin Stephen von Blois, der Henrys Lieblingsneffe gewesen war und in England große Ländereien besaß. Er kehrte auf schnellstem Wege dorthin zurück.

Die Engländer fackelten nicht lange: Kaiserin Matilda und ihr grässlicher französischer Graf waren außer Landes, Stephen war hier. Matilda war eine Fremde, Stephen ein vertrautes Gesicht. Sie war eine Frau, er ein *Kerl*. Und genauso ein Enkel des Eroberers wie Matilda, denn Stephens Mutter war eine von William the Conquerors Töchtern gewesen. Einige Lords, die Bischöfe und die Bürger von London trugen Stephen die Krone an, und genau wie einst sein Großvater fand er, das sei eine hervorragende Idee.

Was war das für ein König, der seiner Cousine die Krone vor der Nase wegschnappte, obwohl er doch unbedingt der Erste hatte sein wollen, der ihr den Treueid leistete?

Er war nicht so übel, wie dieser Makel in seinem Lebenslauf vermuten lässt. Wahrscheinlich war er sogar überzeugt, England und der Normandie einen Dienst zu erweisen. Eine Frau, die eigenständig ein Land regierte – oder genau genommen zwei Länder –, lag außerhalb seines Vorstellungsvermögens. Genau wie viele englische Lords der Welt und der Kirche fürchtete auch er, dass der junge Joffrey in Matildas Namen die Macht an sich reißen würde, und da wird er sich gedacht haben: Dann doch besser ich. Stephen war in England bekannt und beliebt und verfügte sowohl dort als auch in der Normandie über riesigen Landbesitz. Bei seinem Regierungsantritt war er 43 Jahre alt und ein erfahrener Soldat und Politiker. Er war vor allem für seinen Frohsinn und seine Gutmütigkeit beliebt, wobei Letztere für einen König des 12. Jahrhunderts nicht unbedingt ein Pluspunkt war, denn sie trug Stephen den Ruf ein, wankelmütig und zu nachgiebig seinen Feinden gegenüber zu sein.

Genau wie Rufus und Henry gelangte er durch schnelles Handeln an die Macht, nicht zuletzt dank der Unterstützung des einflussreichen Bischofs Henry von Winchester, der praktischerweise sein Bruder war. Stephens Machtübernahme verlief nach einem Masterplan, den Henry von Winchester ausgeklügelt hatte, und der ließ sich seine Unterstützung etwas kosten: Mit der »Urkunde über die Freiheiten der englischen Kirche« rang er dem König 1136 Zugeständnisse ab, die die Machtverhältnisse zugunsten der Kirche verschoben. Das wird Stephen nicht besonders behagt haben, aber andererseits hatte es zur Folge, dass der Papst seine Krönung und seine Ernennung zum Herzog der Normandie umgehend abnickte.

Damit stand Kaiserin Matilda also erst einmal im Regen. Ihr unehelicher Halbbruder, der mächtige Earl Robert of Gloucester, kehrte Weihnachten 1136 nach England zurück und leistete Stephen den Lehnseid. Es gibt keine Anzeichen dafür, dass er vor den zum Weihnachtshof versammelten Lords für den Thronanspruch seiner Schwester eintrat. Warum nicht, ist nicht ganz klar. Vielleicht machte er sich zu dem Zeitpunkt insgeheim noch selber Hoffnungen auf die Krone. Schließlich war er König Henrys Sohn. Sein Ältester obendrein. Sicher, nur ein Bastard, aber das war der Eroberer ja auch gewesen …

Es wird sich wohl kaum noch klären lassen, ob Robert of Gloucester hoffte, aus einem Konflikt zwischen Stephen und der Kaiserin als lachender Dritter hervorzugehen. Falls es so war, gab er diese Ambitionen jedenfalls bald auf. Kurz nach Ostern zerstritt er sich mit König Stephen. Und wenige Wochen später fiel der junge Joffrey von Anjou in der Normandie ein. Stephen geriet ziemlich ins Schleudern, denn plötzlich bröckelte die Unterstützung seiner Vasallen auf beiden Seiten des Kanals. Kaiserin Matilda war nicht umsonst eine erfahrene Diplomatin. Sie hatte im Verborgenen gewirkt und um Unterstützung für ihre Sache geworben. Stephen sah sich gezwungen, mit Joffrey einen faulen Waffenstillstand zu schließen. Das fanden die englischen Lords überhaupt nicht gut.

Im Frühjahr 1138 kündigt Robert of Gloucester König Stephen in einem höflichen Schreiben endgültig und offiziell die Gefolgschaft, kehrt 1139 nach England zurück und verschanzt sich in Bristol, wo Stephen ihn belagerte. Das war der Beginn eines Bürgerkrieges, der England rund eineinhalb Jahrzehnte in Atem halten sollte und nicht zu Unrecht »the Anarchy« genannt wird.

Als Stephen feststellen musste, dass er Bristol nicht einnehmen konnte, zog er ab und suchte sich weichere Ziele im Südwesten, wo er einige Erfolge einstrich. Schließlich fielen ihm Stadt und Burg von Shrewsbury in die Hände, und weil seine Lords nörgelten, der König sei viel zu nachsichtig mit seinen Feinden, ließ er die gesamte Garnison aufhängen.

Stephen der I. und bislang Einzige – ein König, der besser war als sein Ruf

Unterdessen war Kaiserin Matildas Onkel, König David von Schottland, mit einer Armee in Nordengland eingefallen. Thurstan, der Erzbischof von York, brachte ihm in einer legendären Schlacht zwar eine ziemliche Schlappe bei, aber trotzdem schaffte es David, in den anschließenden Friedensverhandlungen Newcastle und die Grafschaft Northumbria für sich herauszuschlagen. Das darf ja wohl nicht wahr sein, nörgelten die englischen Lords – jetzt schon wesentlich lauter. König Stephen, sagten sie, verhandle mehr zum Vorteil seiner Gegner als zu seinem eigenen.

Während Stephen das Wasser also allmählich bis zur noch nicht erfundenen Halskrause stieg, wurde die schlaue Kaiserin Matilda Ostern 1139 vor dem 2. Laterankonzil vorstellig. Sie verlangte die Unterstützung des Papstes, da Stephen ein Usurpator und obendrein ein Eidbrecher sei. Die Vertreter der Gegenseite behaupteten hingegen, Matilda könne gar nicht die

Erbin ihres Vaters sein, denn ihre Mutter sei eine Nonne gewesen, die Ehe also ungültig und Matilda ein Bastard.

Die Kaiserin war *not amused*, wie Sie sich denken können. Diese Behauptungen waren nicht nur hochgradig beleidigend, sondern auch völliger Blödsinn – Henrys schottische Prinzessin war zwar im Kloster erzogen worden, aber nichts weist darauf hin, dass sie je die Gelübde abgelegt hatte, und der berühmte Anselm, Erzbischof von Canterbury, hatte das Paar höchstselbst getraut. Aber fast vierzig Jahre später und rund 1500 Kilometer vom Ort des Geschehens entfernt ließ sich das alles nicht so richtig beweisen oder widerlegen, und der Papst – auch kein Anfänger in der hohen Kunst der Diplomatie – vertagte die ganze Angelegenheit.

Das kam einem Sieg für Stephen gleich, der sich dank der Fürsprache seines mächtigen Bruders der Unterstützung der Kirche meist sicher sein konnte.

Kaiserin Matilda verabschiedete sich angewidert von der Diplomatie und landete im Herbst 1139 mit ihrem Bruder Robert of Gloucester in England. Weil die Lage ziemlich unübersichtlich war, schlüpfte sie erst einmal bei ihrer Stiefmutter in Arundel unter, denn König Henrys Witwe war mächtig genug, um ihr Schutz zu gewähren. Der kluge und militärisch hochbegabte Robert of Gloucester ergriff derweil die Initiative, und durch eine Kombination aus geschickter Heiratspolitik und erfolgreichen Belagerungen brachte er den gesamten Südwesten Englands und Teile von Wales unter seine Kontrolle.

Anders als Stephen war er nicht zimperlich. Im November nahm er Worcester ein, welches vom Grafen von Meulan befehligt wurde. Und da dieser Graf im Jahr zuvor Gloucesters Ländereien in der Normandie überfallen hatte, gab Robert of Gloucester nun seinerseits die Stadt Worcester zur Plünderung frei. Die Einwohner von Worcester hatten mit dieser alten Rechnung zwischen den beiden Herren nicht das Geringste zu tun, aber sie zahlten die Zeche: Ihre Habe wurde gestohlen, ihre Häuser gingen in Rauch auf, wer sich wehrte, wurde abgeschlachtet, wer sich nicht wehrte, auch, und Frauen und Kinder wurden vergewaltigt. Wer am Ende noch lebte, stand vor dem Nichts. Es war der 7. November, die Menschen hatten kein Dach mehr über dem Kopf, keine Wintervorräte, kein Geld. Ihnen drohte ein Hungerwinter, und sie hatten wahrscheinlich nicht einmal eine Ahnung, warum diese Katastrophe über sie hereingebrochen war.

So war Krieg im Mittelalter, und man darf getrost davon ausgehen, dass Kollateralschäden dieser Art für Robert of Gloucester und seinesgleichen eine Selbstverständlichkeit darstellten. Grausamkeit gegen Zivilisten galt als probates Mittel der Kriegsführung, und die Genfer Konventionen waren noch nicht erdacht.

Während der nächsten fünfzehn Monate hastete König Stephen ziemlich ineffektiv durch England, kreuz und quer, von einem Brandherd zum anderen, ohne je etwas auszurichten. Den Norden hielten die Schotten, die der Kaiserin wohlgesinnt waren. Im Süden und Westen baute Robert of Gloucester die Stellung seiner Schwester immer weiter aus. Stephens Königreich wurde ein immer kläglicheres Restchen im Südosten. Zum Jahresbeginn 1141 belagerte er Lincoln, und dort kam es im Februar zur einzigen großen Schlacht dieses Bürgerkrieges. Robert of Gloucester rückte mit »Scharen schrecklicher, unerträglicher Waliser« an, beklagt ein Chronist, und auch Stephen hatte sämtliche Reserven mobilisiert. Wenn es sein musste, konnte der König auch ordentlich zulangen; er kämpfte tapfer und unermüdlich mit einer doppelschneidigen Wikingeraxt. Doch er verlor die Axt ebenso wie die Schlacht und geriet obendrein in Gefangenschaft.

Das hätte die Entscheidung sein sollen, die alle sich erhofft hatten. Aber es kam anders.

Kaum war König Stephen in Gloucesters uneinnehmbarer Festung in Bristol eingesperrt, fiel Kaiserin Matildas Gemahl,

Joffrey von Anjou, wieder einmal in die vernachlässigte, ins Chaos gesunkene Normandie ein und brachte sie unter seine Kontrolle. Stephens Anhänger forderten wenigstens die normannischen Ländereien, die der König schon vor der Krönung besessen hatte, für dessen Sohn Eustace, aber die Kaiserin blieb hart. Sie fühlte sich jetzt sicher, denn der mächtige Bischof Henry von Winchester war aus Zorn über verschiedene Verstöße gegen die Rechte der Kirche und die Unfähigkeit seines Bruders zu ihr übergelaufen und sogar schon eifrig dabei, ihre Krönung in Westminster vorzubereiten.

Siegesgewiss marschierte Kaiserin Matilda auf London, aber ihr Hochmut wurde ihr zum Verhängnis. Sie schenkte den selbstbewussten Einwohnern der großen Handelsmetropole nicht genug Beachtung, war sogar ziemlich ruppig zu ihnen. Das müssen wir uns nicht bieten lassen, befanden die Londoner. Zusammen mit einer Armee unter Stephens Gemahlin (die blöderweise auch Matilda hieß) jagten sie die Kaiserin fort.

Damit nicht genug: Kaum erfuhr Bischof Henry von Winchester – dessen Mangel an Standhaftigkeit sich wahrlich mit dem seines königlichen Bruders messen konnte –, was geschehen war, kippte er schon wieder um. Daraufhin zogen die Kaiserin und Robert of Gloucester nach Winchester und belagerten seinen Bischofspalast. Doch Stephens Anhänger umzingelten sie und schnitten sie vom Nachschub ab – die Belagerer wurden zu Belagerten. Die Kaiserin entkam, weil ihr Bruder in wahrer Ritterlichkeit die hoffnungslos unterlegene Nachhut zur Schlacht aufstellte, um Matilda genügend Zeit zur Flucht zu verschaffen, und natürlich fiel er seinen Feinden in die Hände.

Schöner Schlamassel, müssen alle Beteiligten gedacht haben. Nun hatte jede Partei die Galionsfigur der anderen gefangen genommen und hinter dicken Burgmauern eingesperrt – König Stephen in Bristol, Robert of Gloucester in Winchester. Weil offenbar niemand sonst auf die Idee kam, das Nächstliegende zu tun, begann Gloucester selbst, über einen Austausch zu verhandeln, der im November 1141 stattfand.

Und damit standen alle wieder mehr oder minder da, wo sie am Anfang gestanden hatten. Robert of Gloucesters Sieg bei Lincoln war ebenso wirkungslos verpufft wie der der Königin Matilda über die Kaiserin Matilda.

Im Frühling und Sommer des Jahres 1142 ruhte der Bürgerkrieg, weil sowohl Stephen als auch Matilda wochenlang krank waren. Das liest sich ein bisschen merkwürdig in den Chroniken; fast so, als hätten sie beide die Nase gestrichen voll gehabt von diesem ebenso end- wie ergebnislosen Gezerre um die Krone, welches sie da auf den Rücken der schwer geprüften Engländer austrugen, und deswegen beide irgendwelche psychosomatischen Zipperlein entwickelt. Vielleicht war's so.

Nach ihrer Genesung schickte Matilda ihrem Gemahl einen Boten, er möge doch bitte, bitte nach England kommen und ihr helfen, den grässlichen Cousin ein für alle Mal aus dem Land zu jagen. Aber Joffrey hatte nur mäßiges Interesse an England und noch mäßigeres Interesse am Wohlergehen seiner Frau. Er ließ ausrichten, er habe alle Hände voll damit zu tun, die Normandie zu unterwerfen, und außerdem werde er sowieso überhaupt nicht mehr mit ihr – Matilda – verhandeln, sondern nur noch mit ihrem Bruder, Robert of Gloucester. Der setzte also über den Kanal, half Joffrey, ein paar normannische Städte und Burgen einzunehmen, und kehrte schließlich mit dreihundert geborgten Söldnern nach England zurück.

Doch unterdessen hatte auch Stephen das Krankenlager verlassen und Matilda in Oxford belagert. Ehe Robert of Gloucester ihr dort zu Hilfe eilen konnte, geriet die Garnison in arge Bedrängnis und sah sich gezwungen, aufzugeben und den Belagerern die Tore zu öffnen. Das war vielleicht der gefährlichste Moment in Matildas gefahrvollem Leben. Sie floh mit nur drei Begleitern von der Burg – vermutlich indem sie sich an der Mauer abseilten. Sie überquerten die zugefrorene Themse in weiße Mäntel gehüllt, um möglichst unsichtbar zu sein, und kämpften sich zu Fuß durch den Schnee bis nach

Abingdon – gute sechs Meilen weit, oder, wie man heute sagen würde, zehn Kilometer. Dort bekam sie endlich ein Pferd und ritt zur praktisch uneinnehmbaren Burg von Devizes, wo sie die nächsten sechs Jahre blieb. Keine der beiden Bürgerkriegsparteien konnte während dieser Zeit einen entscheidenden Vorteil in England erringen.

In der Normandie hingegen machte Graf Joffrey solche Fortschritte, dass er Ostern 1144 mit Einverständnis des Königs von Frankreich und des normannischen Adels zum Herzog der Normandie erhoben wurde. Einige englische Adlige, die großen Landbesitz in der Normandie hatten, liefen daraufhin zu Matilda über. Da aber fast zeitgleich ein Sohn und ein Schwiegersohn von Robert of Gloucester auf Stephens Seite wechselten, blieb eine Entscheidung wiederum aus. Es war zum Haareraufen, und allmählich hatten die englischen Lords die Faxen dicke. Sie trafen heimliche Absprachen untereinander, sich neutral zu verhalten und einander nicht mehr anzugreifen. Sollten die Royals sich doch die Köpfe einschlagen, bis keiner mehr übrig war – die Lords stellten fest, dass sie auch wunderbar allein zurechtkamen. Die Macht der Krone begann zu bröckeln.

1147 kam der vierzehnjährige Henry, Matildas und Joffreys ältester Sohn, mit einer Handvoll Söldner und mehr Wagemut als Klugheit nach England, um den Thron seiner Mutter zu erkämpfen. Natürlich dauerte es nicht lange, bis sein Marsch ins Stocken geriet. Die Eroberung Englands war zwar eine Art Familiensport, aber irgendwie doch nicht ganz so einfach, wie der junge Henry sich das vorgestellt hatte. Bald war er pleite und konnte seine Söldner nicht mehr bezahlen. Ausgerechnet König Stephen half dem jungen Heißsporn aus der Klemme, beglich dessen Schulden und schickte ihn mit seinen Segenswünschen nach Hause. Diese kleine Episode ist ein wunderbares Beispiel für Stephens Großzügigkeit und für den verblüffenden und hoffnungslos unlogischen Familiensinn, der die gesamte Geschichte des Mittelalters wie ein roter Faden durchzieht.

Aber Henrys unbedachter Einfall war ein bisschen mehr als eine bloße Episode, denn er machte den jungen Mann in England bekannt. Was für ein Mordskerl, befanden die Lords mit einem anerkennenden Lächeln. Und sie fingen an, über die Frage nachzudenken, was denn eigentlich *nach* der Zeit von Stephen und Matilda mit der englischen Krone passieren sollte. Als Robert of Gloucester im Oktober 1147 starb und Matilda sich im Frühjahr darauf in die Normandie zurückzog, geriet die Nachfolgefrage mehr und mehr in den Mittelpunkt der Auseinandersetzungen.

König Stephen hatte zwei stattliche Söhne, Eustace und William. Aber Henry FitzEmpress, wie er genannt wurde, war eine Naturgewalt. 1149, also gerade einmal sechzehnjährig, kehrte er nach England zurück, und dieses Mal schmunzelte niemand mehr, am allerwenigsten Stephen. Henrys Großonkel, König David von Schottland, schlug den jungen Mann zum Ritter, und Henry begab sich daran, Stephen seine Territorien streitig zu machen. Stephen und sein Sohn Eustace gerieten zunehmend unter Druck und gingen zu einer Strategie der »verbrannten Erde« über, indem sie jedes Matilda-freundliche Dorf in den Midlands, das sie einnahmen, verwüsteten. Der sinnlose Bürgerkrieg, der sich eigentlich schon totgelaufen hatte, wurde für die Bevölkerung in den betroffenen Landstrichen noch einmal richtig fürchterlich.

Henry – die Naturgewalt – war unterdessen vom landlosen Abenteurer zum mächtigsten Mann in Frankreich avanciert. Der plötzliche Tod seines Vaters 1151 hatte ihn zum Grafen von Anjou und Herzog der Normandie gemacht, seine skandalöse Ehe mit Eleanor von Aquitanien brachte ihm ein Jahr später den Südwesten Frankreichs ein. Mit dieser Macht im Rücken ging er nochmals nach England, um die Sache ein für alle Mal zu entscheiden. Zweimal standen seine und Stephens

Henry »FitzEmpress« mit seinem späteren Widersacher Thomas Becket

Armeen sich 1153 kampfbereit gegenüber – erst bei Malmesbury, dann im August in Wallingford –, beide Male wurde die große Entscheidungsschlacht im letzten Moment durch Verhandlungen abgewendet.

Stephen hatte versucht, noch zu seinen Lebzeiten seinen ältesten Sohn Eustace zum Nachfolger krönen zu lassen, was nach französischem Recht möglich war. Das wäre ein enormer Stolperstein für Henry gewesen, denn eine Krönung war eine heilige Angelegenheit und schuf Fakten, an denen man nicht so ohne

Weiteres vorbeikam. Doch der Papst hielt nichts von Eustaces vorgezogener Krönung. Er war äußerst verstimmt über König Stephen und dessen Bruder, Bischof Henry von Winchester, die die einträglichen englischen Diözesen seit Jahren an ihre Neffen und Cousins und so weiter verteilt hatten, ohne die Wünsche des Heiligen Stuhls zu berücksichtigen. Stephens Sohn könne nicht gekrönt werden, fiel dem Papst darum plötzlich ein, denn Stephen selbst habe sich die Krone ja durch einen Eidbruch ergaunert und könne sie deswegen nicht vererben.

Als der junge Eustace dann im August 1153 unerwartet starb, waren sich die englischen Lords – auch auf Stephens Seite – einig: Das war ein Fingerzeig Gottes. Allen war klar, dass nur Henry den Frieden wiederherstellen konnte. Stephen mochte ja vielleicht der rechtmäßige *König* sein, aber Henry war der rechtmäßige *Erbe*, lautete die Mehrheitsmeinung.

Am 6. November 1153 ratifizierten die beiden Bürgerkriegsparteien in Winchester also einen Friedensvertrag, der vorsah, dass Stephen bis an sein Lebensende König bleiben, Henry aber als Sohn und Erben adoptieren sollte.

Und Henry musste nicht einmal mehr lange warten. Der eigentlich friedliebende König Stephen war ausgebrannt nach dem langen, bitteren Krieg, gebrochen über den Tod seines Sohnes und seiner Gemahlin nur wenige Monate vorher, und er war krank. Er starb am 25. Oktober 1154 und machte den Weg frei für die schillerndste Königsdynastie des englischen Mittelalters.

Kapitel 4
1154–1399: Die Plantagenet

Mit dem Tag seiner Krönung, dem 19. Dezember 1154, wurde der einundzwanzigjährige Henry »FitzEmpress« Plantagenet nicht nur König von England, sondern der mächtigste Mann der bekannten Welt.

Das lag zum einen daran, dass er, wie gesagt, schon vor der Krönung die Normandie und Anjou von seinem Vater geerbt hatte, nicht zuletzt lag es aber auch an der Dame, die an diesem Tag in Westminster Abbey an seiner Seite zur Königin gekrönt wurde: die berühmte und ebenso berüchtigte Eleanor von Aquitanien.

Eleanor möchte ich Ihnen ein wenig eingehender vorstellen, denn sie spielte in den folgenden fünfzig Jahren eine wichtige Rolle und war außerdem eine der unterhaltsamsten und wunderbarsten Skandalnudeln, die je auf Englands Thron gesessen haben.

Das französische Herzogtum Aquitanien erstreckte sich im 12. Jahrhundert von den Pyrenäen bis zur Loire und war nicht nur aufgrund seiner enormen Größe und seines Reichtums so etwas wie ein Königreich im Königreich, sondern auch wegen seiner Andersartigkeit. Die Menschen dort sprachen nicht Französisch, sondern Okzitanisch. Sie hielten engeren Kontakt mit den Muslimen in Spanien als ihre nördlichen Nachbarn. Sie hatten eine ganz eigene Lebensweise und Kultur, die mit der Dichtung der Troubadoure Weltruhm erlangte. Der erste namentlich bekannte Troubadour – sozusagen der Urvater aller Minnesänger – war Eleanors Großvater, Herzog Guillaume von

Aquitanien. So ist es nicht verwunderlich, dass Eleanor und ihre ganze Familie als große Förderer der Dichter und Künstler in die Geschichte eingingen, und ebenso wenig verwunderlich ist wohl, dass sie alle als ein wenig sonderbar galten. Jedenfalls in den Augen der Nicht-Aquitanier.

Als Eleanors Vater unerwartet starb, ohne einen männlichen Erben zu hinterlassen, wurde sie über Nacht die begehrteste Partie in der ganzen Christenheit. 1137 – im Alter von fünfzehn Jahren – wurde sie mit Louis VII. von Frankreich verheiratet, dem natürlich sehr daran gelegen war, das riesige Aquitanien unter seinen Daumen zu bringen. Aber er sollte nicht lange Freude daran haben, denn die Sache mit Louis und Eleanor funktionierte einfach nicht. Sie bekamen zwar immerhin zwei Töchter, aber der arme Louis befand sich in einer Art chronischem Empörungszustand über seine Frau. Dabei war er gar kein übler Kerl, aber er war selbst für das 12. Jahrhundert überdurchschnittlich fromm und tat praktisch keinen Schritt ohne die Erlaubnis seiner geistlichen Ratgeber. Nicht gerade der ideale Gefährte für die ebenso lebenshungrige wie freidenkerische Eleanor.

1147 brach Louis zu dem unseligen Abenteuer auf, das wir heute den 2. Kreuzzug nennen, und sehr zu Louis' Verdruss kam Eleanor mit. Der Kreuzzug wurde ein militärisches Fiasko – nicht nur, aber auch, weil Louis nicht auf seine Frau hörte –, und zum ersten Mal gab es offene Reibereien zwischen den beiden. Im März 1148 erreichten sie Antiochia, das von Eleanors Onkel Raymond regiert wurde, und bald wurde gemunkelt, Nichte und Onkel hätten eine heiße Affäre. Man sollte aber nicht alles glauben, was Eleanor nachgesagt wird. Die frommen Chronisten hatten nie viel für selbstbewusste Frauen übrig und gaben ihnen dementsprechend immer eine schlechte Presse.

1152 wurde das königliche Ehepaar geschieden. Ganz plötzlich war ihnen eingefallen, dass sie doch eigentlich viel zu nah verwandt waren, um verheiratet sein zu dürfen. Das war der gängige Vorwand für mittelalterliche Ehescheidungen. Der eigentliche Grund war wohl, dass Eleanor nicht mehr schwanger wurde und Louis unbedingt einen Sohn brauchte. Vielleicht war der eigentliche Grund aber auch, dass die verruchte Eleanor ein Verhältnis mit Joffrey Plantagenet, dem Grafen von Anjou, hatte. (Ganz recht: der ungeliebte Gemahl der Kaiserin Matilda und Vater des zukünftigen König Henry).

Nach der Scheidung kehrte Eleanor jedenfalls allein nach Aquitanien zurück, doch das erwies sich als wenig praktikabel. Sie war ja jetzt wieder die begehrteste Junggesellin der ganzen Christenheit. Das heißt, dass ihr alle naselang irgendein Kerl aus der adligen Verwandtschaft auflauerte, um sie zu entführen und zur Ehe zu zwingen.

Daran hatte Eleanor kein Interesse. Sie wollte nicht in der französischen Provinz versauern, sondern irgendetwas Großes und Aufregendes. Und weil sie eine kluge Frau war, wusste sie auch, wer ihr das Leben bescheren konnte, das sie wollte: Im Mai 1152 heiratete sie Henry »FitzEmpress« Plantagenet. Beide Brautleute waren eine gute Partie, aber so ganz klar ist trotzdem nicht, warum sie geheiratet haben. Henry war zu der Zeit dringend auf König Louis' Unterstützung im Ringen um Englands Krone angewiesen, und es musste ihm klar

Henry und Eleanor – trügerisch einträchtig beieinander

sein, dass der französische König ziemlich sauer sein würde, wenn Henry seine Ex ehelichte (was er auch war). Obendrein war Eleanor elf Jahre älter als Henry, und ihre Fruchtbarkeit wurde allgemein in Zweifel gezogen. Manche Historiker glauben heute, dass es eine Liebesheirat war. Zuzutrauen wär's den beiden, dass sie gegen jede Konvention und Etikette verstießen und aus so nichtigen, sentimentalen Gründen heirateten. Aber falls es so war, war's keine Liebe für die Ewigkeit, so viel steht fest.

Im Jahr nach der Hochzeit schenkte Eleanor ihrem möglicherweise geliebten Henry das erste von acht Kindern – einen Sohn. (Louis von Frankreich dürfte die Wände hochgegangen sein.) Und noch ein Jahr später wurden Henry und Eleanor Seite an Seite in Westminster Abbey gekrönt.

Na super, müssen die Engländer gedacht haben. Schon wieder ein König, der kein Wort englisch spricht. Erst die Normannen, jetzt ein Franzose. Und obendrein hat er auch noch rote Haare …

Doch der rothaarige Henry mit den leuchtend blauen Augen und den vom ewigen Reiten etwas krummen Beinen erwies sich als enormer Glücksfall für England, denn er war ein politisches Ausnahmetalent. Er schaute sich die Gesetze an, die Alfred der Große, Knut, William der Eroberer und Henry I. hinterlassen hatten, suchte die Bestandteile heraus, die ihm gut und sinnvoll schienen, und schuf ein Rechtssystem aus umherreisenden Richtern einerseits, die mit der Hilfe ortsansässiger Geschworener entschieden, und dem königlichen Gerichtshof in Westminster andererseits. Dieses System bot zumindest allen freien Engländern (etwa ein Viertel der Bevölkerung) eine bislang unbekannte Rechtssicherheit und beschnitt die richterlichen Befugnisse der Lords und der Kirche zugunsten der Krone. Die Lords waren nämlich während des Bürgerkriegs zwischen Matilda und Stephen ein bisschen zu eigenständig geworden. Sie regierten wie kleine Könige über ihre Ländereien und scherten sich einen Dreck um geltendes Recht. Nicht nur mit den neuen Gesetzen, sondern auch mit einem neuen Verständnis des Königtums wirkte Henry dem entgegen. Er war es, der seinem Titel die Formel »König von Gottes Gnaden« hinzufügte und mit Nachdruck und Erfolg die Heiligsprechung Edwards des Bekenners vorantrieb (Sie wissen schon: der fromme König, der William dem Eroberer die Krone angeboten hatte). Mit diesen Maßnahmen unterstrich Henry die Ausnahmestellung des Königs und seine Nähe zu Gott, die quasi von Amts wegen kam – ein Argument, das aufmüpfigen Lords von vornherein den Wind aus den Segeln nahm, denn niemand legte sich gern mit Gott an.

König Henry heilte die Wunden des Bürgerkriegs, versöhnte dank seiner Hartnäckigkeit und seines Charismas die Lords, die erbitterte Feinde gewesen waren, stellte die innere Ordnung wieder her und schuf ein Klima politischer und wirtschaftlicher Sicherheit, das zu Bevölkerungswachstum und dem Aufstieg der Städte führte und das Land nachhaltig veränderte.

Es ist nicht so leicht zu erklären, wie er es anstellte, ein Reich zu kontrollieren, das – mit ein paar kleinen Unterbrechungen – von der schottischen bis zur spanischen Grenze reichte. Die wichtigste Voraussetzung für diese Glanzleistung war Henrys anscheinend unerschöpfliche Energie. Er war ständig auf Reisen, klapperte sein großes Reich ab, tauchte plötzlich wie aus dem Nichts auf und schaute seinen Adligen, vor allem seinen Richtern auf die Finger. Er konnte nicht still sitzen (sehr zum Verdruss seiner Höflinge, die immer aufstehen mussten, wenn er aufstand), scheute keinen Konflikt und war doch ein trickreicher Diplomat. Als sich 1156 sein Bruder Joffrey gegen ihn erhob und Anjou und einige andere französische Territorien als sein Erbe forderte, lud Henry ihn zu einem klärenden Gespräch nach Rouen. Aber eine Woche vor diesem Termin leistete er König Louis für die Normandie, Anjou und Aquitanien einen Lehnseid, mit dem er sich ihm zumindest offiziell unterwarf. Das besänftigte den immer noch ein bisschen beleidigten Louis über die Maßen, und er entzog Joffrey seine Unterstützung.

Henrys zweite große Gabe war seine Fähigkeit, die richtigen Berater und Amtsträger auszusuchen, zu denen einige erfahrene Bischöfe ebenso zählten wie seine politisch versierte Mutter, Kaiserin Matilda. Immerhin war Henry bei seiner Krönung erst einundzwanzig, und sich nicht zu überschätzen gehörte ebenfalls zu seinen Vorzügen. Auch Eleanor fiel eine wichtige politische Rolle zu. Henry musste England häufig verlassen, um sein großes Reich zusammenzuhalten, und oft blieb Eleanor dann in England und vertrat ihn. Sie sorgte dafür, dass die königliche Verwaltung und Gerichtsbarkeit reibungslos weiterliefen, empfing Delegationen, wählte sogar Bischöfe aus. An Energie und Tatkraft muss sie ihrem Mann ebenbürtig gewesen sein, denn während sie die Regierungsgeschäfte führte, war sie fast pausenlos schwanger: Nach dem kleinen William 1153, der nur drei Jahre alt wurde, kamen Henry 1155, Matilda 1156, Richard 1157, Geoffrey 1158, Eleanor 1161, Joanna 1165 und schließlich am Heiligen Abend 1167 der äußerst unheilige John, den sich das Königspaar, wie sich herausstellen sollte, besser gespart hätte und den Sie aus der Robin-Hood-Geschichte kennen.

Unterdessen setzte König Henry seine beispiellos erfolgreiche Karriere dies- und jenseits des Kanals fort, ritt zur Jagd, hielt prachtvoll Hof, hatte jede Menge Spaß und ein offenes Ohr für die Sorgen und Nöte seiner Untertanen – auch der angelsächsischen –, und alles hätte so schön sein können, wäre der Erzbischof von Canterbury nicht gewesen.

Sein Name war Thomas Becket. Sohn eines normannischen Einwanderers, der es vom Bauern zum steinreichen Immobilienspekulanten im blühenden London gebracht hatte, hätte der junge Thomas sich vermutlich nie träumen lassen, dass er einmal Priester werden würde. Doch als all die schönen Immobilien seines alten Herrn ein Raub der Flammen wurden und die Familie über Nacht verarmte, entschloss sich Thomas, dort Karriere zu machen, wo es vor allem auf Grips ankam, denn davon hatte er reichlich. In den 1140ern kam er als Sekretär bei Theobald, dem Erzbischof von Canterbury, unter, in dessen Namen er einige Jahre später mit den Bürgerkriegsparteien verhandelte und dem jungen Henry den Weg auf den Thron ebnete.

So ist es kaum verwunderlich, dass Thomas Becket in den ersten Jahren nach der Krönung zu Henrys engsten Freunden und Beratern zählte, und er war über lange Zeit sein Lord Chancellor. Die Probleme fingen an, als Erzbischof Theobald starb und der König Thomas Becket zum Nachfolger auf dem mächtigen Bischofsstuhl von Canterbury bestimmte. Von heute auf morgen änderten sich Beckets Prioritäten: Die Belange der Kirche hatten mit einem Mal Vorrang vor denen der Krone.

Es gab eine Vielzahl von strittigen Punkten. Zum Beispiel die wichtige Frage, ob die weltliche oder kirchliche Gerichtsbarkeit zuständig war, wenn ein Mönch oder Priester straffällig wurde (was häufiger vorkam, als man glauben möchte). Doch wie so oft war es das liebe Geld, welches den offenen Streit auslöste. Als Henry 1163 zur Finanzierung eines Feldzugs in Frankreich die kirchlichen Landgüter besteuern wollte, legte Becket sein Veto ein. Henry kochte. (Er hatte das leicht entflammbare Temperament, für das fast alle Plantagenet berühmt waren. Es heißt, als er einmal beim Aufwachen wütend auf den König von Schottland war, habe er seine Bettdecke zerrissen und in seine Matratze gebissen.) Um es Becket zu zeigen, nahm er ihm seine Burgen und Ländereien in Berkhamsted und Eye weg. Daraufhin vereitelte Becket die Eheschließung zwischen Henrys Bruder Guillaume und der reichen, verwitweten Schwiegertochter des verstorbenen Königs Stephen (das erzbischöfliche Argument war von der ganz originellen Sorte: zu nah verwandt). Aus Rache hielt Henry sein weihnachtliches Hoffest ausgerechnet im Palast zu Berkhamsted, den Becket so geliebt und jetzt verloren hatte.

Dann starb Henrys Bruder Guillaume plötzlich im Januar 1164 – aus Kummer über die geplatzte Hochzeit, glaubte der König, und das, was bislang etwa so ernst wie eine Sandkastenstreiterei gewesen war, wurde ein bitteres Zerwürfnis.

Eine Konferenz in Clarendon, die die strittigen Fragen über die Machtverteilung zwischen Kirche und Krone regeln sollte, blieb ohne Erfolg. Becket wandte sich hilfesuchend an Papst Alexander III., aber der hatte ganz andere Sorgen. Er war in Frankreich im Exil, weil Kaiser Friedrich Barbarossa ihm einen Gegenpapst vor die Nase gesetzt hatte, und das Letzte, was Alexander wollte, war, sich mit Henry anzulegen, der der Souverän von nicht weniger als fünfzig Bischöfen in England und Frankreich war.

Henry rieb sich die Hände, zitierte den abtrünnigen Erzbischof nach Northampton und forderte ihn auf, über den Verbleib von 30 000 Pfund Rechenschaft abzulegen, die in Beckets Zeit als Lord Chancellor angeblichabhanden gekommen und nicht in den Büchern zu finden seien. Und zwar bitte Penny für Penny.

Statt klein beizugeben und sich Henry zu unterwerfen, hob Becket das Kreuz hoch, das er auf der Brust trug, und ging zur Tür. Niemand wagte, ihn aufzuhalten. Ungehindert verließ er nicht nur Northampton, sondern England. Er floh nach Flandern und leistete dem Papst als Gast des Königs von Frankreich Gesellschaft, was mit einem Mal die Freundschaft zwischen Henry und Friedrich Barbarossa über die Maßen förderte.

Es gab ein mehrjähriges diplomatisches Wirrwarr und Säbelrasseln. Becket genoss sein Exil und die internationale Aufmerksamkeit in vollen Zügen und lebte in einer eigentümlichen Mischung aus Luxus und Askese: Er trank nur die besten Weine, verdünnte sie aber immer mit Wasser. Er schlief auf Laken aus feinstem Leinen und hatte eine erlesene Garderobe, trug aber darunter ein Gewand aus kratzigem Ziegenhaar. Und er ließ sich – angeblich – jeden Tag von seinem Kaplan mit einer Rute schlagen, bis Blut floss.

Die Friedensbemühungen, die vor allem der Papst vorantreiben wollte, waren von wenig Erfolg gekrönt, denn Henry und Thomas Becket waren einander in puncto Dickköpfigkeit absolut ebenbürtig. Als der König seinen ältesten Sohn Henry am 14. Juni 1170 nach dieser seltsamen französischen Sitte zum Juniorkönig krönen und die Zeremonie vom Erzbischof von York durchführen ließ, fühlte Becket sich übergangen und ausgebootet und drohte, alle an der Zeremonie beteiligten Bischöfe zu exkommunizieren und ganz England mit dem Interdikt zu belegen. Das war eine fürchterliche Drohung: Es hätte bedeutet, dass in England alle Kirchen geschlossen würden und niemand mehr die Messe besuchen oder die Sakramente empfangen konnte. Ein unerträglicher Zustand, der den König früher oder später zur bedingungslosen Kapitulation gezwungen hätte.

Der Papst unternahm einen neuen Anlauf, und im Juli kam es in Fréteval zu einer persönlichen Aussprache zwischen König und Erzbischof. Die beiden alten Freunde sprachen lange miteinander, jeder auf seinem Pferd sitzend, und versöhnten sich schließlich. Aber es war eine brüchige Versöhnung, und König Henry verweigerte den wichtigen und symbolkräftigen Friedenskuss.

Am 1. Dezember 1170 landete Becket in Sandwich, und kaum hatte er einen Fuß auf englischen Boden gesetzt, machte er seine Drohung wahr und exkommunizierte drei Bischöfe, die er seine Feinde nannte. Als der König, der noch in der Normandie war, davon erfuhr, rastete er wieder einmal aus und brüllte. Wir wissen nicht genau, was. Vielleicht brüllte er: »Welch erbärmliche Schmarotzer und Verräter habe ich an meiner Brust genährt, die tatenlos zulassen, dass ihr Herr und König von einem lausigen Pfaffen mit so schändlicher Verachtung behandelt wird!« Vielleicht war es aber auch: »Befreit mich denn niemand von diesem lästigen Priester?«

Was immer er gesagt hat, vier seiner Ritter nahmen seinen Ausruf zum Anlass, sich umgehend nach England einzuschiffen. Sie stellten Thomas Becket am 29. Dezember in seiner Kathedrale in Canterbury. Becket hatte seinen Kaplänen und Mönchen verboten, die Türen zu versperren. Er vertraute auf Gott, sein hohes Amt und die Heiligkeit des Ortes. Furchtlos und arrogant trat er den vier Rittern entgegen, und als er sich der Verhaftung widersetzte, erschlugen sie ihn. Einer der Schwerthiebe trennte ein Stück der Schädeldecke ab, und die Mörder verteilten das erzbischöfliche Hirn auf dem geheiligten Boden. Wir sind so gut über die unappetitlichen Details informiert, weil es Zeugen und Zuschauer gab. Nur ein einziger hat versucht, Becket zu helfen.

Die Ermordung eines Erzbischofs auf geweihtem Boden war ein so monströses Verbrechen, dass es die Welt in ihren Grundfesten erschütterte. Das Ausmaß des Tabubruchs, den daraus resultierenden Schrecken und Abscheu können wir uns wahrscheinlich nicht vorstellen. Als der Papst davon hörte, weigerte er sich über eine Woche lang, auch nur das Wort an einen Engländer zu richten. Und er verhängte das gefürchtete Interdikt.

Als Henry von der Bluttat hörte, war er verzweifelt. Er beweinte den ermordeten Jugendfreund, und er wusste, die Folgen würden furchtbar sein. Drei Tage verbarrikadierte er sich und war für niemanden zu sprechen. Danach hatte er seinen Pragmatismus wiedergefunden. Er distanzierte sich öffentlich von dem Mord, eilte nach England und schloss dort alle Häfen, damit der päpstliche Legat, der, so fürchtete er, die Nachricht seiner Exkommunizierung bringen würde, nicht landen konnte. Dann brach er zu einem Feldzug nach Irland auf. Wahrscheinlich hoffte er, wenn er lange genug dort auf Tauchstation bliebe, würde Gras über die leidige Angelegenheit wachsen. Für die Iren war es jedenfalls ein bitterer Schicksalsschlag, denn sie wurden bei der Gelegenheit erobert und unterworfen.

Die Ermordung Thomas Beckets

Aber Thomas Becket hörte auch im Tode nicht auf, Henry Ärger zu machen. Sechs Tage nach seiner Ermordung, am 4.1.1171, wurde aus Canterbury die erste Wunderheilung gemeldet, die sein Blut angeblich vollbracht hatte. Mit diesem Tag begann eine Wallfahrtsindustrie, die sich nur mit dem heutigen Santiago-Rummel vergleichen lässt und Pilger aus der ganzen Christenheit in Scharen anlockte. Canterbury wurde steinreich, und erst mit der Reformation im 16. Jahrhundert endete der Spuk. Thomas Beckets Gebeine verschwanden nämlich spurlos und sind bis heute unauffindbar.

Am Aschermittwoch 1171, dem 21. Februar, wurde Becket nach einem beispiellos schnellen Verfahren heilig gesprochen.

Henry brauchte also gar nicht erst zu hoffen, die Ermordung eines Erzbischofs könne je in Vergessenheit geraten. Er kehrte aus Irland zurück – siegreich, aber kleinlaut – und stimmte notgedrungen dem »Kompromiss« zu, den Papst Alexander ihm 1172 in Avranches diktierte: Der König räumte seine indirekte Mitschuld an der Ermordung des Bischofs ein, gewährte der Kirche in England die Rechte, die Becket immer gefordert hatte, und versprach, nach Jerusalem oder Spanien auf einen Kreuzzug zu gehen (was er nie tat). Um zu beweisen, wie ernst ihm sein Sinneswandel war, musste er sich einer öffentlichen Demütigung unterziehen: barfuß und im Büßerhemd erschien er in der Kathedrale zu Canterbury, wo er seine Sünden bekannte und von den versammelten Bischöfen und Mönchen gegeißelt wurde.

Wer glaubt, dass König Henry danach von seiner Streitlust kuriert war und fortan ein gehorsamer Diener der heiligen Mutter Kirche wurde, kennt ihn schlecht. Er wird an das Spektakel in Canterbury nicht gerade als den schönsten Tag in seinem Leben zurückgedacht haben, aber in gewisser Weise perlte die ganze Affäre von ihm ab. Er wurde im Umgang mit der Kirche lediglich vorsichtiger und schlauer und besänftigte ihre Vertreter mit großzügigeren Spenden als zuvor. Aber er blieb der, der er immer gewesen war, und der »Kompromiss von Avranches« verstaubte in den kirchlichen Archiven. Nachdem König Stephens Bruder Henry, der Bischof von Winchester, gestorben war und 1173 ein Nachfolger gewählt werden sollte, schrieb

König Henry den Mönchen zu Winchester: »Ich befehle euch, eine freie Wahl abzuhalten, doch ich verbiete euch, irgendjemand anderen zu wählen als Richard of Ilchester.«

Sollten Sie Zweifel haben: Der nächste Bischof von Winchester hieß Richard of Ilchester.

So endete eine der größten Krisen des englischen Mittelalters, aber Henry blieb kaum eine Atempause, ehe neuer Ärger heraufzog – dieses Mal hausgemacht.

Wie bereits erwähnt, war es nicht unproblematisch für einen König, viele Söhne zu haben. Das galt für Henry im besonderen Maße, und zwar aus drei Gründen. Erstens: Die Mehrzahl seiner Söhne war ebenso intelligent, stur und machthungrig wie er. Zweitens: Weil Henry eben war, wie er war, sah er nie die Notwendigkeit ein, seinen Söhnen etwas von seiner Macht abzugeben. Drittens – und das war vermutlich das Schlimmste: König Henry, der manchmal wirklich ein Vollidiot sein konnte, hatte es geschafft, sich die Feindschaft seiner Frau zuzuziehen. Ob es an seiner leidenschaftlichen und öffentlichen Affäre mit der jüngeren und schöneren Rosamund Clifford lag, ist ungewiss. Aus dem 13. Jahrhundert gibt es Chronistenberichte über Eleanors angebliche rasende Eifersucht, aber das erscheint wenig glaubwürdig, denn treue Ehemänner waren zu jener Zeit eher eine belächelte Anomalie, und Eleanor war eine zu kluge und unabhängige Frau, um von ihrem Mann mehr zu verlangen, als die Konvention vorschrieb. Vielleicht hatten ihre Gefühle für Henry sich auch einfach abgekühlt (es gab Gemunkel über eine Liaison mit einem begabten, gut aussehenden Troubadour), und sie ergriff deswegen Partei für ihre Söhne, vor allem ihren Liebling Richard. Wir werden wohl nie wissen, was die Gründe und Ursachen waren, jedenfalls gab es einen kolossalen und langwierigen Familienkrach.

Eleanors Ex, König Louis von Frankreich, war nicht ganz schuldlos daran, denn es lag in seinem Interesse, dass die mächtige Front, die die Plantagenet bildeten, solange sie zusammenstanden, bröckelte. Zwei seiner Töchter waren mit dem englischen Juniorkönig Henry und dessen Bruder Richard verheiratet bzw. verlobt. Seine und Eleanors gemeinsame Töchter waren mit den Grafen der Champagne und von Blois verheiratet. Louis' Plan war, dass sein Sohn Philip Auguste, den eine dritte Ehe ihm endlich beschert hatte, einmal über ein Frankreich herrschen sollte, dessen mächtigste Kronvasallen mit dem König verschwägert waren. Und um die Schwäger seines Sohnes an Frankreich zu binden, unterstützte er zwei von ihnen in ihrer Rebellion gegen ihren Vater, König Henry.

Zuerst sah es so aus, als würde Henry untypisch treuherzig in die Falle tappen, als er den jungen Henry zum Juniorkönig von England krönen ließ, was das Herzogtum Normandie und die Grafschaft Anjou einschloss. Damit nicht genug, übertrug er Richard Aquitanien, wohin dieser auch umgehend in Begleitung seiner Mutter aufbrach. Und der drittälteste Prinz, Geoffrey, bekam die Bretagne, da er praktischerweise die Erbin dieses kleinen, aber heiß begehrten Herzogtums geheiratet hatte. (Prinz John, der ohnehin erst fünf Jahre alt war, bekam nichts. Das brachte ihm den Beinamen »Ohneland« ein, der, wie sich zeigen sollte, beinah etwas Prophetisches hatte.)

Eleanor und ihre Söhne mussten bald feststellen, dass Henry diese großzügige Verteilung von Kronen und Herzogswürden nur symbolisch gemeint hatte und im Traum nicht daran dachte, seinen Söhnen auch nur einen Anteil an der Regierungsgewalt oder den Einkünften aus diesen Territorien zu überlassen. Also erhoben sie sich im Zorn gegen ihren Vater, unterstützt vom französischen König und ihrer Mutter, und ein zweijähriger Bürgerkrieg brach aus, der aber ausschließlich in Frankreich ausgetragen wurde.

König Henry brachte seine aufmüpfigen Sprösslinge schließlich ohne allzu große Mühe zur Räson. Sie waren ja auch erst achtzehn, sechzehn und fünfzehn Jahre alt. Er hingegen war ein erfahrener Soldat und – das war wohl das Wichtigste – hatte die Mehrheit seiner Vasallen, der Ritterschaft und der Bischöfe auf seiner Seite. Die Treue der letzten Gruppe mag verwundern, wenn man bedenkt, dass nicht einmal drei Jahre seit Beckets Ermordung vergangen waren. Aber man sollte Henrys Überzeugungskraft und vor allem seinen Sympathiewert nicht unterschätzen. Was letztlich seinen Thron rettete, war die schlichte Tatsache, dass seine Regierungsbeamten, seine lokalen Amtsträger und seine Ritter ihn behalten wollten. Und die Herren Bischöfe billigten den Aufstand der Söhne gegen den Vater ohnehin nicht, der ja, wie wir schon bei den Normannen gesehen haben, gegen göttliches Gebot verstieß. Noch weniger billigten sie Eleanors Rebellion gegen ihren Gemahl. Wo kämen wir hin, wenn auf einmal die Weiber das Sagen hätten?, werden sie entrüstet gefragt haben. Schließlich hatte das Weib dem Manne doch untertan zu sein. So gesehen tat die Königin ihren Söhnen also keinen Gefallen mit ihrer Unterstützung, und sie zahlte einen hohen Preis dafür.

In den Wirren der Auseinandersetzungen geriet Eleanor in Gefangenschaft. Die genauen Umstände sind leider ebenso unbekannt wie Ort und Zeitpunkt. Ein Chronist behauptete, sie sei bei ihrer Gefangennahme als Mann verkleidet gewesen. Aber es kann gut sein, dass er das nur geschrieben hat, um sie noch schlechter zu machen, denn auch das galt als Verstoß gegen die göttliche Ordnung.

Jedenfalls wurde sie nach England verfrachtet und auf Henrys Befehl hin eingesperrt. Vielleicht in Salisbury, wir wissen auch das nicht genau. Der König war unversöhnlich und vergab ihr niemals. In dem Friedensvertrag, den er 1174 mit seinen Söhnen schloss, wurde Eleanor mit keinem Sterbenswort erwähnt. 1176 versuchte Henry sogar, einen päpstlichen Legaten in England zu überreden, die Ehe zu annullieren, was am Protest seiner Söhne und des Erzbischofs von Rouen scheiterte. Eleanors Haftbedingungen waren ungewöhnlich harsch, und für elf Jahre verschwand die glamouröse, skandalumwitterte Königin hinter dicken Burgmauern.

Mit seinen Söhnen war Henry hingegen um Aussöhnung bemüht, und zumindest Richard und Geoffrey räumte er mehr Machtbefugnisse in Aquitanien bzw. der Bretagne ein. Nur der junge Henry guckte weiterhin in die Röhre. Es hatte eben seine Schattenseiten, den Thronerben noch zu Lebzeiten zu krönen, denn auch auf dem mächtigsten Thron kann nur ein König sitzen.

1182 erhob der Juniorkönig sich also wieder gegen seinen Vater, zusammen mit seinem Bruder Geoffrey, der immer Spaß daran hatte, innerhalb der Familie Zwietracht zu säen. Weil Prinz Richard dieses Mal nicht mitmachen wollte, fielen die Rebellen in Aquitanien ein, auf das der Juniorkönig ohnehin spekulierte. Zum ersten Mal bekam Richard Gelegenheit zu zeigen, dass er die militärische Begabung seines Vaters geerbt hatte, und kämpfte wahrhaftig mit dem Herzen eines Löwen – auch wenn es noch ein paar Jahre dauern sollte, ehe er diesen Beinamen bekam.

Zusammen mit seinem Vater belagerte er seinen ältesten Bruder 1183 in Limoges, das der Juniorkönig gnadenlos ausplünderte, um seine Truppen zu ernähren. Als Limoges kahlgefressen war, unternahm er einen Raubzug nach Angoulême und war tödlich beleidigt, dass die Bürger von Limoges ihn bei seiner Rückkehr nicht wieder in die Stadt ließen. Er floh ins südliche Aquitanien, wo er wenig später an der Ruhr erkrankte. Auf dem Sterbebett diktierte er einen Brief an seinen Vater, mit welchem er den König um Vergebung für sich und um Gnade für seine Mutter bat. Er starb am 11. Juni.

Die zweite Bitte wurde zumindest teilweise gewährt, denn gelegentlich tauchte Eleanor, mit neuer Garderobe ausgestattet, wieder bei höfischen Großevents auf. Doch der Tod des jungen Henry brachte den Machtkampf mit den verbliebenen Prinzen einer Lösung keinen Schritt näher. Der König bot Richard an, ihn zum Thronerben zu erklären, wenn er Aquitanien an John abträte. Lass mal stecken, antwortete Richard. Er hatte keiner-

Richard I. »Löwenherz«

lei Interesse daran, die sehr reale Macht in Aquitanien gegen einen hübschen Titel und sonst nichts in England einzutauschen.

Unterdessen war der duldsame und meist kompromissbereite Louis von Frankreich gestorben. Philip II. Auguste, sein Sohn, war bei seiner Krönung erst fünfzehn, aber er war ein ganz anderes Kaliber als sein alter Herr. Er war entschlossen, die Macht der Plantagenet in Frankreich zu brechen, und pochte darauf, dass die Hochzeit seiner Schwester Alix mit Richard umgehend stattfinde. Andernfalls müsse Alix, die schon seit vierzehn Jahren am englischen Hof weilte, nach Frankreich zurückkehren.

Das ging aber nicht. König Henry war nämlich in großer Leidenschaft zu seiner Schwiegertochter in spe entbrannt. Außerdem hätte ihre Rückkehr den Verlust ihrer Mitgift bedeutet, und diese Mitgift war kein Geld, sondern das französische Vexin, ein Landstrich, auf den die Herzöge der Normandie immer schon scharf gewesen waren. Da Henry ohnehin schlecht auf Richard zu sprechen war, verabredete er mit dem König von Frankreich, dass dessen Schwester eben Prinz John heiraten sollte.

Ehe Richard es sich versah, führte er Krieg gegen seine beiden Brüder, Geoffrey und John, die ihm aber nicht das Wasser reichen konnten. Als Henry das merkte, entließ er Eleanor aus der Haft und befahl Richard, Aquitanien seiner Mutter zurückzugeben, der rechtmäßigen Herzogin. Damit war Richard einverstanden, denn er wusste, Eleanor würde es niemals einem anderen ihrer Söhne als allein ihm vererben.

1186 starb Prinz Geoffrey bei einem Turnierunfall, aber der König von Frankreich verstand es, zwischen den beiden verbliebenen Brüdern und ihrem Vater immer noch so viel Zwietracht zu säen, dass sie gänzlich mit ihrem Hass aufeinander beschäftigt waren. Bis Philip Auguste und Richard sich 1187 schließlich begegneten und eine eigentümliche Wendung eintrat. Gemeinsam und in größter Eintracht ritten der König von Frankreich und der Thronerbe von England, Aquitanien, der Normandie et cetera in Paris ein. Fortan waren sie unzertrennlich, aßen vom selben Teller, tranken aus demselben Becher und schliefen im selben Bett. (Neuerdings behaupten einige von Richards Biografen, die Sache mit dem gemeinsamen Bett habe allein politische und keine sexuellen Hintergründe gehabt. Entscheiden Sie selbst, ob Sie so einen Blödsinn glauben wollen.)

Kurz darauf kamen katastrophale Neuigkeiten aus dem Osten: Das heilige Jerusalem, Hauptstadt des gleichnamigen Kreuzfahrerkönigreichs, war von einem ägyptischen Sultan namens Saladin erobert worden. Richard gelobte spontan, das Kreuz zu nehmen und Jerusalem den »Heiden« wieder zu entreißen.

König Henry war fuchsteufelswild, weil Richard diesen Schwur getan hatte, ohne die väterliche Erlaubnis einzuholen, und stiftete einige Adlige in Aquitanien an, sich gegen Richard – der das Herzogtum im Namen seiner Mutter regierte – zu erheben und ihn so vom Kreuzzug abzuhalten. Richard machte ohne große Mühe Kleinholz aus den Rebellen und nahm ihre Burgen ein. Doch der mächtigste dieser Aufständischen, Raymond von Toulouse, bat Philip Auguste um Intervention, der daraufhin in Henrys französische Territorien einfiel. Er bot an, sich wieder zurückzuziehen, wenn Richard endlich Alix heirate.

Nix da, antwortete Henry.

Richard sah seinen Verdacht bestätigt, dass sein Vater ihn zugunsten seines jüngsten und einzig verbliebenen Bruders John enterben wolle. Wutentbrannt verhandelte er über Henrys Kopf hinweg mit seinem Freund, dem König von Frankreich. Anfang Januar 1189 brach wieder einmal ein offener Krieg zwischen Vater und Sohn aus. Und der bedauernswerte Henry war nicht in der Lage, zu erkennen, dass er der Front, die Richard und Philip Auguste bildeten, nichts mehr entgegenzusetzen hatte. Seine Vasallen liefen in Scharen zu Richard über.

Je verzweifelter Henrys Situation wurde, desto trotziger verkündete er, dass nur John ihm auf den Thron folgen könne und dass es natürlich John sei, der Alix heiraten werde, die sich inzwischen wahrscheinlich wie ein lebender Wanderpokal vorkam.

Doch John war ein verschlagenes und unfähiges kleines Ungeheuer und tat nichts, um seinen Vater zu unterstützen. Henry war inzwischen schwer krank und musste hilflos zusehen, wie ihm alles unter den Händen zerrann. Als Richard und Philip

Auguste die Normandie eroberten, war Henry gezwungen zu fliehen. Er wusste, dass er nun um sein Leben rannte, und er rannte unvernünftige 300 Kilometer weit bis nach Chinon in Anjou.

Am 4. Juli zitierten Richard und Philip Auguste ihn nach Azay-le-Rideau und diktierten ihm ihre Bedingungen. Henry stimmte scheinbar demütig zu, flüsterte Richard aber ins Ohr: »Gebe Gott, dass ich nicht sterbe, ehe ich mich an dir gerächt habe.«

Zu schwach, um nach Chinon zurückzureiten, wurde er in einer Sänfte dorthin gebracht. Er starb zwei Tage später, nachdem er erfahren hatte, dass John, sein kleiner Liebling, zu seinen Feinden übergelaufen war.

Ein ziemlich trauriges Ende für einen höchst außergewöhnlichen und auf seine Art sicher großen Mann. Er hatte es tatsächlich fertiggebracht, sich seine Frau und alle Prinzen zu Feinden zu machen. Trotzdem war unter den wenigen, die bis zum Ende an seiner Seite blieben, ein Sohn: Geoffrey, der zukünftige Erzbischof von York und einer von Henrys Bastarden. Es hat den Anschein, dass dieser König, der ständig mit seinem Dickschädel durch die Wand musste, sich nur mit demjenigen seiner Söhne verstehen konnte, der ihm seine Macht niemals streitig machen würde.

Da das Erstgeburtsrecht inzwischen sehr in Mode gekommen war, beerbte Richard seinen Vater – vorerst unangefochten –, denn von Henrys zwei verbliebenen ehelichen Söhnen war er ja der Erstgeborene.

Diesen Abschnitt unserer Geschichte könnten wir theoretisch mit ein paar wenigen Zeilen abhandeln, denn von den zehn Jahren seiner Regentschaft hat Richard insgesamt nur ein halbes in England verbracht. Aber das wäre viel zu schade, und außerdem waren es ja nicht nur die Könige, die Geschichte machten.

Als allererste Amtshandlung, noch ehe er anlässlich seiner Krönung seine erste Stippvisite in England machte, befahl Richard die vollständige Rehabilitation seiner Mutter, und Eleanor kehrte strahlend und in großer Garderobe zurück ins Rampenlicht. Sie regierte England während Richards häufiger Abwesenheit als eine Art Vizekönigin. Sie war inzwischen siebenundsechzig – steinalt in den Augen ihrer Zeitgenossen –, aber die kalte Zugluft der Burgen, wo sie eingesessen hatte, muss eine konservierende Wirkung gehabt haben.

Richard und Philip Auguste von Frankreich lösten erst einmal ihr Gelübde ein und gingen auf den Kreuzzug. Wann heiratest du meine Schwester Alix, Richard?, fragte Philip Auguste noch, ehe sie auf unterschiedlichen Routen ins Heilige Land aufbrachen. Bald, versprach Richard. Ganz bald.

Tatsächlich segelte er aber nach Sizilien – der gängigen ersten Zwischenstation für alle Kreuzfahrer –, und dorthin brachte seine Mutter eine gewisse Prinzessin Berengaria, Schwester des Königs von Navarra, die Richard in Wahrheit heiraten wollte, um seine Macht in Aquitanien mit navarrischer Unterstützung gegen Raymond von Toulouse zu sichern.

Was ist mit Alix?, fragte Philip Auguste empört, der inzwischen ebenfalls in Sizilien eingetrudelt war. Richard winkte ab. Er behauptete – wahrscheinlich zu Recht –, Alix sei die Geliebte seines Vaters gewesen und darum eine unzumutbare Braut. Und er drohte, diesen Skandal öffentlich zu machen, wenn Philip Auguste ihn nicht aus seinem Heiratsversprechen entließ.

Philip blieb nichts anderes übrig. Aber mit der Männerfreundschaft war es aus.

Wo Richard schon mal in Sizilien war, nahm er Messina ein und schnappte es dem zukünftigen deutschen Kaiser Heinrich VI. praktisch vor der Nase weg, der Ansprüche auf ganz Sizilien erhob. So hatte Richard sich im Handumdrehen noch einen mächtigen Feind geschaffen. Aus dieser Zeit stammen die ersten Quellen, die ihn »Cœur de Lion«, also »Löwenherz«, nennen. Das war nicht schmeichelhaft gemeint, sondern sollte wohl eher andeuten, dass er sich in Messina wie ein gewissenloses, wildes Raubtier aufgeführt hatte, was auch stimmt.

Richard kümmerte das nicht weiter, und wo er den neuen Beinamen schon mal hatte, segelte er weiter nach Zypern und nahm auch das ein. In Limasol heiratete er noch hurtig seine neue Braut Berengaria (die nie ein Kind von ihm bekam), dann machte er dem zypriotischen König Isaak die Hölle heiß. Der musste sich schließlich ergeben und stellte als einzige Bedingung, Richard möge ihn doch bitte nicht so weit demütigen, ihn in Eisen zu legen. Würde mir doch niemals einfallen, ließ Richard ausrichten und gab umgehend Hand- und Fußketten aus Silber in Auftrag.

Die Kriegskasse mit den Schätzen aus dem reichen Zypern vortrefflich aufgefüllt, gelangte Richard 1191 endlich ins Heilige Land. Seit sage und schreibe zwei Jahren belagerten die Kreuzfahrer die mächtige Festung von Akkon – als Richard zwei Monate dort war, fiel sie. Er vollbrachte große Taten im »Heiligen Krieg«, die seinen Ruf als größter Ritter seines Zeitalters festigten, aber er beging auch furchtbare Gräuel. Als Sultan Saladin seine 3000 Kämpfer, die nach dem Fall von Akkon freikommen sollten, nicht zum vereinbarten Zeitpunkt abholte, ließ Richard sie allesamt abschlachten. Zugegeben, er musste

Richard I. und Saladin bei ihrem Lieblingssport

dringend abziehen und konnte sie schlecht einfach zurücklassen, da sie sich bewaffnen und ihm in den Rücken hätten fallen können. Aber wenn er sich ein bisschen mehr Mühe gegeben hätte, hätte er bestimmt eine bessere Lösung finden können.

Trotz allem schätzte Saladin ihn sehr, wie Chronisten von beiden Seiten einhellig versichern. Sie wurden fast so etwas wie Freunde. Irgendwie waren sie wohl seelenverwandt.

Philip Auguste hatte bald genug davon, im Schatten des strahlenden, inzwischen verhassten Königs von England zu stehen, machte sich auf den Heimweg und begann, kaum zu Hause, mit Richards widerlichem kleinen Bruder John zusammen Ränke zu schmieden.

Richard hörte zwar von diesem Komplott, aber er blieb trotzdem im Heiligen Land, weil er es nicht fertigbrachte, die Rückeroberung Jerusalems aufzugeben. Doch die Kreuzfahrer waren untereinander zerstritten. Jeder hatte seinen eigenen Vorteil im Sinn und kochte sein eigenes Süppchen. Schließlich musste Richard einsehen, dass er niemals siegreich in Jerusalem einziehen würde. Es heißt, als er einmal auf einen Hügel ritt und die Heilige Stadt plötzlich zu seinen Füßen lag, hob er den Schild vor die Augen, damit er nicht sehen musste, was er nicht haben konnte.

Im Herbst 1192 handelte Richard mit Saladin einen dreijährigen Waffenstillstand aus, der christlichen Pilgern freien Zugang nach Jerusalem zusicherte, und trat den Heimweg an. Doch vor Istrien erlitt er Schiffbruch, und schließlich irrte er mit nur drei Getreuen unweit von Wien durch die Wildnis. Herzog Leopold von Österreich, mit dem Richard sich auf dem Kreuzzug verkracht hatte, nahm ihn gefangen und lieferte ihn schließlich an Kaiser Heinrich VI. aus, der wegen dieser leidigen Geschichte in Sizilien noch ein Hühnchen mit dem König von England zu rupfen hatte. Er sperrte ihn in eine Festung und forderte ein astronomisches Lösegeld.

Es sah so richtig finster aus für König Richard.

Unterdessen hatte der widerwärtige Prinz John Richards kreuzzugsbedingte Abwesenheit ausgenutzt, um Intrigen gegen seinen Bruder zu spinnen. Dabei hatte Richard ihn nach seiner Krönung mit so großen Ländereien auf beiden Seiten des Kanals belehnt, dass John eigentlich hochzufrieden hätte sein können – jedenfalls für einen Prinzen mit dem Beinamen »Ohneland«. Aber John gehörte wohl zu den Menschen, die einfach niemals zufrieden sein können und immer glauben, die Welt sei ihnen etwas schuldig.

Was ihm an Richards Verfügungen am allerwenigsten gefiel, war die Thronfolge. Denn nicht John stand an erster Stelle, sondern ihrer beider Neffe Arthur, der Sohn ihres verstorbenen Bruders Geoffrey von der Bretagne. Das war nach dem Erstgeburtsrecht nur folgerichtig, denn Geoffrey war ja älter gewesen als Richard und John, ergo kam sein Söhnchen vor John an die Reihe.

Prinz John fand das aber ganz furchtbar unfair. Unterstützt von seinem Halbbruder, dem Erzbischof von York, überzeugte er ein paar Adlige in England, die ihn als Thronerben anerkannten. Es kam zu kleineren Keilereien zwischen den Arthur- und den John-Anhängern, aber Königin Eleanor verstand es, die Krise unter Kontrolle zu bringen.

Dann kam Philip Auguste vom Kreuzzug zurück – immer noch schäumend vor Wut auf Richard. John witterte seine Chance und wollte den König von Frankreich besuchen. Aber seine Mutter wusste das mit schlagkräftigen Argumenten zu verhindern und drohte, ihn zu enteignen. John – kein großer Freund von Risiken – gab vorerst klein bei.

Als jedoch im Januar 1193 die Nachricht von Richards Gefangennahme nach England kam, hielt ihn nichts mehr. Unverändert schmollend rannte John zum König von Frankreich. Richard und meine Mutter sind ja so gemein zu mir, heulte er ihm vor.

Philip Auguste erklärte sich großmütig bereit, den Prinzen bei seiner Rebellion gegen König Richard zu unterstützen. Er stellte lediglich eine Bedingung, und Sie dürfen jetzt dreimal raten. Richtig: John musste nur Alix, den lebenden Wanderpokal, heiraten, dann stand einer Allianz nichts mehr im Wege. John unterschrieb einen dementsprechenden Vertrag, in dem er Philip Auguste auch gleich noch den normannischen Teil des Vexin überschrieb. Der gehörte zwar Richard, aber John fand es vermutlich einfach, mit anderer Leute Eigentum großzügig zu sein.

Philip Auguste stellte eine Invasionsarmee auf, um England zu erobern, John kehrte dorthin zurück, um neue politische Freunde zu suchen und ihnen das Blaue vom Himmel herunter zu versprechen. Eleanor befestigte die englischen Häfen und verstärkte gleichzeitig ihre Bemühungen, das Lösegeld für Richards Freilassung zusammenzukratzen. Wer ihr vorwirft, sie sei dabei nicht zimperlich gewesen, hat vermutlich Recht. Aber sie war wohl der Ansicht, die Engländer würden unterm Strich ein gutes Geschäft machen, wenn sie Geld bezahlten, um Richard zurückzubekommen und John den Thron zu verwehren, und wer hätte das besser wissen sollen als sie?

John musste bald feststellen, dass er für seine Rebellion nicht viele Freunde fand. Kaum jemand verspürte Lust, sich gegen einen Kreuzfahrerkönig aufzulehnen, denn das galt als höchst unanständig.

Also erzählte John ihnen, der heldenhafte Kreuzfahrerkönig sei bedauerlicherweise in seinem finsteren Verlies gestorben.

Die Richard-treuen Adligen glaubten John kein Wort und belagerten seine englischen Burgen.

Philip Auguste sah sich das Spiel von der anderen Seite des Kanals ein paar Monate lang stirnrunzelnd an und blies die Invasion dann genervt ab. Da versprach John ihm die ganze Normandie östlich der Seine. Na ja, fand der König von Frankreich, dann sieht die Sache natürlich schon wieder etwas anders aus. Gemeinsam machten sie sich daran, zumindest schon mal die Normandie zu erobern und dem Richard-treuen Adel zu entreißen, und sie versuchten, Kaiser Heinrich zu bestechen, Richard doch bitte noch ein bisschen länger in Haft zu behalten. Am besten für immer.

Aber Richard war nicht untätig gewesen. Mit Unterstützung seiner Mutter machte er dem Kaiser ein unwiderstehliches Angebot: Er »schenkte« ihm England und seine französischen Besitzungen, unter der Voraussetzung, dass Heinrich sie ihm anschließend als kaiserliches Lehen zurückgab. Au ja, so machen wir's, entschied der Kaiser. Aber das Lösegeld kriege ich trotzdem …

Er bekam sein Geld, Richard bekam sein Eigentum als Lehen zurück und wurde Anfang 1194 freigelassen.

Inzwischen hatte der Erzbischof von Canterbury John exkommuniziert, und der Kronrat hatte die Enteignung des Prinzen verfügt. Bis auf zwei englische Burgen hatte John alles verloren. Als Richard in der Normandie landete, verlor der Prinz schließlich auch noch die Nerven, kündigte Philip Auguste kurzerhand die Freundschaft, eilte zu Richard nach Lisieux, warf sich ihm zu Füßen und flehte um Vergebung. »Hab keine Furcht, John«, soll Richard geantwortet haben. »Nicht du bist schuld, sondern die schlechten Einflüsse, denen du ausgesetzt warst. Du bist ja noch ein Kind.«

Das »Kind« war siebenundzwanzig Jahre alt. Aber wir sprachen ja schon von diesem fanatischen Familiensinn, der so manchen englischen König blind machte und in Schwierigkeiten brachte. Richard verzieh John aus dem einen Grund, gegen den er machtlos war: Er war eben sein Bruder.

Am 13. März landete der König in Sandwich, machte einen Umweg, um an den Heiligenschreinen in Canterbury und Bury St. Edmunds zu beten und ging dann weiter nach Nottingham. Die dortige Burg war die letzte, die noch von Johns Truppen gehalten wurde. Als Richard kam, fiel sie natürlich, und zwar schon am 28. März. Ostern verbrachte der König in Winchester, wo er sich Hof und Volk mit der Krone auf dem Haupt zeigte, doch schon am 12. Mai segelte er in die Normandie zurück, denn sein Exfreund, Philip Auguste, setzte jetzt alles daran, sie ihm zu entreißen. Richard kehrte nie wieder nach England zurück.

Die nächsten rund fünf Jahre verbrachte er damit, sein Reich auf dem Kontinent zu verteidigen und zusammenzuhalten. Zwischendurch schloss er gelegentlich Waffenstillstände mit Philip Auguste, und bei einer dieser Gelegenheiten durfte die arme Alix aus England nach Frankreich zurückkehren und segelte endlich, endlich in den Hafen der Ehe: Ihr Bruder verheiratete sie schleunigst mit dem Grafen von Ponthieu.

Bis 1199 hatte Richard Aquitanien für sich gesichert und auch seine Territorien im nördlichen Frankreich wieder großteils unter seine Kontrolle gebracht. Philip Auguste betrieb eine geschickte Allianz- und Heiratspolitik, aber letztlich war er Richard militärisch nicht gewachsen, was er sehr gut wusste. Zweimal im Laufe dieser fünf Jahre musste er die Beine in die Hand nehmen und um sein Leben laufen, bei der letzten dieser beiden Gelegenheiten wäre er um ein Haar in einem Fluss ertrunken.

Im Januar 1199 beschloss Richard, noch einmal auf den Kreuzzug zu gehen. Er schaltete den Papst als Vermittler für seinen Dauerstreit mit Philip Auguste ein, der inzwischen kleine Brötchen buk und auf das ganze Vexin bis auf Gisors verzichtete. Richard hatte, was er wollte, und alles schien bereit. Er ging nur noch mal schnell nach Aquitanien, wo ein abtrünniger Adliger ihm Ärger machte. Richard selbst spähte dessen Burg in Châlus-Chabrol aus, und bei der Gelegenheit traf ihn am 26. März ein Armbrustbolzen in die Schulter. Als die Wunde brandig wurde, beichtete der König seine Sünden, vergab dem Armbrustschützen und bestimmte seinen Bruder John zu seinem Nachfolger. Das muss am hohen Fieber gelegen haben.

Der König starb, nicht einmal zweiundvierzigjährig, am 6. April 1199 und wurde im Kloster von Fontevrault gleich neben seinem Vater begraben.

Ich habe Zweifel, dass die beiden Könige diesem Arrangement zugestimmt hätten, wenn man sie gefragt hätte.

Mit Richard Löwenherz' Tod endete eine Ära, der man einen gewissen Glanz nicht absprechen kann. Oder sagen wir lieber, einen gewissen herben Charme. Und auch das 12. Jahrhundert ging zur Neige. Eine gute Gelegenheit also, innezuhalten und nachzuschauen, wie es denn eigentlich den Menschen in England seit der Eroberung ergangen war.

Fangen wir mit der guten Nachricht an: Die Sklaverei war abgeschafft. 1102 hatte Anselm, der streitbare Erzbischof von Canterbury, zusammen mit den übrigen Bischöfen ein Dekret erlassen, das den Verkauf von Engländern in die Sklaverei untersagte, und damit begann die Kaste dieser unglückseligen, rechtlosen Menschen allmählich auszusterben.

Die schlechte Nachricht kennen Sie ja schon: Die Stellung der breiten Bevölkerungsmehrheit in England verschlechterte sich mit der Einführung des Feudalsystems. Und daran war nicht nur die neue politische Ordnung schuld.

Stellen Sie sich vor, Sie wachen eines Morgens auf, gehen zur Arbeit, und Ihr Chef und dessen Chef und irgendwie alle Leute, die wichtig sind, sprechen plötzlich nur noch ... na, sagen wir, sie sprechen Klingonisch. Nach einem ziemlich aufreibenden Arbeitstag – Ihr Chef hat Sie die ganze Zeit auf Klingonisch angebrüllt, weil Sie ihn nicht verstehen konnten und deswegen alles falsch gemacht haben – gehen Sie zur Polizei oder aufs Amt, um sich dort über diese Invasion Ihres Betriebs zu beschweren, aber auch da sprechen mit einem Mal alle nur noch Klingonisch. In Ihrer Verzweiflung gehen Sie in die Kirche, weil Sie allmählich das Gefühl bekommen, dass Sie geistlichen Beistand brauchen, aber auch der Pastor spricht plötzlich Klingonisch. Sie verstehen die Welt nicht mehr, und das buchstäblich.

So ungefähr müssen die Engländer sich nach der normannischen Eroberung vorgekommen sein. Die Führungsschichten in allen Lebensbereichen waren beinah über Nacht ausgetauscht worden, und das neue Management sprach kein Wort Englisch. Deswegen hatten die Engländer auch kaum eine Chance, die politischen und gesellschaftlichen Veränderungen, die sich vollzogen, zu begreifen, geschweige denn mittragen. Alles passierte über ihre Köpfe hinweg. Sie wurden in ihren persönlichen Freiheitsrechten eingeschränkt, verloren das Eigentumsrecht an ihrem Land, man zwang sie, ihr Korn in den Mühlen der fremden Herren zu mahlen und ihr Brot in deren Öfen zu backen – kostenpflichtig, versteht sich. Man zwang sie sogar, auf den Feldern der fremden Herren zu arbeiten. Die Wälder gehörten den Fremden mit einem Mal auch, sodass die Engländer dort nicht einmal mehr Holz und Eicheln sammeln durften, geschweige denn Wild oder Vögel schießen. Wer nicht spurte oder gegen eine der schwer begreiflichen neuen Regeln verstieß, wurde weggejagt oder verprügelt oder verstümmelt oder umgebracht. Die einfache Landbevölkerung war machtlos gegen die neue Obrigkeit und ihrer Willkür ausgeliefert.

Bauern schuften unter der Aufsicht ihres Grundherrn.

Aber viele Dinge besserten sich relativ schnell. Die Sprachbarriere zum Beispiel dürfte zwanzig, dreißig Jahre nach der Eroberung überwunden gewesen sein. Vielleicht dauerte es noch ein bisschen länger, bis der normannische Hochadel und die Bischöfe Englisch lernten (obwohl der gebildete König Henry I. und vielleicht auch sein Bruder Rufus es konnten), aber den linguistischen Brückenschlag brachte vor allem die adlige Mittelschicht zustande. Oder anders gesagt: die unlängst erfundenen Ritter. Diese oft jungen Männer bekamen von den Kronvasallen ein oder mehrere Landgüter als Lehen, wo sie lebten, wenn sie nicht mit ihren Lords im Krieg waren. Das heißt, so ein Ritter saß ziemlich weit weg vom normannischen Hof irgendwo in der englischen Einöde in einem strohgedeckten Holzhaus, und seine einzigen Nachbarn waren die englischen Bauern. Womöglich hatte sein Lord ihm nahegelegt, die Tochter des englischen *Thane* zu heiraten, dem dieses Gut vor ihm gehört hatte, und ein Ritter, der auf sich hielt, tat, was sein Lord ihm empfahl. Seine englische Frau brachte dem Ritter ein paar Brocken ihrer Sprache bei, genau wie umgekehrt. Ihre Kinder spielten mit den Bauernkindern zusammen und wuchsen zwangsläufig zweisprachig auf. Und so weiter.

Zur Zeit des Bürgerkriegs zwischen Kaiserin Matilda und Stephen von Blois dürfte ein Großteil des adligen Mittelbaus schon in beiden Sprachen und Kulturen zu Hause gewesen sein. Ihre Freiheit und ihr Land bekamen die Engländer deswegen natürlich nicht zurück, aber die Menschen gewöhnten sich an die neuen Verhältnisse. Was ihnen 1071 noch so unerträglich erschienen war, dass sie sich scharenweise Herewards Widerstandsbewegung angeschlossen hatten, war schon Normalität, als der Bürgerkrieg ausbrach.

Verhasst und gefürchtet blieben jedoch die Abgaben, die der Grundherr zusätzlich zur Pacht verlangen und in beliebiger Höhe festlegen konnte, etwa wenn ein Bauer heiraten wollte oder starb. Auch die Bußgelder, die er zum Beispiel für Versäumnisse bei der Fronarbeit verhängen konnte, waren berüchtigt. Das Problem war eben, dass es keine Instanz gab, die den Umgang der Grundherrn mit der Landbevölkerung kontrollierte, darum waren der Willkür Tür und Tor geöffnet. Was es aber *nicht* gab, obwohl so viele Leute glauben, es sei Bestandteil der mittelalterlichen Lebensrealität gewesen, ist das sogenannte »Recht der ersten Nacht«, das es dem Grundherrn bei der Eheschließung unfreier Bauern erlaubte, den Bräutigam in der Hochzeitsnacht quasi zu vertreten. Dieses Recht hat es in ganz Europa zu keiner Zeit gegeben, doch als Schauermärchen findet es sich bereits in der mittelalterlichen Literatur. Sexuelle Übergriffe waren trotzdem an der Tagesordnung, wie es immer und überall der Fall ist, wo Willkür herrscht.

Die innere Stabilität unter Henry II., das Sich-Durchsetzen der Dreifelderwirtschaft und die Einführung des schweren Pflugs verbesserten die Lebensverhältnisse auf dem Land vielerorts. Mit den Erträgen der Felder begann auch die Bevölkerung zu wachsen. Und die zunehmende europäische Nachfrage nach englischer Wolle wirkte sich ebenfalls positiv aus; im Verlauf des zwölften Jahrhunderts wuchsen die Schafherden auf Englands Weiden stetig.

Wer die Bevormundung durch die normannischen Herren trotzdem nicht aushielt, dem blieb immer noch, sich bei Nacht und Nebel davonzustehlen und in eine der ebenfalls wachsenden Städte zu ziehen. Das war natürlich eine Flucht ins Ungewisse, die in der Regel nur junge Männer ohne Familie wagten, denn sie barg die durchaus realistische Gefahr, spätestens im nächsten Winter zu verhungern oder zu erfrieren. Aber wer ein Jahr und einen Tag ausharrte, der war kein Leibeigener mehr, denn »Stadtluft macht frei«.

London wuchs wieder einmal schneller als alle anderen Städte, denn es zog nicht nur Engländer, sondern auch Kaufleute aus der Normandie, aus Köln, aus Norddeutschland und Skandinavien an, die sich dort niederließen. Aber auch York, Sitz des nördlichen Erzbistums, entwickelte sich im 12. Jahrhundert zu einem kulturellen und städtischen Zentrum, und

Tuchmacherstädte wie Beverley oder Lincoln profitierten vom königlichen Straßenbau und wurden steinreich. Zinn- und Bleivorkommen wurden erschlossen und ausgebeutet, und beide Metalle wurden Exportschlager.

Doch die rasanteste Entwicklung des 12. Jahrhunderts fand in kultureller Hinsicht statt, weswegen man verwirrenderweise auch von der »Renaissance« des 12. Jahrhunderts spricht, obwohl die *richtige* Renaissance doch eigentlich erst kam, als das Mittelalter zu Ende ging. Diese kleine Renaissance des 12. Jahrhunderts wurde vor allem durch die Kreuzzüge ausgelöst, denn auch wenn die christlichen Ritter ja ausgezogen waren, um alle »Heiden« zu erschlagen, waren sie nicht immer schnell genug und konnten nicht verhindern, mit der islamischen Bildung und Kultur in Berührung zu kommen, die der europäischen haushoch überlegen waren. So fanden etwa Schriften des großen griechischen Philosophen Aristoteles, die im christlichen Kulturkreis unbekannt waren, auf diesem Umweg Eingang in die mittelalterliche Philosophie und Wissenschaft. Auch viele andere Bereiche, von der Dichtkunst über die Medizin bis hin zur Buchführung, entwickelten sich durch den islamischen und jüdischen Nachhilfeunterricht, dem die Kreuzfahrer sich unwissentlich aussetzten.

Ein regelrechter Bildungs- und Kulturboom setzte in ganz Westeuropa ein. Plötzlich hielt jeder Ritter, der das Alphabet beherrschte, sich für einen Dichter. Manche hatten sogar Recht, und sie verfassten eine schier unglaubliche Zahl von Gedichten und Liedern und Versepen über Gott und die Welt, über Kreuzzüge und Ritterehre und vor allem über Frauen und die Liebe (die in Deutschland *minne* hieß). Die ersten literarischen Werke dieses Booms in englischer Sprache kamen allerdings mit einiger Verspätung und ziemlich vereinzelt erst im 13. Jahrhundert auf, denn wer zu dieser Zeit in England dichtete, tat es auf Französisch oder Lateinisch.

Aber das bedeutete nicht, dass das Land von all den aufregenden geistigen Neuerungen unberührt blieb. Nachdem die

Benediktiner bislang der einzige Orden gewesen waren, kamen mit einem Mal andere Mönche nach England, die sich Zisterzienser nannten, noch viel strenger waren als die Benediktiner und Landstriche erschlossen, wo kein normaler Mensch leben wollte, weil sie so abgeschieden und unwirtlich waren. Aber diese Zisterzienser kultivierten diese Gegenden und vermehrten die Ackerflächen in England nicht unbeträchtlich. Dann kam ein gewisser Gilbert of Sempringham auf die Idee, einen eigenen Orden zu gründen, den es nur in England gab, nämlich die Gilbertiner. Das Besondere an den Gilbertinern war, dass Männer und Frauen in diesem Orden gemeinsam in Doppelklöstern lebten. Offiziell in getrennten Gebäuden, aber ob die Türen immer verriegelt waren, weiß natürlich keiner. Egal – im 12. Jahrhundert war fast alles möglich. Und dann entstand eine ganz neue Art von Orden wie die Templer und die Johanniter, die mehr mit Kampf und Rittertum zu tun hatten als mit Gebet und Einkehr, und auch sie gründeten Niederlassungen in England.

Die allgemeine Gier nach Bildung, die plötzlich viel mehr Menschen erfasste als je zuvor, konnten die Kloster- und Kathedralschulen, die es schon aus angelsächsischer Zeit gab, allein nicht mehr stillen. Vielen der neuen Bildungsfreunde war das dort vermittelte Wissen auch zu verstaubt; sie wollten etwas Neues. Und so zogen bald reisende Gelehrte durchs Land, stellten sich vor die erstbeste Kirchentür und fingen an, die sieben Freien Künste zu lehren (Grammatik, Rhetorik, Dialektik, Arithmetik, Geometrie, Musik und Astronomie), die eine Art Grundlagenwissen darstellten, oder darauf aufbauend lehrten sie Theologie, Medizin und Rechtswissenschaften. Aus diesen improvisierten Lehrveranstaltungen entwickelten sich nach und nach feste Schulen, und die Schule in Oxford hatte bald einen herausragenden Ruf.

Es gab allerdings gelegentlich Streit zwischen den Studenten und Magistern auf der einen Seite, der Stadtbevölkerung auf der anderen Seite. Die braven Bürger von Oxford fanden, die Studenten soffen zu viel, waren vorlaut und machten Lärm und hatten die Privilegien überhaupt nicht verdient, die der König ihnen einräumte. Nach einer besonders heftigen Keilerei mit den Stadtbewohnern hatten ein paar der Scholaren und Magister die Nase voll, zogen nach Cambridge und gründeten dort eine neue Schule. Es dauerte nicht lange, bis der gleiche Streit auch dort losging. Doch von ihrer Gründung bis zum Ende des Mittelalters genossen diese beiden und auch andere Universitäten immer den besonderen Schutz der Krone, weswegen sie vortrefflich gediehen.

Das Leben der Frauen auf dem Land änderte sich kaum durch die rechtlichen und gesellschaftlichen Neuerungen, die die normannische Eroberung mit sich brachte. Früher hatten die Väter bestimmt, wen sie heiraten mussten, jetzt mussten die Väter zusätzlich noch die Zustimmung ihres Grundherrn einholen und Geld für dessen Erlaubnis bezahlen. Aber das Ergebnis blieb für sie das gleiche. Zu Beginn des 12. Jahrhunderts festigten und vereinheitlichten sich die kirchlichen Gesetze, die die Eheschließung regelten, und sie besagten, dass für eine gültige Heirat eigentlich nur das ausdrückliche Einverständnis der Brautleute erforderlich sei. Und natürlich kam es gelegentlich vor, dass ein Paar heimlich durchbrannte und sich im nächsten oder übernächsten Dorf einen Priester suchte, der es traute, aber in aller Regel sah die Realität unverändert so aus, dass Ehen vermittelt wurden. Das war so normal, dass nur selten jemand auf die Idee kam, dagegen zu rebellieren.

Die Stellung der adligen Frau hatte sich im Vergleich zu ihren angelsächsischen Vorgängerinnen verschlechtert. Natürlich konnte eine Tochter, wenn sie keinen Bruder hatte, immer noch eine reiche Erbin sein, aber der König hatte das Recht, sie zu verheiraten. Manchmal verkaufte er dieses Recht auch an den Meistbietenden, denn die Krone war ja für jede Einnahmequelle dankbar. Wurde die reiche Erbin vermählt, ging ihr Vermögen auf ihren Mann über. Ein Drittel des gemeinsamen

Vermögens stand ihr zu, wenn der Gemahl vor ihr starb, fiel nach ihrem Tod aber automatisch an ihre Söhne oder zurück an die Krone. Sie hatte in aller Regel keine testamentarische Verfügungsgewalt darüber. Sowohl der normannische Eroberer William als auch die Vertreter der Kirche, deren Einfluss unter seiner Herrschaft wuchs, fanden die traditionellen germanischen Frauenrechte, die im angelsächsischen England noch hier und da zu finden gewesen waren, unanständig. Sie waren überzeugt, dass Gott sich das ganz bestimmt nicht so gedacht hatte. Also räumten sie mit diesen anstößigen englischen Sitten auf und sorgten dafür, dass das Weib dem Manne auf Gedeih und Verderb untertan war.

Wie das Verhältnis von Männern und Frauen sich im alltäglichen Leben darstellte, ist nicht ganz einfach zu rekonstruieren. Niemand im 12. Jahrhundert wäre im Traum auf die Idee gekommen, Tagebuch zu führen. Dafür war Pergament viel zu kostbar (das wesentlich preiswertere Papier ließ noch 200 Jahre auf sich warten), und es hätte auch nicht dem Zeitgeist entsprochen, denn der Wert des einzelnen Menschen und seines irdischen Lebens war noch nicht erfunden.

Wir können aber getrost davon ausgehen, dass Männer und Frauen es auch im 12. Jahrhundert schon munter miteinander getrieben haben – ehelich und außerehelich. Das ist nicht nur ein naheliegender Schluss, wenn man bedenkt, dass es nach Einbruch der Dunkelheit praktisch nichts anderes gab, das man tun konnte, sondern auch die erhaltenen Gerichtsakten belegen dieses Bild. Tatsächlich herrschte so reger Verkehr, dass die Bischöfe und Kirchenlehrer der Epoche sich wieder und wieder genötigt sahen, Lehr- und Mahnschriften zu diesem heiklen Thema zu verfassen, die vor allem auch als Leitfäden für die Gemeindepriester gedacht waren, damit die wussten, welche Buße sie ihren verirrten Schäfchen bei der Beichte für welche Sünde aufbrummen mussten. Danach war Sex unter Eheleuten ausdrücklich erlaubt, wenn das Ziel die Zeugung von Nachwuchs oder die Erfüllung der ehelichen Pflichten

Romantik spielte in der Dichtung eine größere Rolle als in der Wirklichkeit.

war. Gleiches galt interessanterweise, wenn der Zweck des Paarungsaktes war, drohende Unzucht zu vermeiden. »Wenn etwa ein Mann weiß, dass er in Gesellschaft lasterhafter Frauen sein wird«, schreibt einer dieser klugen Kirchenlehrer, »und fürchtet, ihnen anheimzufallen, ist es ihm erlaubt, sich zuvor bei seiner eigenen Frau abzukühlen.« Eine lässliche – also verzeihliche – Sünde war es, wenn Eheleute nur aus Lust miteinander schliefen. Aber selbst unter Eheleuten konnte Sex eine Todsünde sein, nämlich dann, wenn er zu viel Spaß zu machen drohte, denn »ein Mann, der seinem Weib ein gar zu feuriger Liebhaber ist, kommt einem Ehebrecher gleich«. Die Logik hinter dieser Behauptung wollen Sie sich bitte selbst suchen.

Ebenso eine Todsünde war ehelicher Verkehr während der Schwangerschaft oder Menstruation (was zu aussätzigen Kindern führte, glaubte man). Außerehelicher Sex war natürlich immer verboten, war nicht nur Ehebruch, sondern Unzucht. Als noch schlimmer in der Hitliste der fleischlichen Sünden galt jedoch die Masturbation, und noch viel schlimmer war Homosexualität. Sie war den kirchlichen Moralwächtern gerade deswegen solch ein Dorn im Auge, weil die Herren natürlich genau wussten, was sich hinter den Klostermauern abspielte, wo Männer und Jungen in isolierten Gemeinschaften auf engstem Raum zusammenlebten. Ein einflussreicher Gelehrter, der gegen die Homosexualität wetterte, fand sie im wahrsten Sinne des Wortes unaussprechlich, denn er beschrieb sie als »die Sünde, die nicht genannt werden darf«, weswegen sie auch als die »stumme Sünde« bezeichnet wurde. Der schon mehrfach erwähnte Erzbischof Anselm forderte König Rufus zu einer gemeinschaftlichen Anstrengung auf, um dieses Übel auszumerzen, ehe »das ganze Land sich in Sodom« verwandele. Der schwule Rufus setzte das Projekt aber nicht gerade ganz oben auf seine Prioritätenliste. Nichts passierte, und Anselm und seine Mitstreiter wetterten weiter. Dessen ungeachtet gibt es wundervolle französische Liebesgedichte, die Mönche an ihre Mitbrüder schrieben.

Unter der normannischen Herrschaft wurden kirchliches und weltliches Recht voneinander getrennt, und beide Gerichtsbarkeiten setzten auf strenge Zucht. Aber nach Lage der Gerichtsakten dürfen wir schließen, dass die Engländer nur wenig Neigung verspürten, den kirchlichen Anstandsregeln zu folgen. Es kam gar nicht so selten vor, dass ein Mann mit einer Geliebten eine zweite Familie gründete. Solche Fälle sind vor allem wegen der daraus resultierenden Erbstreitigkeiten belegt. Bischöfe hatten Mätressen und sorgten dafür, dass ihre Bastarde lukrative Kirchenämter bekamen. Und die Adligen machten sowieso, was sie wollten. Wer aber die Frau eines anderen verführte oder vergewaltigte, tat das auf eigene Gefahr, denn der geschädigte Ehemann hatte das Recht, den Verführer zu kastrieren und somit dafür zu sorgen, dass es nicht wieder passierte.

Genau wie der König schickten auch die Bischöfe Reiserichter durchs Land, um Verstöße gegen die Gesetze der Kirche und moralische Verfehlungen zu ahnden. Auch sie verhängten gern Bußgelder, denn ebenso wie die Krone waren auch die Bischöfe für jede Einnahmequelle dankbar. Die kirchlichen Richter konnten den überführten Sündern aber auch Bußprozessionen oder Wallfahrten aufbrummen oder sie an einen Karren binden und mit Peitschen durchs Dorf treiben lassen.

Vergewaltigung war einer von zwei Straftatbeständen, den eine Frau selbst vor den Richter bringen durfte (der andere war die Ermordung ihres Mannes, und beide fielen in die Zuständigkeit der weltlichen, sprich königlichen Gerichtsbarkeit). Viele solcher Klagen sind allerdings nicht belegt, und das ist kein Wunder, denn die Geschädigte musste nach der Tat ins nächste Dorf laufen und den beiden angesehensten Männern dort die sichtbaren Spuren des Verbrechens zeigen. Diese Zeugen sollten dann auf dem nächsten Grafschaftsgericht für sie aussagen. Diese Vorschrift der Beweisführung dürfte viele Opfer abgeschreckt haben. Und selbst in den Fällen, da die Frauen den Mut fanden, das Verfahren auf sich zu nehmen, ist nicht eine einzige Verurteilung belegt. In den Augen der meisten Richter war das Vergehen bestenfalls ein Kavaliersdelikt, und Schuld hatte grundsätzlich sowieso die Frau, weil schließlich Eva die Sünde in die Welt gebracht hatte. Ein außergerichtlicher Vergleich mit einer Schadenersatzzahlung war das Beste, was die Klägerin zu erhoffen hatte. Öfter wurde das Problem aus der Welt geschafft, indem Täter und Opfer miteinander verheiratet wurden.

Vergewaltigung in der Ehe war natürlich kein Straftatbestand. Und wurde eine Frau Opfer eines sexuellen Übergriffs durch einen Priester oder einen Angehörigen einer höheren sozialen Schicht, dann war das Beste, was sie tun konnte, den Mund zu halten. Niemand im 12. Jahrhundert erwartete, dass das Leben gerecht sein müsse, oder glaubte, dass alle Menschen gleich seien. Hier auf Erden war ja sowieso das Jammertal, und die Seinen belohnte der Herr im Jenseits.

Opium fürs Volk.

Und was war mit Robin Hood?, werden Sie fragen. Schließlich wissen wir doch alle, dass er zu der Zeit, da König Richard auf dem Kreuzzug war, die Reichen bestahl, um die Witwen und Waisen durchzufüttern, und verhinderte, dass Prinz John mit Hilfe des schurkischen Sheriffs von Nottingham die Krone an sich riss.

Aber ich muss Sie leider enttäuschen. Dieser Robin Hood hat in einem seriösen Geschichtsbuch nichts zu suchen.

Das hier *ist* kein seriöses Geschichtsbuch, werden Sie einwenden.

Mag sein, aber es ist jedenfalls ein Buch, das sich auf die belegbaren Fakten beschränkt, halte ich dagegen, und dazu gehört Robin Hood leider nicht.

Dass es einen berühmten Dieb dieses Namens gegeben haben muss, beweist die Tatsache, dass im späten 13. Jahrhundert »Robinhode« offenbar ein Spitzname für Gesetzlose und Verbrecher aller Art war. Als literarische Figur finden wir ihn erstmals im 14. Jahrhundert kurz erwähnt, die ältesten schriftlichen Belege, die sich ausführlich mit seiner Geschichte befassen, stammen sogar erst aus dem 15. Jahrhundert. In den meisten dieser Balladen und Gedichte heißt aber der König, für oder gegen den Robin Hood kämpfte, Edward und nicht

Richard. Alle Versuche, den wahren Kern der Legende in einer bestimmten Zeit zu verhaften oder sogar an realen Personen festzumachen, sind bislang gescheitert.

Niemand bedauert das mehr als ich.

Kehren wir also zu den Fakten und zu John zurück, der ein hervorragendes Beispiel dafür ist, dass das wahre Leben oft schlimmere Schurken hervorbringt, als wir Geschichtenerzähler uns je ausdenken könnten.

Kaum war John seinem Bruder am 27. Mai 1199 auf den Thron gefolgt, da brach auf dem Kontinent die Hölle los. Philip Auguste, der ihn doch gegen Richard so oft unterstützt hatte, wandte sich nun gegen John. Der König von Frankreich und sein Adel wussten ganz genau, dass John Richard Löwenherz weder politisch noch militärisch das Wasser reichen konnte, und fielen in seinen französischen Territorien ein, um sich ein möglichst großes Stück vom Kuchen zu sichern. John sei ja überhaupt nicht der rechtmäßige Thronerbe, behaupteten sie. Der junge Arthur von der Bretagne, Sohn von Johns und Richards älterem Bruder Geoffrey, habe einen viel besseren Anspruch.

John hatte ein solches Talent, seine Vasallen zu brüskieren und zu kränken, dass er in Frankreich bald jeglichen Rückhalt verloren hatte. Eleanor, seine mittlerweile fast achtzigjährige Mutter, kehrte nach Aquitanien zurück, um wenigstens dort ein paar Wogen zu glätten und es für ihren jüngsten und einzig verbliebenen Sohn zu retten. (Obwohl sie ihn verabscheute, heißt es.) Das war gar nicht so einfach, denn auch den aquitanischen Adel hatte John schon gegen sich aufgebracht. Er hatte seine erste Frau, Isabella of Gloucester, abserviert (zu nah verwandt), und damit er sich nicht umgewöhnen musste, Isabella von Angoulême geheiratet, die Tochter seines mächtigsten aquitanischen Vasallen. Blöd nur, dass diese Isabella schon einem anderen versprochen gewesen war, dem John die Braut mitsamt Mitgift vor der Nase wegschnappte, ohne ihn zu entschädigen. Der geprellte Bräutigam lief natürlich zu Philip Auguste und Arthur über, die die rüstige Eleanor im Juli 1202 in Mirebeau belagerten. Ein einziges Mal im Leben tat John etwas Anständiges, das ihm obendrein auch noch glückte: In Gewaltmärschen (130 Kilometer in zwei Tagen) eilte er seiner Mutter zu Hilfe, überrumpelte seine Feinde und nahm zweihundert von ihnen gefangen, darunter auch seinen Neffen und Konkurrenten Arthur.

Einen ganzen Schwung seiner Gefangenen schickte John nach England. Zweiundzwanzig von ihnen ließ er in Corfe Castle elend verhungern. Gefangene verhungern zu lassen sollte sich mit den Jahren zu einem seiner liebsten Hobbys entwickeln. Arthurs Schwester Eleanor ließ er vierzig Jahre lang, bis an ihr Lebensende, einsperren. Arthur selbst wurde auf Umwegen nach Rouen geschafft und dort unter schauderhaften Bedingungen eingekerkert.

Johns Lage auf dem Kontinent wurde trotz dieses Überraschungserfolges immer finsterer. Der französische König, sein offizieller Lehnsherr für die Normandie, Aquitanien, Anjou und was John sonst noch so an französischen Grafschaften besaß, erklärte John für enteignet, während der bretonische und normannische Adel sich mit Philip Auguste verbündete, um Arthurs Freilassung zu erzwingen und den jungen Prinzen an Johns Stelle auf den englischen Thron zu hieven. Ein Chronist erzählt, John habe Befehl gegeben, Arthur im Kerker zu blenden, damit er nicht mehr zum König taugte, aber die Wachen hätten sich geweigert, die Tat auszuführen. (Erinnern Sie sich? Die gleiche Idee hatte Godwin, Earl of Wessex, rund zweihundert Jahre zuvor auch schon, und ein angelsächsischer Prinz verlor erst sein Augenlicht und dann sein Leben.)

Ob der Vorwurf in Johns Fall zutrifft, ist nicht sicher. Und genauso ungewiss ist, was genau sich am Gründonnerstag, dem 3. April 1203, auf der Burg von Rouen ereignete. Ob König John tatsächlich, wie eine Quelle erzählt, betrunken und »von bösen Geistern geleitet« zu seinem Neffen ging, ihn mit einem Stein erschlug und dann in die Seine warf. Oder ob er diesen heiklen Prinzenmord nicht doch lieber delegiert hat.

So oder so, für Arthur war der Ausgang derselbe. Er starb eine knappe Woche nach seinem sechzehnten Geburtstag.

Erwartungsgemäß war diese Bluttat nicht segensreich für das Verhältnis zwischen dem König von England und dem französischen Adel. Als John im Dezember 1203 nach England zurückkehren musste und im Frühjahr darauf seine Mutter starb, brachen die letzten Dämme. Philip Auguste gewann

König John bei einem seiner erfolglosen Feldzüge

zunehmend die Oberhand, und über die nächsten zwei Jahre verlor John die Normandie, Anjou und alle anderen französischen Territorien, die seine Vorgänger durch Erbschaft, Eroberung und kluge Politik gewonnen hatten. Nur die Gascogne – einen kleinen Teil Aquitaniens – konnte er behaupten. Das war ein kümmerliches Restchen, und Johns Beiname »Ohneland« passte besser denn je. Die Franzosen gaben ihm trotzdem noch einen zweiten und nannten ihn John »Weichschwert«, weil er auf dem Schlachtfeld eine totale Niete war und sich praktisch alles abknöpfen ließ, was sein Bruder und sein Vater mit solcher Bravur beherrscht hatten.

Somit blieb John nur noch England als Spielwiese, und nachdem er begann, ihm seine ungeteilte Aufmerksamkeit zu schenken, dauerte es nicht lange, bis er auch dort eine Katastrophe nach der anderen anrichtete. In drei Disziplinen tat er sich besonders hervor: Er schröpfte seine Untertanen mit einer Rücksichtslosigkeit und Härte, die ihresgleichen suchte (dabei waren die Engländer in der Hinsicht *wirklich* allerhand gewöhnt, nachdem sie die ehrgeizige Expansionspolitik der normannischen Könige und Richards Lösegeld bezahlt hatten), er nahm die Familien seiner politischen Widersacher als Geiseln – vorzugsweise Kinder – und brachte sie um, wenn die Dinge nicht so liefen, wie er sich das vorstellte, und er entzog seinen Untertanen den Beistand und Trost der Kirche, weil er ein Interdikt auf sich und sein schwer geprüftes Land herabbeschwor.

Der Streit mit Papst Innozenz III. begann 1207 und machte sich wieder einmal an der Frage fest, wer den verstorbenen Erzbischof von Canterbury ersetzen sollte. Der Papst hielt nichts von Johns Kandidat, suchte kurzerhand selbst einen aus, weihte ihn in Rom zum Erzbischof und schickte ihn nach England. Da das wahlberechtigte Domkapitel dieses unerhörte Verfahren zahm abgenickt hatte, verbannte John die Kapitelherren samt und sonders aus England. Es gab ein großes Gezeter auf beiden Seiten, welches damit endete, dass der Papst im Frühling 1208 das Interdikt über England verhängte und den König im November 1209 exkommunizierte.

Pah!, machte John, mir doch egal. Vielleicht ahnte er, dass ein Mistkerl wie er, der seinen eigenen Neffen auf dem Gewissen hatte, sowieso keine besonders guten Chancen hatte, in den Himmel zu kommen. Und außerdem befand er sich in bester Gesellschaft: Der deutsche Kaiser Otto IV. und der mächtige Graf Raymond von Toulouse – beide Johns Cousins und Verbündete – waren ebenfalls exkommuniziert. Das war mit einem Mal regelrecht chic geworden. Dass die Menschen in England unter dem Kirchenbann furchtbar litten, raubte John nicht den Schlaf. Er stellte fest, dass der Abzug der Bischöfe (die das Land verlassen hatten wie die Ratten das sinkende Schiff) durchaus seine Vorzüge hatte: Er beschlagnahmte ihre Ländereien und strich deren Einkünfte für sich ein.

John war besessen davon, die verlorenen Gebiete in Frankreich zurückzuerobern. Um seine Kriegskassen zu füllen und sowohl sein Ansehen als auch sein Ego zu polieren, versuchte er, Irland, Wales und Schottland unter seine Kontrolle zu bringen. 1209 führte er eine Armee nach Norden und machte Anstalten, in Schottland einzufallen. Der schottische König William war alt und krank und berechtigterweise in Sorge um die Geiseln, die er John überlassen hatte. Er unterwarf sich dem König von England und erkannte dessen Oberhoheit an.

1210 segelte John mit einer wahren Armada von 700 Schiffen nach Irland. Er brachte nicht viel zustande, außer Angst und Schrecken zu verbreiten, aber bei der Gelegenheit fielen ihm die Frau und der älteste Sohn eines Lords namens William de Briouze in die Hände, die er einsperren und verhungern ließ. Na und, entgegnete er auf die allgemeine Empörung, de Briouze schuldete mir eine Menge Geld. Die übrigen englischen Lords fanden diese Rechtfertigung wenig beruhigend, denn durch Johns kreative Besteuerungspolitik schuldeten sie ihm irgendwie alle eine Menge Geld.

1211 schließlich fiel John in Wales ein, dessen Nordhälfte unter der Herrschaft eines sehr klugen, mächtigen Mannes namens Llywelyn ab Iorwerth stand, den die Waliser Llywelyn den Großen nannten und nennen. 1205 hatte John ihm seine uneheliche Tochter Joan zur Frau gegeben – nach dem Motto, »umschleime, wen du nicht unterwerfen kannst« –, aber sechs Jahre später hatten Johns (Schein-)erfolge in Schottland und Irland den englischen König selbstbewusst gemacht, und es hatte sich ausgeschleimt. John stieß weiter nach Wales vor als jeder andere englische König vor ihm und zwang Llywelyn, sich ihm zu unterwerfen und ihm neben vielen anderen auch seinen eigenen Sohn als Geisel zu geben.

Hochzufrieden und mit stolzgeschwellter Brust wollte John sich nun endlich Frankreich und seinem verlorenen Eigentum dort zuwenden, aber schon 1212 erhoben sich die Waliser, und auch unter den englischen Lords wurde lauter gemurrt als zuvor, vor allem im Norden. John versammelte die Truppen, die er eigentlich nach Frankreich hatte führen wollen, in Chester, um sich des walisischen Problems anzunehmen, aber er richtete nichts aus. Llywelyn der Große gewann den Löwenanteil seines Herrschaftsgebietes zurück. Am 14. August ließ John in Nottingham achtundzwanzig der walisischen Geiseln aufhängen. Manche der Gehenkten waren nicht älter als zwölf. (Wenn Sie mal nach Nottingham Castle kommen, wird man Ihnen dort erzählen, dass seit jenem Tag ein Fluch auf dem alten Gemäuer lastet und man das erbarmungswürdige Flehen um Gnade der kleinen Geiseln bis heute Nacht um Nacht hören kann.) Doch auch diese Gräueltat machte die Waliser nicht zahm, im Gegenteil. Am selben Tag erfuhr John von einem Mordkomplott gegen seine königliche Person und von der Flucht zweier seiner mächtigsten Lords zu Philip Auguste. Peter of Wakefield, ein populärer Prediger, prophezeite mit unverhohlener Schadenfreude das baldige Ende seiner Herrschaft.

Irgendwie lief auf einmal alles schief, und John erkannte, dass er dringend etwas unternehmen musste. Er begann Verhandlungen mit Papst Innozenz, und im Frühling 1213 »schenkte« er ihm England und erhielt es als päpstliches Lehen zurück (so wie sein Bruder Richard es schon mal mit dem deutschen Kaiser gemacht hatte, was offenbar allen entfallen war). Das war ein diplomatischer Geniestreich, denn es hieß nicht nur, dass die Exkommunizierung und das Interdikt aufgehoben wurden, sondern John hatte mit dem Papst auf einmal einen sehr mächtigen Verbündeten hinter sich. Hochzufrieden beging er am 27. Mai sein Krönungsjubiläum, und zur Feier des Tages ließ er den Prediger Peter of Wakefield, der ihn öffentlich verhöhnt hatte, und dessen Sohn aufhängen.

Dann wollte er sich *endlich* Frankreich zuwenden und plante einen Feldzug zur Rückeroberung der Normandie, Anjous et cetera, et cetera, aber die englischen Lords – jetzt auch immer häufiger »Barone« genannt – weigerten sich, mit ihm in den Krieg zu ziehen. Sie hatten die Nase gestrichen voll von John und seinen Verbrechermethoden.

John wollte die Unwilligen natürlich auf der Stelle aufhängen lassen, aber Stephen Langton, der Erzbischof von Canterbury, den Papst Innozenz ihm aufs Auge gedrückt hatte, schritt ein und erinnerte John an seine guten Vorsätze. Die unwilligen Barone wurden geschont und knüpften ein Band mit dem Erzbischof von Canterbury, über das John noch stolpern und sich mächtig auf die Nase legen sollte.

Im Februar 1214 setzte John mit seiner Armee nach La Rochelle über und begann einen plan- und erfolglosen Feldzug, der mit einer vernichtenden Niederlage in der Schlacht von Bouvines am 27. Juli endete. John musste sich auf einen erniedrigenden, fünfjährigen Waffenstillstand mit Philip Auguste einlassen und ihm, so wurde gemunkelt, 40 000 Pfund Reparationen zahlen.

Am 13. Oktober kam ein sehr zurechtgestutzter und miserabel gelaunter König John zurück nach England. Und es sah finster für ihn aus: Der Feldzug, der seine murrenden Untertanen in Begeisterung und Triumph hinter ihm hatte vereinen sollen, war ein peinliches Fiasko geworden. Der Kompromiss mit dem Papst hatte ihn gezwungen, all seine vertriebenen und geflohenen Feinde zurück nach England zu holen, die jetzt dort saßen und sich die Hände rieben und nur darauf warteten, ihm das Messer in den Rücken zu stoßen. Sie machten gemeinsame Sache mit Llywelyn in Wales, und John war so abgebrannt, dass er praktisch nichts mehr unternehmen konnte.

Schon wieder eine Sondersteuer zu erheben war so ziemlich das Dämlichste, was er in der Situation tun konnte. Es war der Tropfen, der das Fass zum Überlaufen brachte, und Anfang 1215 erhoben die Barone sich in offener Rebellion gegen König John. Als er sie im Januar nach London bestellte, wo sie ihre Beschwerden vortragen sollten, kamen sie bis an die Zähne bewaffnet. Sie waren endlich klüger geworden.

Beide Seiten bereiteten sich auf einen Bürgerkrieg vor.

Im März erklärte John, er wolle auf einen Kreuzzug gehen, was keineswegs seine Absicht war, aber es hatte zur Folge, dass der Papst die aufständischen Barone »schlimmer als die Sarazenen« nannte. Die zeigten sich jedoch wenig beeindruckt, denn sie hatten die Unterstützung des Erzbischofs von Canterbury und des Bischofs von Hereford. (Dessen Name war Briouze, und seine Mutter und sein Bruder waren in einem von Johns Verliesen verhungert.)

Nachdem der König ein vereinbartes Treffen in Northampton sausen ließ, kündigten die Barone ihm am 5. Mai offiziell die Gefolgschaft. Verzweifelt auf der Suche nach Verbündeten, gewährte der König der Stadt London am 9. Mai das Recht, ihren Bürgermeister selbst zu wählen, aber London – immer für eine Überraschung gut – öffnete den Rebellen am 17. die Tore. Unterdessen eroberte Llywelyn mit Unterstützung der Briouzes auch noch den Rest von Wales, überquerte die Grenze und marschierte in Shrewsbury ein.

John hatte nichts mehr in der Hand und musste klein beigeben. Am 15. Juni begab er sich nach Runnymede und unterzeichnete eine »Charta Libertatum« (Freiheitsurkunde), welche die gegenseitigen Rechte und Pflichten von König und Adel festschrieb und aufgrund ihrer Länge die »Magna Charta« genannt wurde. Aber nicht nur quantitativ war dies ein »großes« Dokument, denn es umfasste mehr als nur die Privilegien des Adels. Es beschrieb auch die Rechte »aller freien Männer des Königreichs« und legte fest, für welche Steuern und für welche richterlichen Entscheidungen der König die Zustimmung der geistlichen und weltlichen Lords benötigte. Und das war die Geburtsstunde des englischen Parlaments.

Aber John blieb John, und darum änderte sich mit der Unterzeichnung der »Magna Charta« nicht viel. Er ließ sie vom Papst widerrufen, und der Bürgerkrieg brach doch noch aus. Dank seiner Burgen und der Unterstützung einiger weniger Lords konnte John sogar ein paar Erfolge verbuchen und isolierte die Rebellen schließlich in London. Die schickten dem französischen Thronfolger Louis einen Boten, erinnerten ihn daran, dass seine Frau doch eine Enkelin Henrys II. sei, und

Magna Charta – die Mutter der englischen Verfassung. Urkunde von 1215

boten ihm die englische Krone an. Das kam Louis gerade recht, denn er war ein kriegslustiger junger Ritter. Er behauptete, John habe seine Krone durch den Mord an seinem Neffen verwirkt – der junge Arthur war in Frankreich nämlich noch nicht vergessen –, und setzte im Mai 1216 gegen das ausdrückliche Verbot des Papstes mit 7000 Mann nach England über. Derweil fiel der neue, junge König Alexander von Schottland in Nordengland ein, und Llywelyn der Große saß mit einem zufriedenen, vermutlich etwas hämischen Lächeln in Wales.

John hastete mit den letzten Getreuen von einem Brandherd zum nächsten. Er erreichte zwar nichts, richtete aber unter der einfachen Bevölkerung noch das eine oder andere Blutbad an. Am 9. Oktober erkrankte er plötzlich an heftigen Durchfällen (hervorgerufen durch seine maßlose Völlerei, behauptete ein wenig mitfühlender Chronist). John schaffte es noch nach Newark, das fest in der Hand der Königstreuen war, wo er in der Nacht vom 18. auf den 19. Oktober 1216 starb. »So grauenvoll die Hölle auch sei«, schrieb ein anderer Chronist, »wird sie nun, da John dort ist, noch viel grauenvoller sein.«

Was für ein Nachruf.

Die Frauen in seinem Leben hatte König John nicht besser behandelt als den Rest der Welt. Dass er seine erste Gemahlin, Isabella of Gloucester, permanent betrog, war ja noch normal. (Wir zählen sieben Bastarde mit einer unbekannten Zahl von Mätressen.) Dass er nach der Scheidung ihre Ländereien behielt, war schon weniger akzeptabel. Noch inakzeptabler war, dass er die Frauen und Töchter seiner Lords in sein Bett zwang, wenn sie nicht freiwillig kamen. Wenn dieser Vorwurf – der mehr als einmal erhoben wurde – zutrifft, dürfte er bei der Rebellion der Barone keine unerhebliche Rolle gespielt haben.

Mit seiner zweiten Gemahlin, Isabella von Angoulême, hatte er hingegen ein gutes Verhältnis. Und das ist kein Wunder, denn die beiden waren vom gleichen Schrot und Korn.

Isabella war ein richtiges Miststück. Und verrucht, heißt es. Gelegentlich nahm sie sich einen Liebhaber, die John dann vorzugsweise in ihrem Bett ermorden ließ.

Jedenfalls hatten die beiden eine muntere Schar von fünf Kindern, drei Töchter und zwei Söhne. Henry, der Älteste, war gerade neun geworden, als sein Vater starb. In aller Eile wurde er am 28. Oktober – also neun Tage nach Johns Tod – gekrönt, um den Rebellen und dem französischen Prätendenten etwas entgegenzusetzen. Dem kleinen Henry muss das alles wie ein böser Traum vorgekommen sein. Aber seiner Mutter fiel nichts Besseres ein, als ein gutes halbes Jahr nach seiner Krönung zu verschwinden, in ihre südfranzösische Heimat zurückzukehren und sowohl Henry als auch seine kleinen Geschwister einem höchst ungewissen Schicksal zu überlassen.

Hatten wir es bis eben mit einem waschechten Schurkenkönig zu tun, kommen wir nun zu einem Vertreter der Kategorie »trauriger König«. Man kann wohl sagen: Weder was die Gene noch was das familiäre Umfeld anging, hatte Henry III. von England besonders gute Startchancen, als er seine Regentschaft antrat, die mit sechsundfünfzig Jahren die drittlängste in der gesamten englischen Geschichte ist. (Jedenfalls noch. Bei Fertigstellung dieses Manuskriptes 2007 trennte die Queen – seine Enkelin mit exakt zwanzigmal »Ur« davor – noch ein Jahr davon, mit ihm gleichauf zu liegen.)

Henrys Krönung fand in Gloucester statt, weil London und Westminster es mit den aufständischen Baronen hielten, und der Bischof von Winchester setzte dem kleinen König die improvisierte Krone auf – ein Perlendiadem seiner Mutter –, weil auch der Erzbischof von Canterbury, dessen Aufgabe das eigentlich gewesen wäre, es mit den aufständischen Baronen hielt. Diese überstürzte Behelfskrönung ist ein gutes Indiz dafür, welch ein Chaos in England herrschte: Den Südosten und den Norden hielten die Rebellen – inzwischen etwa drei Viertel des Adels –, die Midlands und den Westen die Königstreuen.

Trotzdem erwies Henrys Regierungsantritt sich als Chance zu einem Neuanfang. Das war vor allem zwei Männern zu verdanken: William Marshall, Earl of Pembroke, wurde zum Regenten für den minderjährigen König ernannt. Er war ein sehr alter Mann, der schon Henry II. treu gedient hatte, und seine Altersweisheit verbunden mit seinen Großvaterqualitäten führte dazu, dass beide Konfliktparteien ihn gleichermaßen schätzten. Der zweite war Hubert de Burgh, den John auf Druck der Barone zum *Justiciar* erhoben hatte. (Das war seit der normannischen Eroberung das wichtigste Amt in der königlichen Regierung, aber Sie brauchen sich den Begriff nicht zu merken, denn schon bald wurde das Amt des *Justiciar* vom *Treasurer* und dem *Chancellor* verdrängt.) Marshall und de Burgh gelang es, innerhalb der ersten beiden Monate nach der Krönung immerhin achtzehn der rebellierenden Barone umzustimmen, denn sie machten im Gegenzug Zugeständnisse im Namen des Königs, und die »Magna Charta« wurde – in leicht abgeänderter Form – ratifiziert, was den Aufständischen viel Wind aus den Segeln nahm. Im Jahr darauf besiegte Marshall die Rebellen bei Lincoln, und im August griff de Burgh die Nachschubschiffe des französischen Kronprinzen an – der immer noch in England weilte und hoffte, die Krone zu ergattern – und zwang sie zur Umkehr. Da verlor Prinz Louis allmählich den Spaß an der Sache. Vielleicht hatte er auch in Ermangelung französischen Nachschubs einmal englischen Wein probieren müssen, und der brachte ihn zu der Überzeugung, dass er hier doch eigentlich gar nichts verloren hatte. Jedenfalls ließ der französische Prinz sich seinen Abzug noch mit einem fetten Schmiergeld versüßen und segelte dann nach Hause (um dort 1223 seinen Vater, Philip Auguste, zu beerben und als Louis »der Heilige« in die Geschichte einzugehen).

Im Vertrag von Kingston wurde den aufständischen Baronen Straffreiheit garantiert, und alles hätte sich in Wohlgefallen auflösen können, wäre Henry ein anderer König gewesen.

So aber wurde der Frieden von 1217 nur eine Atempause für alle Beteiligten.

Es waren vor allem zwei Eigenschaften, die Henry zu einem wenig erfolgreichen König machten: Zum einen war er nicht der Allerhellste. Im Gegenteil kann man wohl sagen, er war von sehr schlichtem Gemüt. Und zum anderen war Henry sein Leben lang auf der Suche nach einer Vaterfigur, nach jemandem, auf den er bauen und sich blind verlassen konnte. Das ist ja auch kein Wunder, wenn man bedenkt, dass sein Vater ein Monstrum war und dann auch noch so früh starb. Jedenfalls war Henrys Sehnsucht nach einem Vaterersatz, der ihn beschützte und ihm den Weg wies, so groß, dass sie viele seiner Entscheidungen prägte und regelmäßig dazu führte, dass er auf genau die falschen Männer setzte.

Solange er noch klein war, fiel diese Wesensart, die man bei einem mittelalterlichen König eine Schwäche nennen muss, nicht ins Gewicht. Doch als Henry sich 1227 für mündig erklärte und verkündete, er wolle fortan eigenverantwortlich regieren, ließen die Probleme nicht lange auf sich warten. Denn »mündig« wurde Henry nie.

1219 war der weise alte William Marshall gestorben, und 1232 wurde die zweite Stütze der Regierung, Hubert de Burgh, durch eine Intrige entmachtet. Henry setzte nun all sein Vertrauen in den Bischof von Winchester, einen Franzosen namens Peter des Roches, der viele seiner Landsleute nach England holte und mit lukrativen Pöstchen versorgte. Als Henry 1236 Eleanor von der Provence, die Schwester der französischen Königin, heiratete, wurde es noch schlimmer, denn auch ihr folgten jede Menge Franzosen nach England, um dort ihr Glück zu machen, Ländereien und königliche Gunst zu gewinnen.

Ist das zu fassen?, fragten sich die englischen Barone entrüstet. Was glaubt Henry eigentlich, wozu wir uns die »Magna Charta« ausgedacht haben? Sie misstrauten all den Ausländern und der Heimlichkeit, in welcher König Henry mit ihnen zusammen hinter verschlossenen Türen regierte, und sie fühlten sich verdrängt. Denn *sie* waren es doch, die die Ratgeber des Königs hätten sein sollen. Wieder einmal gärte es unter den Lords.

Nach guter alter Tradition beschloss Henry, sein Volk hinter sich zu einen, indem er es in einen glorreichen Krieg führte. Das war ein Prinzip, das sich bei seinen Vorfahren schon oft bewährt hatte, aber im Gegensatz zu seinen Vorfahren war Henry ein jämmerlich schlechter Kommandant, obendrein ein unsportlicher, dicklicher, lächerlicher Ritter. Er unternahm ein paar halbherzige Versuche, seinem Schwager Louis die Gebiete in Frankreich zu entreißen, die sein Vater verspielt hatte, aber am Ende musste er einen Vertrag unterschreiben, mit dem er jeden Anspruch auf die Normandie, Maine und Anjou aufgab. Alles blieb beim Alten: Er behielt Rest-Aquitanien, musste Louis dafür aber einen Lehnseid leisten.

Super, fanden die Barone. Echt super.

Na ja, dachte sich Henry, wenn es mit Frankreich nicht klappt, dann nehm ich eben das Kreuz und versuch mal, Jerusalem zurückzuerobern. Da hatte der Papst eine Idee: Du musst gar nicht so weit reisen, um einen heiligen Krieg zu führen, erklärte er Henry. Erobere doch Sizilien für mich und entreiße es den teuflischen Staufern. Wird gemacht, Heiliger Vater, stimmte Henry eilfertig zu. Vielleicht weil er in Papst Innozenz eine Vaterfigur sah. Oder weil er es gern bequem hatte und nicht erpicht auf die beschwerliche Reise ins Heilige Land war. Wozu auch, wenn er seine Seele und die Christenheit ebenso gut in Sizilien retten konnte?

Der Sizilienfeldzug wurde jedenfalls eine Katastrophe, und das Ende vom Lied war, dass der Papst von Henry 135 000 Mark Silber zurückforderte, die er angeblich in dieses Fiasko investiert hatte.

Jetzt langt's, entschieden die Barone. Und sie schlossen sich hinter Simon of Montfort, dem Earl of Leicester, zusammen, um ihrem König wieder einmal zu zeigen, dass er ohne seinen Adel nicht regieren konnte. (Für die Geschichtsbewanderten unter Ihnen: Es handelte sich hierbei nicht um den Simon of Montfort, der als Schlächter der Albigenser grausige Berühmtheit und päpstliches Wohlwollen erlangte, sondern um dessen Sohn.)

Henry III. – ein ziemlich trauriger König

Auf den ersten Blick ist die Wahl dieses Anführers ein bisschen sonderbar, denn in gewisser Weise war auch Simon of Montfort einer dieser französischen Glücksritter, die in der Goldgräberstimmung der frühen Regierungsjahre Henrys nach England gekommen waren. Aber Simon of Montfort hatte nicht nur eine charismatische Persönlichkeit und einen berechtigten Anspruch auf den Titel des Earl of Leicester, er schaffte es auch, dass König Henrys verwitwete Schwester Eleanor sich so unsterblich in ihn verliebte, dass sie ihr Keuschheitsgelübde brach und ihn heimlich heiratete. Nach einigem Grummeln billigte Henry diese Verbindung, und als Schwager des Königs war Simon of Montfort natürlich ein einflussreicher Mann.

Aber Schwager hin oder her – 1258 war das Maß voll, und Simon of Montfort war federführend unter den Lords, die König Henry zu den »Provisions of Oxford« zwangen, einem Vertrag, der weit über die »Magna Charta« hinausging und den König zu weiten Teilen entmachtete. In einem Rat, dessen Mitglieder zur Hälfte die Barone und zur Hälfte der König bestimmen sollten, regierte Letzterer praktisch nur noch als »Primus inter Pares« (Erster unter Gleichen), und das Parlament (das zu diesem Zeitpunkt nur aus den weltlichen und kirchlichen Lords bestand) sollte sich dreimal im Jahr versammeln.

Doch die Zeit war noch nicht reif für solch quasi-demokratische Verhältnisse, und sowohl der Papst als auch Louis von Frankreich bekamen weiche Knie. Was soll aus der Welt werden, wenn die von Gott gewollte Ordnung in Frage gestellt wird, überlegten sie. Was, wenn dieser unerhörte Machtanspruch der Barone auf den Kontinent überschwappt? Der kluge Louis unterstützte Henry gegen die Lords, und der Papst drohte ihnen mit der Exkommunizierungskeule. Doch als Henry Anstalten machte, die »Provisions of Oxford« vom Papst für nichtig erklären zu lassen, griffen die Barone zu den Waffen.

Am 14. Mai 1264 kam es bei Lewes in Sussex zur Schlacht. Henry machte seinem Ruf als Feldherr alle Ehre und verlor trotz zahlenmäßiger Überlegenheit gegen die Barone unter

Simon of Montfort. Kläglich. Henrys Bruder Richard, der Earl of Cornwall, floh in eine Mühle und gilt deswegen bis heute als einer der jämmerlichsten Feiglinge der englischen Geschichte. Der Einzige, der auf Seiten der königstreuen Truppen eine halbwegs gute Figur machte, war Henrys fünfundzwanzigjähriger Sohn Edward. Er geriet in Gefangenschaft – genau wie der König –, und die Barone behielten ihn als Geisel, um sich für die Zukunft Henrys zahme Kooperation zu sichern. Aber der junge Prinz Edward war ein Plantagenet reinsten Wassers: Er ließ sich nicht so ohne Weiteres wegsperren, und wir werden noch allerhand von ihm hören.

Erst einmal gehörte der Sieg aber Simon of Montfort, der fortan wie ein ungekrönter König herrschte. Er rief ein Parlament ein, zu welchem auch je zwei Ritter bzw. Bürger aus verschiedenen Grafschaften und Städten geladen wurden. Das tat er, weil er sich der Unterstützung dieser gesellschaftlichen Mittelschicht sicher sein konnte, aber ganz gleich, was seine Motive waren: Es war der erste Schritt zur aktiven Teilhabe der »Commons« am Parlament.

Doch Regieren ist immer schwieriger als Opposition. Kaum hatten die Engländer festgestellt, dass auch Simon of Montfort nur mit Wasser kochte und nicht alle Missstände von heute auf morgen abstellen konnte, kamen ihnen Zweifel. Plötzlich war es vielen Lords unheimlich, dass sie ihren König quasi abgesetzt hatten, und sie erinnerten sich daran, dass der Papst ihnen mit der ewigen Verdammnis gedroht hatte. Kurz: Sie bekamen kalte Füße. Und hier und da hörte man jemanden murren, dass sie den Streit mit König Henry doch nur angefangen hatten, weil der zu viele Ausländer in die Regierung geholt hatte. Und wer bitte war Simon of Montfort?

Im Mai 1265 konnte Prinz Edward aus der Gefangenschaft fliehen. Er tat sich mit dem Earl of Gloucester zusammen, der sich mit Simon of Montfort verkracht hatte, und augenblicklich begannen die Engländer, sich um sie zu scharen. Prinz

Edward versprach, das Land zu reformieren und ihm Frieden und Ordnung zurückzubringen. Mit einem Mal gab es einen neuen Hoffnungsträger in England, und der bedauernswerte Simon of Montfort war quasi über Nacht zum Auslaufmodell geworden.

Am 4. August 1265 kesselte Edwards Armee ihn bei Evesham ein. Edward wandte einen ziemlich miesen Trick an – er ließ seine Truppen unter den Bannern gefangen genommener Barone marschieren – und lockte Simon of Montfort und dessen ältesten Sohn so in die Falle. Beide fielen.

Edward befreite seinen verängstigten, schlotternden Vater aus der Hand der Rebellen, nahm ihm behutsam die Regierung aus den unfähigen Händen und kam im Zorn über die aufständischen Barone, die immer noch nicht klein beigeben wollten. Er war grausam zu seinen Feinden und machte seinen Verbündeten Versprechungen, die er nicht immer hielt, aber man muss ihm zugestehen, dass er das unhaltbare Chaos und den Bürgerkrieg beendete und die Ordnung wiederherstellte, ehe er 1270 ins Heilige Land aufbrach, um das Kreuzzugsgelübde seines Vaters zu erfüllen.

Henry III. starb im Alter von fünfundsechzig Jahren am 16. November 1272 in Westminster. Die Königin, Eleanor von der Provence, war bis zuletzt an seiner Seite, heißt es, und untröstlich. Auch wenn Henry sonst keine großen Erfolge vorzuweisen hatte, auf jeden Fall hatten die beiden eine glückliche Ehe geführt – ein Beispiel, dem ihr ältester Sohn folgte –, und ihre Sprösslinge (sechs Söhne und drei Töchter) verlebten ihre Kindheit in einem wärmeren Nest, als es den meisten anderen Prinzen und Prinzessinnen jener Epoche beschieden war. Wie alle Plantagenet neigte auch Henry III. zu phonstarken Wutausbrüchen, doch war er sanftmütiger als die meisten. Pummelig, gemütlich, Wachs in den Händen gescheiterer Männer. Ein viel netterer Kerl als sein Vater, aber ein Versager auf dem Thron.

Wie so viele Könige, die beim Regieren eine unglückliche Hand bewiesen, war er ein großer Förderer der Künste. Kaum eine königliche Burg, die er nicht umbauen, erweitern und mit geschmackvollen Wandgemälden verschönern ließ. Nicht wenige der wundervollen gotischen Kathedralen Englands wurden auf seine Initiative gebaut – oder zumindest begonnen –, allen voran Westminster Abbey. Er war ein großer Verehrer seines Vorfahren Edwards des Bekenners (nach dem er auch seinen Sohn und Erben benannte), der ja ebenfalls ein großer Kirchenbauer gewesen war und genauso eine Null auf dem Thron wie Henry. Aber Versager oder nicht: Dank der kulturellen Blüte, die Henry förderte, und dank der politischen Reformen, die er mit allen Mitteln, aber vergeblich zu verhindern suchte, hinterließ er seinem Sohn ein zivilisierteres Land, als er von seinem Vater geerbt hatte.

Nun war erst mal Schluss mit Henrys, und das Jahrhundert der Edwards brach an.

Der erste englische König dieses Namens, seit die Normannen die Mode eingeführt hatten, Könige zu nummerieren, war der ungestüme junge Ritter, den Sie eben schon kennengelernt haben und dem die Verfasser englischer Geschichtsbücher sich immer mit großer Erleichterung zuwenden, wenn sie John und Henry III. abgehandelt haben.

Edward I. hatte in seiner Jugend den Beinamen »Langbein«, weil er so ein Lulatsch war und die meisten normalen Menschen um mehr als Haupteslänge überragte. Aber er ging in die Geschichte ein als der »Hammer der Schotten«.

Also machen Sie sich auf allerhand gefasst.

In der Nacht vom 17. auf den 18. Juni 1239 geboren, verbrachte Edward, wie bereits angedeutet, zusammen mit seinen Geschwistern eine behütete und eher glückliche Kindheit in friedlichen Zeiten, bevor die Barone sich gegen seinen Vater erhoben. Schon in jungen Jahren machte er sich einen Namen als eifriger und furchtloser (wenn auch gelegentlich hinterhältiger) Turnierkämpfer, und der eine oder andere Engländer wird erleichtert aufgeatmet haben, als sich abzeichnete, dass hier ein Prinz heranwuchs, dessen Erscheinung und ritterliche Prägung eher an Richard Löwenherz oder Henry II. erinnerte als an Edwards Vater und Großvater.

1254 wurde Edward mit einer kastilischen Prinzessin verheiratet – schon wieder eine Eleanor. Die Verbindung sollte die Südgrenze Aquitaniens sichern, aber es ist nicht gerade oft vorgekommen, dass ein englischer König und seine Vernunftsbraut eine so glückliche Ehe führten wie diese beiden. Sie bekamen sage und schreibe sechzehn Kinder, und als Eleanor 1290 starb, schrieb der König: »Nun ist meine Harfe auf Trauer gestimmt. Ich liebte sie innig, solange sie lebte, und jetzt, da sie tot ist, kann ich nicht aufhören, sie zu lieben.« Auf jeder Zwischenstation von Nottinghamshire, wo sie gestorben war, nach Westminster, ließ er ein großes steinernes Kreuz in ihrem Andenken errichten. Drei stehen heute noch.

Ich erzähle Ihnen dieses Rührstück nicht, um auf Ihre Tränendrüse zu drücken, sondern um zu veranschaulichen, dass Edward eine sympathische, geradezu empfindsame Seite hatte. Denn davon abgesehen war er, wenn wir ehrlich sein wollen, kein besonders netter Kerl.

Das einzig Bemerkenswerte, was er auf seinem Kreuzzug im Heiligen Land zuwege brachte, war, im Juni 1272 den Angriff eines Assassinen zu überleben, was wirklich nicht viele Leute von sich behaupten konnten. Der Vertreter dieser gefürchteten Guerillatruppe (»Assassinen« bedeutet übrigens »Haschischraucher«) verletzte ihn mit einem vergifteten Dolch am Arm, ehe Edward ihn von sich schleudern, ihm die Waffe entreißen und ihn damit töten konnte. Eine spätere Legende erzählt, seine geliebte Eleanor habe das Gift aus der Wunde gesaugt und ihn dadurch gerettet. Stimmt aber nicht. Tatsächlich rettete ihn sein schnelles Reaktionsvermögen. Die Wunde wurde brandig, und ein englischer Arzt schnitt das faulige Fleisch heraus, aber das Gift war offenbar nicht in ausreichender Menge eingedrungen, um Edward zu töten. Der Vorfall ist in gewisser Weise typisch für Edward: Alles, was er zustande brachte, erreichte er durch unerschrockenes, schnelles Handeln und aus eigener Kraft.

Ein paar Monate später kehrte er in den Westen zurück und erfuhr bei seiner Landung in Italien vom Tod seines Vaters. Seltsamerweise hastete er aber nicht nach England zu seiner Krönung. Er trieb sich zwei Jahre auf dem Kontinent rum, besuchte den Papst, dann den neuen König von Frankreich (Philip III.) und leistete ihm einen hochinteressanten Lehnseid: »Ich huldige dir für alle Ländereien, die ich eigentlich von dir zu Lehen halten sollte.«

Philip dürfte ziemlich gestutzt haben und argwöhnte zu Recht, dass Edward sich zurückholen wollte, was sein Großvater, John »Ohneland«, in Frankreich verloren hatte.

Aber erst einmal hatte Edward andere Dinge zu regeln. Er segelte nach England, und am 19. August 1274 – also fast zwei Jahre nach dem Tod seines Vaters – wurde er in Westminster mit großem Prunk gekrönt. Komischerweise hatten die aufmüpfigen Barone seine lange Abwesenheit nicht ausgenutzt, um wieder zu rebellieren, aber trotzdem war im Land vieles im Argen. Die Richter und die Sheriffs in den Grafschaften ließen sich schmieren, die Lords machten, was sie wollten, und im ganzen Land herrschte Misswirtschaft.

Die Reste vom Krönungsbankett waren kaum vertilgt, da begann Edward im September 1274, gründlich aufzuräumen. Alle Sheriffs wurden abgesetzt. Er schickte zwei vertrauenswürdige Beamte in jede Grafschaft zu einer Bestandsaufnahme aller Liegenschaften. So entstanden die *Hundertschaftsrollen*, ein gigantisches statistisches Werk, das man nur mit König Williams *Domesday Book* vergleichen kann. Das Ergebnis war, dass Edward im Parlament des Frühjahrs 1275 ein Gesetz durchdrückte, welches die Korruption und viele andere Missstände abstellte. Bei all seinen Maßnahmen achtete er darauf, die Lords der Welt und der Kirche einzubinden und mitzuneh-

Edward I. und Eleanor bei einem Vorläufer des Backgammon-Spiels

men, und es herrschte eine Einigkeit unter ihnen, die zwanzig Jahre zuvor undenkbar gewesen wäre.

Unterdessen braute sich in Wales neuer Ärger zusammen. Llywelyn der Große und sein Enkel und Nachfolger, der praktischerweise auch Llywelyn hieß, sodass Sie sich nicht so viele dieser etwas sperrigen walisischen Namen merken müssen, hatten den Krieg zwischen der englischen Krone und ihren rebellischen Baronen ausgenutzt, um ihre eigene Machtstellung auszubauen, und waren sogar mehrfach in England eingefallen. Der jüngere Llywelyn hatte beinah ganz Wales unter seine Kontrolle gebracht, all die chronisch untereinander zerstrittenen walisischen Lords geeint und sich 1267 zum »Prince of Wales« ausrufen lassen. Und es war sehr klug von ihm, das zu tun, denn nur durch Einigkeit konnten die Waliser den englischen Begehrlichkeiten und der angestrebten Fremdherrschaft etwas entgegensetzen.

Aber Edward gefiel es überhaupt nicht, auf der eigenen Insel einen so selbstbewussten, mächtigen Nachbarn zu haben. Und er hatte ein Auge auf Wales geworfen, auf all das Land, das er besitzen und an seine Getreuen verteilen, und auf die berühmten walisischen Bogenschützen, derer er sich bedienen wollte.

Ausgerechnet Llywelyns Bruder Dafydd kam Edward zur Hilfe. Dafydd war eine von diesen eigenartigen, fast diabolischen Gestalten, die man in der Geschichte immer wieder einmal antrifft: Er schien nur auf die Welt gekommen zu sein, um Unheil zu stiften. Weil er sich von seinem mächtigen Bruder benachteiligt und überschattet fühlte, plante er einen Mordanschlag auf ihn. Der missglückte, und Dafydd floh nach England, wo er sich hinter Edwards Thron versteckte. Edward hieß ihn mit einem warmen Lächeln willkommen. Als Llywelyn von Wales ihm dann verständlicherweise den Lehnseid verweigerte, weil Edward seinem abtrünnigen, mörderischen Bruder Asyl bot, warf der König von England dem Prince of Wales vor, seine Oberhoheit nicht anzuerkennen.

Ein wunderbarer Anlass, in Wales einzufallen.

1277 nahm Edward Anglesey ein, die der Nordwestküste Wales' vorgelagerte Insel, welche dem ganzen Norden des Landes als Kornkammer diente und auf die Llywelyn daher keinesfalls verzichten konnte. Bald musste er sich ergeben, aber Edward zeigte untypische Milde: Llywelyn durfte seine Stammländereien und sogar den Titel »Prince of Wales« behalten, war also mit einem blauen Auge davongekommen. Bis sein Bruder Dafydd ihm die nächste Bombe in den Schoß warf.

Dafydd, der 1277 noch bedenkenlos auf Seiten der Engländer gegen seinen Bruder gekämpft hatte, kam nämlich 1282 auf den Gedanken, dass die Engländer eigentlich gar nicht richtig lieb zu ihm waren und König Edward ihn für seine treuen Dienste nicht mit genügend Ländereien belohnt hatte. Er beklagte sich lautstark, fing Streit mit seinen Nachbarn an, trieb es so bunt, dass er schließlich nach Wales fliehen musste, und zog seinen unwilligen Bruder Llywelyn in einen neuerlichen Krieg mit den Engländern. Bei einem Scharmützel wurde Llywelyn verletzt und starb am 11. Dezember 1282. Dafydd – schamlos im wahrsten Sinne des Wortes – rief sich daraufhin höchstpersönlich zum Prince of Wales aus. Aber er verstand es nicht wie sein Bruder, die Waliser zu einen. Ein paar Monate hielt er noch aus, dann wurde er von seinen eigenen Landsleuten gefangen genommen und den Engländern übergeben. Er wurde wegen Hochverrats verurteilt, was einen ziemlich grausigen Tod nach sich zog: Zur Richtstätte wurde er geschleift, dann wurde er aufgehängt, wenig später wieder abgeschnitten, dann wurden ihm die Eingeweide herausgerissen, kastriert wurde er wahrscheinlich auch noch, und die entnommenen Körperteile verbrannt (was Dafydd, falls er noch lebte, eher egal gewesen sein dürfte). Zu guter Letzt wurde er gevierteilt. Die vier Teile wurden zur öffentlichen Zurschaustellung in vier englische Städte geschickt, der Kopf, den man ihm natürlich auch noch abschlug, neben dem seines Bruders auf der Burgmauer des Tower of London aufgepflanzt. (Und wie Llywelyns Kopf, der immerhin schon zehn Monate dort ausharrte, ausgesehen haben mag, wollen wir uns vielleicht lieber nicht vorstellen.)

Ich schildere diese Hinrichtung mit solcher Liebe zum Detail, weil sie 1283 noch etwas völlig Neues war. Alle Könige bis einschließlich Henry III. hatten sich damit begnügt, Verräter aufzuhängen. Dass aber dieser spezielle Straftatbestand nun auf einmal so barbarisch geahndet wurde, liegt wohl nicht allein an Edwards Grausamkeit, sondern sicher auch an dem Schaden, den das Ansehen der Krone – und damit der Person des

Königs – während der Rebellionen der Barone unter Edwards Vater und Großvater genommen hatte. Einen Hochverräter in so schauderhafter Weise zu bestrafen führte jedem Zuschauer (und das waren viele) vor Augen, welch eine Sonderstellung der König von Gottes Gnaden einnahm, dass man so einen hohen Preis dafür bezahlen musste, wenn man sich gegen ihn wandte.

Finsterstes Mittelalter, denken Sie mit einem angewiderten Kopfschütteln?

Von wegen.

Die letzte Hinrichtung dieser Art fand in London am 24. August 1782 statt. Das war das Jahr, da Alessandro Volta mit seinen Experimenten das Zeitalter der Elektrizität einläutete, sechs Jahre zuvor hatten die britischen Kolonien in Amerika ihre Unabhängigkeit erklärt, und nur rund 100 Jahre trennten die Welt noch von der Erfindung des Verbrennungsmotors.

Das Mittelalter war *lange* vorbei.

Aber zurück zur Sache.

Edward brauchte noch ein paar Monate, um das unzugängliche, zerklüftete Wales zu unterwerfen und dessen kämpferische Bewohner in die Knie zu zwingen. Mit dem »Statute of Wales« von 1284 wurde in Wales englisches Recht eingeführt und das Land nach englischem Muster in Grafschaften eingeteilt. Die Waliser durften ihre Bräuche und Teile ihres Zivilrechts behalten, aber alle Sitten und Gesetze, die den neuen englischen Herren nicht passten, wurden verboten und abgeschafft. Die Waliser wurden ein unterdrücktes, obendrein diskriminiertes Volk. Und damit sie ja nicht noch einmal wagten, sich zu erheben, ließ Edward eine Burgenkette erbauen, um seine neuen, unwilligen Untertanen zu kontrollieren, und wandelte Wales in ein Fürstentum um, das immer dem englischen Kronprinzen gehören solle, der seither »Prince of Wales« genannt wird.

Nachdem er nun also schon der Hammer der Waliser geworden war, schaute der König sich nach neuen Herausforderungen um. Er fand sie in Schottland.

1286 starb König Alexander III. von Schottland, der mit Edwards Schwester Margaret verheiratet gewesen war. Die beiden bekamen eine Tochter, die ebenfalls Margaret hieß und mit dem König von Norwegen verheiratet wurde. Diese beiden bekamen wiederum eine Tochter und nannten sie – Sie dürfen dreimal raten – Margaret. Das kleine Mädchen war König Alexanders einzige Erbin, und 1290 kam man überein, dass sie König Edwards achtjährigen Sohn und Erben Edward heiraten und Königin von Schottland werden solle. Aber sie starb auf der Reise von Norwegen nach Schottland, und ein großes Gerangel um den schottischen Thron mit nicht weniger als dreizehn Anwärtern war die Folge.

König Edward – als oberster Lehnsherr der Schotten – entschied schließlich, dass John Balliol den besten Anspruch habe. Das war sogar richtig, aber auch die Tatsache, dass dieser John Balliol eher als schwacher Charakter galt, dürfte Edwards Entscheidung beeinflusst haben, denn er wollte seine Macht über die nördlichen Nachbarn ausbauen. Das tat er mit harter Hand und wenig diplomatischem Geschick, sodass sich schon bald die kollektiven schottischen Nackenhaare sträubten. Und als Edward den König von Schottland und achtzehn seiner Lords aufrief, ihm im Krieg gegen Frankreich den Militärdienst zu leisten, den Vasallen ihrem Lehnsherrn schuldeten, beschlossen die Schotten, doch lieber mit Frankreich ein Bündnis einzugehen.

Na wartet, euch werd ich's zeigen, dachte sich Edward und überschritt im Frühjahr 1296 mit seiner Armee die Grenze. Am 27. April schlugen die Engländer die Schotten vernichtend bei Dunbar. Edward unternahm einen Siegeszug durchs ganze Land und raubte bei der Gelegenheit den »Schicksalsstein« von Scone, auf welchem seit Menschengedenken die schottischen Könige bei ihrer Krönung gesessen hatten. (Der Stein wurde nach Westminster gebracht und unter den englischen Krönungsstuhl gelegt, sodass die zukünftigen englischen Könige bei ihrer Krönung gleichzeitig symbolisch zum Herrscher der

Schotten erhoben wurden. Ein paar Mal haben die Schotten versucht, ihn zu klauen und zurückzuholen, zuletzt 1951. Erst 1996 gaben die Engländer ihn freiwillig zurück – aber nur als Leihgabe. Für die nächste Krönung in Westminster müssen die Schotten ihn wieder herausrücken.)

»In einundzwanzig Wochen eroberte und plünderte Edward das Königreich Schottland«, schrieb ein Chronist. Anschließend kehrte er nach England zurück und ließ den Earl of Surrey als Regenten in Schottland.

Aber er hatte die Rechnung ohne die Schotten gemacht. Die Demütigung von Dunbar und das Benehmen der Besatzer schürten den Hass der Bevölkerung. Sie überquerten ihrerseits die Grenze nach England und suchten die Menschen in den abgelegenen Grenzdörfern heim. Eine Spirale der Gewalt begann sich zu drehen, Gräueltat wurde mit Gräueltat vergolten. Weil die Engländer zahlenmäßig und rüstungstechnisch überlegen waren, zogen die schottischen Freiheitskämpfer sich in die unzugänglichen Hügel zurück, von wo aus sie unter der Führung des berühmten William »Braveheart« Wallace einen Guerillakrieg führten. Wallace schlug den Earl of Surrey 1297 ziemlich vernichtend bei der Schlacht von Stirling Bridge, aber schon ein Jahr später kam Edward mit der größten Armee, die er je angeführt hatte, nach Schottland zurück, schlug die Schotten bei Falkirk und zwang ihnen in ähnlicher Weise wie den Walisern eine englische Regierung auf.

Edward hatte sich im Laufe der 1290er Jahre auf ein gefährliches Spiel eingelassen, indem er gleichzeitig gegen Schottland und Frankreich Krieg führte, aber zumindest was den zweiten Gegner anging, konnte er eigentlich nichts dafür. Der umgängliche Philip III. war 1285 gestorben, und seinem Sohn Philip IV. missfiel es, dass der König von England immer noch der Herzog von Aquitanien war. Philip, genannt »der Schöne«, war vor allem ein ganz schöner Mistkerl. Unter einem fadenscheinigen Vorwand erhob er Klage gegen Edward und zitierte

Philip IV. führte einen grausamen Vernichtungszug gegen die Templer.

ihn vor Gericht nach Paris. Edward schickte seinen Bruder Edmund, den Earl of Lancaster, zu Verhandlungen, und alles wurde friedlich beigelegt. Oder zumindest sollten die Engländer das glauben. Edward – dessen geliebte Eleanor ja inzwischen verstorben war – sollte Philips Schwester Margaret heiraten, ein paar andere Bedingungen erfüllen, und damit, so hieß es, sei dann alles erledigt. Er brauche auch nicht vor Gericht zu erscheinen. Edward erfüllte seinen Teil der Abmachung, und dann enteignete Philip ihn mit der Begründung, Edward habe es versäumt, vor seinem Gericht zu erscheinen.

Willkommen in Absurdistan, muss Edward gedacht haben und ließ sich wohl oder übel auf einen bewaffneten Konflikt ein. Der verlief schleppend und weitgehend ergebnislos – letztlich wurde die Geschichte dann doch noch diplomatisch beigelegt. Unter anderem wurde vereinbart, dass Edward, der Prince of Wales, die französische Prinzessin Isabella heiratete, die als die »Wölfin von Frankreich« in die englische Geschichte einging und von der wir noch allerhand hören werden.

Erst einmal hatte König Edward die Krise mit Frankreich jedenfalls beigelegt und konnte sich wieder den Schotten zuwenden, deren Widerstand er mit immer erbarmungsloserer Härte zu brechen versuchte. William Wallace fiel den Engländern 1305 in die Hände und starb auf die gleiche Weise wie das walisische Schlitzohr Dafydd ap Gruffydd. Eine Zeit lang sah es so aus, als sei der Widerstand damit gebrochen, aber das war ein Trugschluss. Schon im Jahr darauf rebellierten die Schotten wieder. (Und so sollte es die nächsten 300 Jahre weitergehen, bis ein König von Schottland auch König von England wurde.)

Allmählich gingen König Edward die Kräfte und das Geld aus. Seine Expansionspolitik, die uns heute wie imperialistischer Größenwahn vorkommt, die ihn in den Augen seiner Barone aber zu einem starken und erfolgreichen Herrscher machte, hatte unglaubliche Summen an Geld verschlungen. Mit Hilfe des Parlaments hatte Edward neue Steuern eingeführt – eine Erfindung dieser Zeit waren z.B. Ausfuhrzölle für englische Wolle und Leder –, und 1290 hatte er alle Juden aus England verbannt und ihr Vermögen eingezogen. Trotzdem war er 1307 völlig abgebrannt und obendrein krank, als er zu einem letzten Schottlandfeldzug aufbrach. Er kam nie dort an, sondern starb in Sichtweite der Grenze am 7. Juli.

»Führe den Krieg gegen die Schotten weiter bis zum bitteren Ende«, hatte der sterbende König angeblich dem Prince of Wales aufgetragen. Und der dreiundzwanzigjährige Edward hatte eingewilligt, wie immer eingeschüchtert von der übermächtigen Persönlichkeit seines Vaters. Aber er konnte sein Wort nicht halten.

Manche Historiker halten Edward II. für den jämmerlichsten Versager, der je auf Englands Thron gesessen hat. Und seine Zeitgenossen waren so fassungslos darüber, dass ein Löwe wie Edward I. einen so spektakulären Versager gezeugt haben sollte, dass es bald Gerüchte gab, der junge Edward sei in der Wiege vertauscht worden. Aber diese einfache, wenn auch wenig originelle Erklärung kann kaum zutreffen, war der neue König seinem Vater doch wie aus dem Gesicht geschnitten, wenn auch kein solcher Hüne.

Es ist natürlich unmöglich zu ergründen, was Edward II. zu einem wankelmütigen, weinerlichen, unschlüssigen und feigen König machte. Der Schatten des imposanten, autoritären Vaters? Die Tatsache, dass all seine Brüder schon tot waren, als er zur Welt kam, seine verbliebenen Schwestern während seiner ersten Lebensjahre verheiratet wurden oder ins Kloster gingen, seine Mutter starb, als er sechs war, und Edward vielleicht der einsamste kleine Junge in England war?

Alles Spekulation. Aber einigermaßen logisch scheint der Schluss, dass es diese einsame Kindheit war, die Edward dazu bewog, Freunde zu suchen und mit geradezu fanatischer Treue zu ihnen zu stehen. Eigentlich eine schöne Eigenschaft. Aber sie wurde ihm und England zum Verhängnis, weil er ein erstaunliches Talent besaß, sich immer die falschen Freunde auszusuchen.

Der erste dieser falschen Freunde war ein aquitanischer Ritter namens Piers Gavestone. Ein Niemand in den Augen der Lords, aber noch vor seiner Krönung erhob Edward seinen Freund Gavestone zum Earl of Cornwall – ein Titel, der bislang immer dem englischen Thronfolger vorbehalten gewesen war –, und bei der Krönung im Februar 1308 war es Gavestone, der das Schwert Edwards des Bekenners vor dem jungen König einhertrug.

Die Lords murrten.

Obwohl der König und sein Favorit beide 1308 heirateten und aus beiden Ehen Kinder hervorgingen, war es ein offenes Geheimnis, dass es ein bisschen mehr als brüderliche Freundschaft war, was die beiden jungen Männer verband. Die Chronisten machen Andeutungen in diese Richtung, und auch der alte König hatte diesen Verdacht wohl schon gehegt, denn er hatte Gavestone zweimal vom Hof verbannt.

Aber mit der bereits erwähnten Treue hatte Edward zu Gavestone gehalten, sich sogar dazu durchgerungen, seinem furchteinflößenden Vater die Stirn zu bieten, und Gavestone jedes Mal zurückgeholt. Als er endlich selbst König war, überschüttete er ihn mit Ländereien und Geldgeschenken. Gavestone strich alles dankend ein, sonnte sich in der königlichen Gunst, verspottete seine Kritiker und erfand boshafte Spitznamen für die sauertöpfischen Lords.

Das war gefährlich. Der Adel hatte seit der »Magna Charta« zu einem neuen Selbstverständnis gefunden, und die Vergangenheit hatte gezeigt, dass kein König gegen die geschlossene Opposition seiner Barone regieren konnte. Doch allmählich bekamen sie das Gefühl, dass Edward die so mühsam erkämpften Reformen aushebeln und am Parlament und dem Kronrat vorbeiregieren wollte, um aus England eine Art immerwährenden Kindergeburtstag für sich und seine Freunde, allen voran Gavestone, zu machen.

Hätte der königliche Partymarathon aus Jagden, Turnieren, Kriegen und Hoffesten bestanden, wären die Lords vielleicht toleranter gewesen. Aber Edward war nicht an höfischem, königlichem oder ritterlichem Zeitvertreib interessiert. Er mochte bäuerliche Sportarten wie Rudern und Fischen. Er versuchte sich in verschiedenen Handwerken und interessierte sich sogar für Landwirtschaft. Ist doch gar nicht schlecht, würden wir heute sagen: ein volksnaher König, der sich mit den Freizeitvergnügungen und dem Broterwerb seiner Untertanen beschäftigt, um zu begreifen, wie sie leben. Aber Edwards Zeitgenossen – Lords wie Bauern – war dieser schrullige König so unendlich peinlich, dass sie vom Zuschauen feuchte Hände und Bauchschmerzen bekamen.

Kaum ein Jahr nach Edwards Krönung bildeten die Lords eine ungewöhnlich geschlossene Front und setzten eine Verbannung Gavestones durch. Edward war untröstlich. Er machte Zugeständnisse an die Lords, nur für die Erlaubnis, Gavestone zurückzuholen. Kaum war der wieder in England, machten sie genauso weiter wie vorher. Also erwirkten die Lords Gavestones erneute Verbannung und drückten ein Reformwerk, die sogenannten »Ordinances«, durch, die den König der Kontrolle der Barone unterstellten: So musste er etwa seine personellen Entscheidungen von den Baronen absegnen lassen und brauchte die Zustimmung des Parlaments, um das Land zum Zweck der Kriegsführung zu verlassen.

Zum 1. November 1311 war Gavestones zweite (oder insgesamt eigentlich vierte) Verbannung ausgesprochen worden, zu Weihnachten in Windsor war er schon wieder zurück und klebte an Edward wie ein Kaugummi an der Schuhsohle.

Jetzt reicht's, befanden die Lords. Sie schlossen sich hinter dem Cousin des Königs, Thomas Earl of Lancaster, zusammen, belagerten Gavestone in seiner Burg, und als der sich schließlich ergab, ließen sie ihn am 19.6.1312 hinrichten, obwohl sie versprochen hatten, sein Leben zu schonen.

Edward war zutiefst erschüttert und überhaupt nicht in der Lage, zu erkennen, was für ein gewissenloser Schmarotzer Gavestone gewesen war, der die Großzügigkeit des Königs schamlos ausgenutzt hatte. Edward sann auf Rache gegen Lancaster und die übrigen Lords, die seinen Freund auf dem Gewissen hatten, doch er wusste, um Rache zu nehmen, musste er erst einmal die Macht zurückerlangen. Und wie eint man seine Lords am besten hinter sich? Indem man sie in einen ruhm- und siegreichen Krieg führt, ist doch klar. Das hatte Edward bei seinem Vater schließlich oft genug gesehen. Also stellte er ein Heer auf, um das Werk seines Vaters in Schottland zu vollenden. Die

Schotten waren unter der Führung ihres neuen Königs Robert Bruce sowieso viel zu selbstbewusst geworden, fand er, kamen ständig über die Grenze und drangsalierten die leidgeprüften Menschen im nördlichen England.

Lancaster und einige andere Lords verweigerten Edward die Gefolgschaft, sprich, den geschuldeten Militärdienst, weil der König versäumt hatte, zuvor die Einwilligung des Parlaments für den Feldzug einzuholen, was er laut der »Ordinances« ja hätte tun müssen. Dass die Lords so ohne Weiteres sagen konnten: ›Nö, wir bleiben zu Hause‹, ist ein beeindruckender Beweis für die Tatsache, wie wenig Macht der König im eigenen Land hatte.

Trotzdem bekam er eine Armee zustande, die sich sehen lassen konnte, führte sie nach Schottland, und als Robert Bruce sich ihm am Mittsommertag 1314 bei Bannockburn zur Schlacht stellte, waren die englischen Truppen ihm um das Dreifache überlegen.

Aber die Schotten machten Kleinholz aus den Engländern.

Bis auf die Knochen gedemütigt kehrte Edward nach Hause zurück, und die folgenden drei Jahre müssen zu den schlimmsten gehört haben, die England je erlebte. Mehrere aufeinanderfolgende Missernten führten zur grauenvollsten Hungersnot in der Geschichte des Landes, und dank des Gerangels um die Macht zwischen Lords und Krone herrschte Anarchie. Die Missernten trafen ganz Europa und waren nun wirklich nicht Edwards Schuld, aber seinen schwer geprüften Untertanen kam es so vor, und es entstanden Gedichte über »die schrecklichen Zeiten unter König Edward«. Derweil drangen die Schotten unter Robert Bruce immer weiter nach Nordengland vor.

Edward hatte das Regieren praktisch eingestellt und das Land seinem Cousin Lancaster überlassen, der aber auch nichts tat, um die Not zu lindern und die Ordnung wiederherzustellen.

Dann fand König Edward neue Freunde, und die brachten wieder Bewegung in die festgefahrene Lage. Es handelte sich um Vater und Sohn, die beide Hugh Despenser hießen. Die Despensers entstammten einem Geschlecht der sogenannten »Marcher Lords«, wie man die Adels- und Ritterfamilien nannte, die das manchmal etwas zweifelhafte Vergnügen hatten, Ländereien in den walisischen Grenzmarken zu besitzen. Die Despensers hatten großen Einfluss in Wales, wo die Loyalität für den glücklosen Edward erstaunlich groß war, und mit ihrer Hilfe gelang es dem König, Lancasters Feinde hinter sich zu sammeln. Doch mit der Hilfe des Erzbischofs von Canterbury, der Londoner und der Königin setzte Lancaster eine Verbannung der Despensers durch.

Dies war das erste Mal, dass Edwards Königin, Isabella »die Wölfin«, politisch in Erscheinung trat.

Getreu der Vereinbarung, die sein Vater mit Frankreich getroffen hatte, hatte Edward II. die Prinzessin 1308 geheiratet und sie bei ihrem Krönungsbankett keines Blickes gewürdigt, sondern war den ganzen Abend nicht von Gavestones Seite gewichen.

Wie mag sie sich gefühlt haben, diese zwölfjährige Königin, allein und unbeachtet unter Fremden? Ihre ersten Jahre in England dürften ganz schön unglücklich gewesen sein. Aber am 12. November 1312 hatte sie den Thronfolger zur Welt gebracht – schon wieder ein Edward –, dem drei weitere Kinder folgten, und ebenso allmählich wie unbemerkt war die Königin erwachsen und selbstbewusst geworden. Die Rolle, die ihr in der sich nun entfaltenden Tragödie zufallen sollte, war unrühmlich, aber es ist wirklich kein Wunder, dass sie dem Jammerkönig, mit dem man sie verheiratet hatte und der keinerlei Interesse an ihr zeigte, weder Sympathie noch Loyalität entgegenbrachte.

Ausnahmsweise legte König Edward 1321 endlich einmal Entschlossenheit an den Tag, und zwischen seiner und Lancasters Fraktion brach ein Bürgerkrieg aus.

Thomas of Lancaster grub sich selbst voller Elan die Grube, in die er purzeln sollte, als er die Schotten unter Robert Bruce um Hilfe bat. Das war so ein schändlicher Verrat – nicht an Englands König, sondern an England selbst –, dass danach niemand mehr etwas mit Lancaster zu schaffen haben wollte, und er fand sich nahezu völlig isoliert. Im März 1322 schlugen die königstreuen Truppen Lancasters Privatarmee bei Boroughbridge. Lancaster wurde gefangen genommen und hingerichtet, ein paar weitere Männer enteignet und in den Tower gesperrt,

Die Hinrichtung von Thomas of Lancaster

darunter Roger Mortimer, der einer der mächtigsten Marcher Lords war und vor allem deswegen gemeinsame Sache mit Lancaster gemacht hatte, weil ihm die Macht der Despensers in Wales und den Grenzmarken missfiel.

Edwards erste Amtshandlung nach seinem Sieg bestand natürlich darin, Vater und Sohn Despenser aus dem Exil zurückzuholen. In York verkündete der König ein Statut, das die »Ordinances« außer Kraft setzte und die Macht der Krone wiederherstellte, dann kehrte er mit den Despensers und dem Rest seiner Parasiten nach Westminster zurück, um unverdrossen alle Fehler der Vergangenheit zu wiederholen.

Aber mochte sein Cousin Lancaster auch den Kopf verloren haben, war die Opposition doch genauso zählebig wie Edwards Unfähigkeit. Und dieses Mal vereinte diese Opposition sich hinter der Königin, die die Despensers ebenso leidenschaftlich verabscheute wie umgekehrt.

1325 begingen die sonst so gerissenen Despensers einen taktischen Fehler: Um neuerliche Unstimmigkeiten mit dem König von Frankreich auszuräumen, stimmten sie zu, Königin Isabella in einer diplomatischen Mission nach Frankreich zu schicken. Das war naheliegend, weil der König von Frankreich ja ihr Bruder war, das war aber vor allem auch bequem, weil sie sich ihre mächtige Feindin damit vom Hals schafften.

Doch schnell wurde Isabellas kleiner Hof in Frankreich zur Anlaufstelle für alle Engländer, die ihrer Heimat nach und nach schaudernd den Rücken kehrten und nichts sehnlicher wünschten, als die Macht der Despensers zu brechen. Zu denen, die sich Isabella anschlossen, gehörte auch der schneidige, unerschrockene Roger Mortimer, dem die Flucht aus dem Tower geglückt war, und es dauerte nicht lange, bis Isabella ihn zu ihrem Liebhaber erwählte.

Im Herbst desselben Jahres machten die Despensers ihren zweiten fatalen Fehler: Der König von Frankreich verlangte für Aquitanien den leidigen Lehnseid von König Edward, und damit der diesen unliebsamen Treueschwur nicht selbst leisten musste, erhob er kurzerhand seinen Sohn und Erben Edward zum Herzog von Aquitanien und schickte ihn nach Frankreich, um den Eid abzulegen. So kam es, dass Isabella das wertvollste Pfand in die Hände fiel, das sie sich nur hätte wünschen können: der zukünftige König von England.

Nun hielt sie nichts mehr. Weil ihr Bruder, der König von Frankreich, ihre skandalöse Affäre mit Roger Mortimer nicht länger mit ansehen wollte, verließen sie seinen Hof und reisten zu ihrem Cousin Guillaume, dem Grafen von Hainault (Hennegau), Holland und Seeland, der ihnen Truppen versprach, wenn der englische Kronprinz dafür seine Tochter Philippa heirate.

Abgemacht, entschied Isabella, und am 23. September 1326 segelten die Wölfin, der Lover, der Kronprinz und die Hainaulter Truppen nach England, um den König zu entmachten und seine Parasiten unschädlich zu machen.

Ihre Truppe war klein, aber ihr Zulauf, sobald sie in England landeten, war gewaltig. Isabella und ihre Anhänger nahmen England ein, ohne auf nennenswerten Widerstand zu stoßen. Nach und nach wurden die Despensers und die übrigen Angehörigen der Schmarotzerfraktion aufgespürt und hingerichtet. Der König selbst geriet am 16. November in Gefangenschaft, wurde nach Kenilworth Castle gebracht und dort mit allen Ehren, die einem König zustanden, verwahrt. Prinz Edward, gerade vierzehn Jahre alt geworden, wurde zum Regenten ernannt und ein Parlament in seinem Namen einberufen.

Aber ein solches juristisches Konstrukt – ein Regent, während es noch einen König gab – war unbekannt und bot keinerlei Rechtssicherheit. Also reiste im Januar 1327 eine Delegation unter dem Bischof von Hereford nach Kenilworth, um den König zu überreden, abzudanken und die Krone an seinen Sohn weiterzureichen. König Edward fiel aus allen Wolken. Wieso das denn?, verlangte er zu wissen. *Er* sei doch der

König. Offenbar hatte er nicht das geringste Unrechtsbewusstsein, was man ihm insofern nachsehen muss, als der Gedanke völlig neu war, dass man einen unfähigen König vom Thron stoßen konnte. Dieses politische Instrument wurde quasi gerade erst erfunden.

Unter erheblichem Druck der Gesandten und Strömen von Tränen dankte Edward II. also schließlich ab, und die Wölfin Isabella und ihr Geliebter Mortimer begannen im Namen des jungen Edward eine Regierung, die mindestens genauso grottenschlecht war wie die des alten Königs.

Letzterer erwies sich zunehmend als Ärgernis. Mehrfach wurden Versuche unternommen, ihn zu befreien und wieder auf den Thron zu hieven. Also sperrte man ihn in Berkley Castle in ein richtiges Verlies – Schluss mit der Luxusunterbringung –, aber selbst da holten seine unbeirrbaren Anhänger ihn um ein Haar heraus. Darum beschlossen Isabella und Mortimer, dass es an der Zeit war, den ausgedienten König diskret zu entsorgen.

Jetzt gibt es zwei Versionen: Die eine besagt, dass eine Handvoll königstreuer Männer Edward bei Nacht und Nebel befreite und außer Landes brachte, woraufhin er mehr oder minder die ganze damals bekannte Welt bereiste, bis seine Spur sich nach ein paar Jahren verliert.

Die andere – schaurige – Variante ist leider die wahrscheinlichere: Der Befehl lautete, den König so aus dem Leben zu befördern, dass keine äußeren Spuren erkennbar wären. Also beschlossen die Wachen in Berkley, ihn verhungern zu lassen. Das ging ihnen aber zu langsam, und darum fügten sie ihm schließlich eine tödliche, aber unsichtbare Verletzung zu, indem sie ihm einen glühenden Schürhaken ins Rektum einführten.

Dieser barbarische Königsmord – so er denn stattgefunden hat – ging auf das Konto von Isabella und Mortimer. Der junge König Edward hatte keinerlei Einfluss auf die Ereignisse.

Es ist natürlich unmöglich zu sagen, was während dieser turbulenten Monate in ihm vorgegangen sein mag. Vermutlich war der Jämmerling auf dem englischen Thron ihm peinlich, denn der Prinz glaubte an all die Ideale von König- und Rittertum, die sein Vater nicht hatte verkörpern können. Aber zu den traditionellen Werten gehörte natürlich auch, dass ein Sohn seinem Vater Loyalität schuldet, und es darf bezweifelt werden, dass der junge Edward billigte, wie seine Mutter und deren Geliebter ihn instrumentalisierten. Aber er war machtlos.

Noch.

Am 1. Februar 1327 war er mit Zustimmung des Parlaments und unter dem Jubel der Londoner, die seit jeher eine Schwäche für hübsche junge Ritter hatten, zu Edward III. von England gekrönt worden. Und auch wenn die Zeremonie ein wenig hastig zusammengeschustert war, mangelte es ihr doch nicht an Feierlichkeit und angemessenem Pomp. (Die Kosten beliefen sich auf 2800 Pfund. Dafür hätte ein Weber 700 Jahre arbeiten müssen.)

Der vierzehnjährige König leistete seinen Krönungseid mit feierlichem Ernst und wurde anschließend hinter irgendwelche Burgmauern abgeschoben, wo er seine schulische und ritterliche Ausbildung fortführen und in Vergessenheit geraten sollte, während die Wölfin und der Lover mit England Schindluder trieben. Sie bereicherten sich schamlos, verfolgten und drangsalierten ihre Widersacher unter Missachtung aller Gesetze und schlossen einen Friedensvertrag mit Schottland, den jeder Engländer als faul und schändlich empfand – und all das taten sie in Edwards Namen.

Doch Edward III. war aus anderem Holz geschnitzt als sein Vater. Tatsächlich sollte er einer der größten Könige werden, die England je hervorgebracht hat. Dreieinhalb Jahre lang musste er das Unrechtsregime seiner Mutter und ihres Liebhabers mit ansehen, aber er blieb nicht untätig. Im Januar 1328 heiratete er Philippa, die Tochter des Grafen von Hainault, wie seine Mutter es ausgehandelt hatte, und im Juni 1330 brachte sie den Thronfolger zur Welt (schon *wieder* ein Edward, der als der Schwarze Prinz in die Geschichte eingehen sollte). Die Geburt des Prinzen gab dem jungen König Selbstvertrauen, seine kluge Frau stärkte ihm den Rücken, und obwohl Mortimer ihn Tag und Nacht bespitzeln ließ, gelang es Edward, sich mit ein paar guten Freunden zu verbünden und den päpstlichen Segen für seinen Plan einzuholen. (Um Mortimers Spionage auszuhebeln, hatte Edward dem Papst geschrieben, nur solche Briefe seien echt, die die Worte »pater sancte« in seiner eigenen Handschrift enthielten. Die Schriftprobe dieses Geheimcodes ist die älteste erhaltene Handschrift eines englischen Königs.)

Am 19. Oktober 1330, einen knappen Monat vor seinem achtzehnten Geburtstag, drang Edward mit einer Handvoll Getreuer durch einen unterirdischen Geheimgang in Nottingham Castle ein, wo seine Mutter und Roger Mortimer gerade residierten. Sie fanden sie im Schlafgemach, und als Edward dem Lover seiner Mutter erklärte, dass er verhaftet sei und der König selbst fortan das Land regieren werde, bat Isabella die Wölfin um Gnade für ihren Liebsten. Aber daraus wurde nichts. Roger Mortimer, inzwischen zum Earl of March erhoben, wurde wegen einer Vielzahl von Verbrechen, die er allesamt begangen hatte, im November in London hingerichtet – aufgehängt am öffentlichen Galgen in Tyburn wie ein gewöhnlicher Dieb. Seine Mutter begnadigte Edward hingegen und erlaubte ihr, sich auf ein verschwiegenes Landgut zurückzuziehen.

Die Engländer sollten bald feststellen, dass der junge König kein Interesse an Rachefeldzügen gegen jene Lords hatte, die Isabellas und Mortimers Regime mitgetragen oder geduldet hatten. Edward hatte aus den Fehlern seines Vaters gelernt. Ihm war an einer Aussöhnung mit dem Adel gelegen, er wollte ein Ende der Machtkämpfe und Kleinkriege, denn ihm war klar, dass ein König nur *mit* dem Adel regieren konnte, nicht gegen ihn. Und ebenso wusste er, dass der Adel sich nur hinter einem guten und starken König vereinte, also hatte er beschlossen, genau das zu sein. Er wollte weder mit eiserner Faust herrschen wie sein Großvater noch mit Günstlingswirtschaft wie sein Vater, sondern er gedachte, seine Lords mit der Pracht seines Hofes für sich zu gewinnen und mit den Idealen des Rittertums zu bezaubern und zusammenzuschweißen, wie sein großes Vorbild, König Artus, es getan hatte. (Wie wir bereits festgestellt haben, hat es diesen legendären König ja leider nie gegeben, aber die Geschichten über ihn und die Ritter seiner Tafelrunde waren im 14. Jahrhundert schon genauso beliebt wie heute.)

Edward erreichte dieses ehrgeizige Ziel vor allem dank seiner Persönlichkeit. Er umgab sich vornehmlich mit jungen Männern und Damen, die seine Ideale teilten, aber er hörte auch auf den Rat der Graubärte und weisen Bischöfe – oder zumindest erweckte er glaubhaft den Anschein. Er war ein großer Turnierkämpfer und liebte ganz im Gegensatz zu seinem Vater alle Sportarten und jeden Zeitvertreib, die als höfisch und ritterlich galten. Diese Lebensführung und sein großer Hof verschlangen Unsummen an Geld, aber darüber machte er sich keine Gedanken, denn Prunk und Freigiebigkeit gehörten nun mal zu den Tugenden eines Königs, wie er ihn sich vorstellte. Unbekümmert lieh er sich Geld bei den italienischen Bankhäusern in London, bei der Hanse und bei jedem anderen, den er mit seinem Charme um den Finger wickeln konnte.

1332 und 1333 stellte Edward bei mehreren Schottlandfeldzügen erstmals sein strategisches Talent unter Beweis. Am 20. Juli 1333 brachte er den Schotten bei Halidon Hill eine empfindliche Niederlage bei, die die Schmach der verlorenen Schlacht von Bannockburn auslöschte. (Das war allerdings auch schon so ziemlich alles, was dieser Sieg einbrachte.) Edward verdankte seinen Erfolg einer neuen Taktik, in der Schlacht gut bewaffnete und perfekt ausgebildete Fußsoldaten und vor allem Bogenschützen einzusetzen. Das funktionierte so hervorragend, weil es neu war und die Schotten keine Antwort darauf fanden.

Edward III. (rechts) mit seinem Schwager, David von Schottland, den er jahrzehntelang gefangen hielt

Doch schon bald verlor König Edward das Interesse an Schottland, denn er hatte ganz andere, viel ehrgeizigere Pläne.

Der König von Frankreich machte nämlich wieder einmal Ärger. Das war ja nun weiß Gott nichts Ungewöhnliches, aber ungewöhnlich war Edwards Art, mit diesem Dauerärgernis umzugehen. Wieder einmal verlangte der König von Frankreich einen Lehnseid für Aquitanien. Gleichzeitig hatte er aber seine Flotte, die eigentlich für einen Kreuzzug vorgesehen war, von Marseille in die normannischen Häfen verlegt und bedrohte damit die englische Südküste.

Den Lehnseid kannst du vergessen, Cousin, ließ König Edward ausrichten.

Na schön, sagte Philip von Frankreich, dann erkläre ich dich eben für enteignet, und Aquitanien fällt an die Krone. Die französische Krone, meine ich natürlich.

Ach, wirklich?, schrieb Edward zurück. Dann wollen wir jetzt doch mal ganz andere Seiten aufziehen: *Ich* erhebe Anspruch auf die französische Krone, denn ich stehe ihr näher als du, und wenn du sie mir nicht freiwillig gibst, komm ich sie mir holen.

Der Anspruch war nicht einmal abwegig. 1328 war nach über 300 Jahren das französische Königsgeschlecht der Kapetinger ausgestorben, und der jetzige König, Philip VI., war ein Valois, die nur eine Seitenlinie der Kapetinger bildeten. König Edwards Mutter, die Wölfin Isabella, war aber eine waschechte Kapetinger-Prinzessin, und so konnte man durchaus argumentieren, dass Edward dem französischen Thron näher stand als Philip. Falls denn eine Frau einen Thronanspruch vererben konnte, was die Franzosen natürlich postwendend bestritten.

Na schön, befand König Edward, und wir können getrost davon ausgehen, dass er mit der Entwicklung der Ereignisse hochzufrieden war: Dann sammle ich eben meine Ritter und Bogenschützen um mich, komm mal kurz rüber nach Frankreich und hol mir die Krone.

Dieses Abenteuer, das als ritterliche Freizeitbeschäftigung für einen, maximal zwei Sommer gedacht war, wurde die längste militärische Auseinandersetzung in der Geschichte Europas. Der »Hundertjährige Krieg« wird sie genannt, was insoweit richtig ist, als sie von 1337 bis 1453, mithin also 116 Jahre dauerte, insoweit falsch, als es zwischendurch jahrzehntelange Ruhephasen gab. Trotzdem kann man sagen, dass dieser ziemlich leichtfertig losgetretene Konflikt die Geschichte Englands für die nächsten hundert Jahre oder eigentlich bis zum Ende des Mittelalters prägte.

König Edward und seine Lords, die ihre persönliche Ehre jetzt zunehmend an ihrem Rittertum festmachten, konnten das natürlich nicht ahnen. Sie zogen ihre blanken Rüstungen an und segelten … nein, erst einmal segelten sie nicht nach Frankreich, sondern in die Niederlande. Es bestand nämlich noch das kleine Problem der Kriegskasse. Edward hatte weder Geld noch ein stehendes Heer. Aber wozu hat man reiche Verwandte? Und die Niederlande (Brabant, Flandern, Hainault, Geldern, Luxemburg und ein paar weitere) waren dank ihrer Tuchproduktion nicht nur steinreich, sondern ihre Grafen und Herzöge waren allesamt mit Edward oder seiner Frau, Königin Philippa, verwandt. Arglos und ohne einen Gedanken an die Folgen zu verschwenden, pumpte König Edward also seine Verwandten und die niederländische Kaufmannschaft an und schwatzte ihnen gleichzeitig Bündnisse ab, für die er ihnen Unsummen an Geld versprach. Ende 1337 beliefen sich seine Schulden allein in den Niederlanden auf astronomische 124 000 Pfund. Vielleicht gedachte er, das alles aus der Kriegsbeute zu bezahlen. Mit Steuereinnahmen aus England war das jedenfalls nicht zu bewältigen – obwohl Edward und seine Berater sehr erfinderisch im Ersinnen neuer Steuern waren –, denn auch dort hatte Edward nichts als Schulden, 125 000 Pfund allein bei den florentinischen Bankhäusern Bardi und Peruzzi.

Bis zum Sommer 1340 war es immer noch nicht zur Schlacht gekommen, und die Geldsorgen wurden erdrückend. Philip von Frankreich setzte darauf, dass er nur abwarten musste, bis Edward von England das Geld und die Luft ausgingen. Philip hatte mit einer Schlacht nichts zu gewinnen, aber viel zu verlieren, darum wich er dem militärischen Konflikt beharrlich aus. Als Edward beschloss, nach England zurückzusegeln, um vom Parlament mehr Geld zu verlangen, zwangen ihn die niederländischen Kaufleute, seine Königin quasi als Pfand für seine Schulden dort zu lassen. Edward blieb nichts anderes übrig. (In seiner Abwesenheit bekam Philippa in Gent ihren vierten Sohn, John. Aufgrund seines Geburtsortes wurde er John of Gent genannt, was später zu John of Gaunt verballhornt wurde. Von ihm werden wir noch allerhand hören.)

Edwards Stippvisite in England blieb auch Philip von Frankreich nicht verborgen, und als Edward im Juni 1340 nach Gent zurückkehren wollte, hörte er, dass eine Flotte von über vierhundert französischen und kastilischen Schiffen ihn erwartete. Er kratzte an Handelskoggen und Fischerbooten zusammen, was er auf die Schnelle kriegen konnte, brachte es nur auf eine halb so große Flotte wie Philip und errang trotzdem in der Seeschlacht von Sluis (bei Brügge) den ersten entscheidenden Sieg des Krieges. So viele Franzosen gingen an diesem Tag mit ihren Schiffen unter und ertranken, dass man später in Brügge sagte, die Fische des Meeres hätten Französisch gelernt, wenn sie denn sprechen könnten.

Das war ein großer Triumph, der den Krieg in England populär machte, aber außer ein paar erbeuteten Schiffen brachte er nichts ein, und Edward hatte immer noch 400 000 Pfund Schulden.

Wieder kehrte er nach England zurück, und im Parlament gab es ein gewaltiges Donnerwetter. Der König verlangte mehr Geld, und als die Lords und Commons erklärten, sie wüssten nicht mehr, woher sie es nehmen sollten, entließ Edward den

Lord Chancellor, sperrte den Treasurer ein paar Monate ein und hätte um ein Haar den Erzbischof von Canterbury erschlagen, dem er in seiner Abwesenheit die Regierungsverantwortung übertragen hatte und den er deswegen für die Misere verantwortlich machte. Aber der berüchtigte Plantagenet-Zorn legte sich immer so schnell wieder, wie er losbrach, und es wurde keine wirklich ernste Krise. Dafür waren die Lords viel zu vernarrt in ihren Heldenkönig.

Letztlich löste Edward seine Finanznot auf die ganz pragmatische Weise: Er ließ seine Schulden einfach unbezahlt. Die italienischen Bankhäuser Bardi und Peruzzi brachen zusammen. Die niederländischen Verbündeten gingen Edward von der Stange, aber da sie sowieso kaum einen Finger für ihn gerührt hatten, erschütterte ihn das nicht. Auch die englischen Wollkaufleute – den finanzstärksten Arm der englischen Kaufmannschaft – hatte er geschröpft, doch mit ihnen wurde er vorsichtiger, weil er erkannte, dass man die Gans nicht schlachten darf, die goldene Eier legt. Fortan hofierte er die Kaufleute, eröffnete ihnen Möglichkeiten zu einem sozialen Aufstieg, die es nie zuvor gegeben hatte, und bescherte ihnen ein neues Selbstverständnis: Die englischen Kaufleute finanzierten Edwards ambitioniertes militärisches Abenteuer und wurden mit der Erkenntnis belohnt, dass sie Englands Zukunft waren.

1346 kam es endlich zu der großen Schlacht, die Edward so lange gesucht hatte. Bei einem Eroberungsfeldzug durch die Normandie stellten die Franzosen sich dem relativ kleinen englischen Heer bei Crécy. Es heißt, sie seien den Engländern fünf zu eins überlegen gewesen, wobei es nicht ganz einfach ist, die wirklichen Zahlen zu rekonstruieren. Jedenfalls hatte König Philip eine gewaltige Armee aufgeboten, die die Blüte seines Adels enthielt, denn sie alle hatten dabei sein wollen, wenn die Engländer endlich aus dem Land gejagt wurden. Aber sie hatten sich verrechnet. Dank seiner hervorragenden Bogenschützen brachte Edward den Franzosen eine schwere Niederlage bei, und die besagte Blüte des französischen Adels fiel oder geriet in Gefangenschaft. (Bei der Schlacht von Crécy trat übrigens der englische Thronfolger, der sechzehnjährige Prinz Edward, zum ersten Mal in seiner schwarzen Rüstung in Erscheinung und verdiente sich seinen klangvollen Beinamen.)

Endlich fing der Krieg an, sich für Edward und seine Lords finanziell zu lohnen. Sie machten in der Normandie reiche Beute, und die Lösegeldsummen, die sie für ihre Gefangenen aushandelten, konnten sich sehen lassen. Aber entschieden war der Konflikt noch lange nicht.

Edward wandte sich nach Norden und belagerte Calais, das er als Brückenkopf auf dem Kontinent wollte. Ein Jahr lang hielt die tapfere Stadt der englischen Belagerung stand, ehe sie endlich ausgehungert war und fiel. König Edward war fuchsteufelswild über diese Verzögerung seiner Pläne, und als sechs Bürger von Calais barfuß und nur mit Hemden bekleidet vor

Edward III. und die 6 Bürger von Calais

ihm erschienen, um ihm demütig die Schlüssel der Stadt zu überbringen, wollte er sie allesamt aufhängen lassen. Königin Philippa ging vor ihm auf die Knie, um für das Leben der Bürger von Calais zu bitten, und Edward gab nach. Er war ja eigentlich gar kein Wüterich, sondern eher eine Frohnatur, und anlässlich des Falls von Calais gab er ein rauschendes Fest. Beim schwungvollen Tanz mit seiner Geliebten (bei der es sich möglicherweise um seine spätere Schwiegertochter, Joan of Kent, handelte), verlor die Dame ihr blaues Strumpfband, was ausgelassene Heiterkeit hervorrief. König Edward jedoch hob das Band auf, knotete es um sein Knie und rief: »Honi soit qui mal y pense!« – Wehe dem, der Übles dabei denkt.

Ob die Anekdote stimmt oder nicht, dieser Satz wurde das Motto, das blaue Band das Markenzeichen des berühmten Hosenbandordens, den König Edward nach ihrer aller Rückkehr nach England 1348 gründete. Vierundzwanzig handverlesene Lords, der König und der Schwarze Prinz waren die ersten Mitglieder dieses Ritterordens, der sich Brüderlichkeit, den Schutz der Kirche und der Schwachen als Verpflichtung und höchstes Ziel auferlegte und das Zeitalter König Artus' wieder lebendig machen sollte. In Windsor ließ der König eigens eine Halle für die runde Tafel erbauen, und alljährlich fanden am 23. April, dem Namensfest des heiligen Georg, mit großer Feierlichkeit die Zeremonien des Hosenbandordens statt. Das tun sie übrigens bis auf den heutigen Tag.

Im Herbst 1348 war allerdings erst einmal Schluss mit Kriegs- und Ritterspielen.

Den ganzen Sommer über hatte man in England Gerüchte von einer schrecklichen Seuche gehört, die aus dem fernen Osten gekommen war und Europa zuerst in Sizilien erreicht hatte. Von dort breitete sie sich allmählich in nördlicher Richtung aus, und im September brachte sie ein Schiff nach Melcombe Regis in Dorset.

Epidemien hatte es schon viele gegeben. Die Pocken, die Ruhr – die hygienischen Verhältnisse und das enge Zusammenleben vor allem in den Städten oder den Lagern der Armeen schufen ideale Brutbedingungen für die verschiedensten Krankheitserreger. Aber diese Seuche, die man heute die Beulen- und die Lungenpest nennt, war etwas völlig Neues. Meistens fing es mit schmerzhaften Schwellungen in Achsel- und Leistengegend an, die sich bald schwärzlich verfärbten: die Pestbeulen. Hohes Fieber, Übelkeit, ab dem zweiten Tag oft ein schwärzlicher Hautauschlag und bei denjenigen, deren Lungen befallen wurden, Atemnot und Husten. Bei manchen ging es ganz schnell, und sie starben innerhalb weniger Stunden. Bei anderen dauerte es drei, manchmal bis zu fünf Tage. Das Ergebnis war immer das gleiche: Die Sterblichkeitsrate lag bei weit über neunzig Prozent.

Rasend schnell breitete die Pest sich im ganzen Land aus und entvölkerte manchmal ganze Dörfer, beinah über Nacht. Der »Schwarze Tod« ging um. So nannten die Menschen diese Heimsuchung, die über die ganze bekannte Welt gekommen war. Die Strafe Gottes für die Lasterhaftigkeit der Menschen, sagten viele Geistliche. Ein Werk des Teufels, glaubten andere. Alle waren sich einig, dass es etwas sein musste, das nicht von dieser Welt war. Denn mit dem Schwarzen Tod begann in England der Regen, und sieben Monate – so lange, wie die Pest im Land wütete – hörte auch der Regen nicht mehr auf. (Noch gruseliger sollte diese Krankheit den Menschen werden, als sie feststellen mussten, dass sie alle sieben Jahre wiederkam, aber 1348 wusste das natürlich noch niemand.)

Die Menschen starben in so großer Zahl, dass die Beseitigung der Leichen vor allem in den Städten ein unüberwindliches Problem wurde. Zwei adlige Wohltäter kauften ein großes Stück Land außerhalb von London, das bald das »Niemandsland« genannt wurde, wo die Toten in Massengräbern verscharrt wurden. Ganze Karrenladungen voller Leichen wurden in die Flüsse geworfen, und als die Stadtverwaltung allmählich zusammenbrach, weil auch die Stadtväter und die Ordnungshüter dahingerafft wurden, blieben die Toten einfach in ihren Häusern und auf der Straße liegen. Religiöse Besinnung war bei vielen eine Folge dieser Katastrophe, bei anderen hingegen totaler Sittenverfall. Die Zahl der Gewaltverbrechen stieg sprunghaft an, weil die verzweifelten Menschen glaubten, das Ende der Welt sei ohnehin gekommen und sie hätten nichts mehr zu verlieren.

Viele hielten giftige Dämpfe für die Ursache der Seuche, trugen Fackeln und schaurige Vogelmasken, wenn sie durch die Straßen gingen, um sich davor zu schützen. Andere glaubten, eine ungünstige Sternenkonstellation habe die Pest ausgelöst. Niemand ahnte die wahre Ursache: eine bakterielle Infektion, vermutlich in China entstanden, über die Seidenstraße und die Meere nach Westen gekommen, durch Flöhe von Ratten auf Menschen übertragen.

In Europa starb schätzungsweise ein Drittel bis die Hälfte der Bevölkerung. Die große Masse an der Krankheit selbst, viele aber auch an den teilweise dramatischen wirtschaftlichen Folgen. In England, so schätzt man, reduzierten die vorher sechs Millionen Einwohner sich etwa auf die Hälfte. Die Pest von 1348/49 wird völlig zu Recht die größte Katastrophe in der Geschichte des Mittelalters genannt.

König Edward und Königin Philippa verloren ihre dreizehnjährige Tochter Joanna, die in Bordeaux auf ihren kastilischen Bräutigam gewartet hatte und stattdessen vom Schwarzen Tod heimgesucht wurde. Doch das englische Königspaar selbst, die übrigen Prinzen und Prinzessinnen und fast der ganze Hof blieben verschont, weil sie während der schlimmsten Monate weitgehend isoliert in Windsor lebten.

Anfang der 1350er Jahre wurde der Krieg gegen Frankreich wiederbelebt. Jetzt war es vor allem der Schwarze Prinz, der ihn führte, der Aquitanien – sein Herzogtum – fast wieder auf seine einstige Größe ausweitete und bei einem neuerlichen grandiosen Sieg der Engländer über eine zahlenmäßig überlegene französische Armee bei Poitiers im Jahr 1356 den französischen König Jean II. gefangen nehmen konnte.

Er schickte ihn nach England, wo König Edward – der auch schon seinen Schwager, den schottischen König David, als Geisel beherbergte – seinen Amtskollegen herzlich willkommen hieß und ihn nicht in Ketten legen und in den Tower sperren ließ, wie man vielleicht annehmen sollte, sondern zu Banketten einlud, mit ihm zur Jagd ritt und Turniere zu seiner Unterhaltung ausrichtete. Dabei verhandelten sie über Jeans Lösegeld und eine Beendigung des Krieges, aber da der Leidensdruck wohl nicht gar zu schwer auf dem französischen König lastete, verliefen die Verhandlungen eher schleppend.

1360 einigten die beiden Könige sich schließlich auf einen Friedensvertrag, der England den Südwesten Frankreichs zubilligte und in welchem König Edward auf die französische Krone verzichtete und der das Wachs nicht wert war, mit dem er besiegelt wurde. Alle machten weiter wie bisher, englische Glücksritter scharmützelten mit französischen Truppen ergebnislos in der Normandie und bereicherten sich dabei nicht unbeträchtlich, und die Leidtragenden waren die Franzosen, auf deren Boden dieser Krieg ausgetragen wurde. Als hätten sie unter der Pest nicht genug zu leiden gehabt.

Edward bemühte sich unterdessen, die wirtschaftlichen und sozialen Folgen der Pest in England unter Kontrolle zu bringen. Die hohen Verluste unter der Landbevölkerung hatten dazu geführt, dass es auf einmal viel mehr Land gab als Bauern, um es zu bestellen. Im Handwerk sah es kaum besser aus. Mit einem Mal stiegen die Löhne, die Bauern wurden selbstbewusst und mobil und verließen ihre Heimatdörfer, um sich anderswo besseres Land zu günstigeren Pachtbedingungen zu suchen. Edward wirkte dem mit einer Reihe gesetzlicher Maßnahmen entgegen: Ein Gesetz schrieb die Löhne fest, ein anderes band die Bauern an ihre Scholle und ihren Grundherrn. Diese Gesetze waren äußerst unpopulär, aber ihrem König verziehen die Engländer alles. Es sollte seinem Nachfolger zufallen, dieses Süppchen auszulöffeln.

Jean »der Gute«, wie er genannt wurde, starb 1364 in englischer Gefangenschaft. Sein Sohn Charles folgte ihm auf den französischen Thron und machte schnell klar, dass er nicht so friedfertig und leutselig wie sein alter Herr war. Der Krieg kam wieder in Schwung und verlagerte sich nun vorübergehend nach Spanien, denn der König von Kastilien, Pedro »der Grausame«, der ein Verbündeter der Engländer war, war von seinem eigenen Bruder Enrique vom Thron gestoßen worden, und dieser Enrique hielt es mit den Franzosen. Also zogen der Schwarze Prinz und sein zehn Jahre jüngerer Bruder, John of Gaunt, inzwischen Duke of Lancaster, über die Pyrenäen, schlugen die französisch-kastilische Armee am 3. April 1367 bei Najera und setzten Pedro »den Grausamen« wieder ein.

Das war für beinah 50 Jahre der letzte große Triumph der Engländer in diesem endlos erscheinenden Krieg. Denn mit einem Mal fing alles an, schiefzulaufen.

Der Schwarze Prinz wurde krank. Es ist nicht ganz sicher, woran er litt, aber wahrscheinlich war es die Wassersucht. Je kränker er wurde, desto schwächer wurde seine Position in Aquitanien, und seine Krankheit ebenso wie seine Frustration machten ihn übellaunig und despotisch. Nach und nach trieb er seine aquitanischen Adligen und Freunde in die wartenden Arme des Königs von Frankreich.

John of Gaunt, der Duke of Lancaster, versuchte, für seinen Bruder zu retten, was zu retten war, aber die Opposition in Frankreich wurde zu stark. Obendrein musste Lancaster sich nicht nur um Aquitanien, sondern auch noch um England kümmern.

1369 waren sein älterer Bruder Lionel und die Königin gestorben. Ihr Tod markiert den Beginn eines vorzeitigen und tragischen Niedergangs des Königs. Edward wurde schlagartig alt. Obwohl er seine Königin in einem fort betrogen hatte, schien er unfähig, ohne sie zu funktionieren. Er verlor zunehmend das Interesse an der Politik und seinem einst so geliebten

Krieg, überließ das Regieren Lancaster und sich selbst seiner Mätresse Alice Perrers, einer jungen Dame von höchst zweifelhaftem Ruf. Das musste fatale Folgen haben, denn König Edwards Charisma und Enthusiasmus waren im Grunde alles, was England nach der Pest noch zusammengehalten hatte.

Bis 1374 verlor Lancaster den Großteil Aquitaniens wieder, das sein Bruder doch in einer so glorreichen Siegesserie zurückerobert hatte. Der Schwarze Prinz selbst war todkrank nach England zurückgekehrt und starb im Juni 1376. Dieser Schicksalsschlag beschleunigte auch den geistigen und körperlichen Verfall des Königs, der fast auf den Tag genau ein Jahr später, am 21. Juni 1377, starb. Alice Perrers, behauptet ein Chronist, habe ihm die Ringe von den Fingern geklaut, noch ehe er den letzten Atem aushauchte, und sei damit verschwunden. Die Chronisten ließen aber auch keine Gelegenheit ungenutzt, den lasterhaften königlichen Mätressen irgendetwas anzuhängen.

Alles, was in England und Aquitanien in den 70er und 80er Jahren des 14. Jahrhunderts schiefgegangen ist, haben die Zeitgenossen John of Gaunt, dem Duke of Lancaster, zur Last gelegt. Das ist aber ebenso falsch wie unsachlich.

Lancaster hatte das undankbare Los, von seinem Bruder einen Krieg und von seinem Vater eine Regierung zu erben, die beide im Begriff waren, völlig aus dem Ruder zu laufen. Als mit König Edward und dem Schwarzen Prinzen der Glamour-Faktor aus der Gleichung genommen wurde, merkten mit einem Mal alle, dass der Krieg so gut wie verloren und England völlig pleite war.

Lancaster sei an allem schuld, befanden die Londoner, die Commons und eine Handvoll Lords unter der Führung des Bischofs von Winchester, und im sogenannten »guten Parlament« von 1376 präsentierten sie ihm die Rechnung und setzten alle Regierungsbeamten, die er berufen hatte, in einem neuen, »Impeachment« genannten Misstrauensverfahren ab.

John of Gaunt bei einem seiner liebsten Amtsgeschäfte: einem Staatsbankett

Aber Lancaster ließ sich nicht so leicht entmachten. Nach Beendigung des Parlaments machte er dessen Beschlüsse nach und nach rückgängig. Das stabilisierte die Regierung, nährte aber auch den Argwohn seiner Widersacher. Als der König 1377 starb, rechneten sie alle damit, dass Lancaster die Macht an sich reißen werde, aber sie täuschten sich. Persönlich organisierte und überwachte er die Krönung seines elfjährigen Neffen Richard, der ein Sohn des Schwarzen Prinzen war und am 16. Juli 1377 zu Richard II. von England gekrönt wurde.

In den kommenden zwanzig Jahren sollte so mancher Engländer zu der Erkenntnis gelangen, dass es besser gewesen wäre, Lancaster hätte sich die Krone genommen.

Da dieser Duke of Lancaster und seine Nachkommen uns bis zum Ende unserer Geschichte beschäftigen werden, wollen wir ihn uns ein wenig genauer anschauen. Wie erwähnt, wurde er im März 1340 in Gent geboren und war der mittlere der sieben Söhne von König Edward und Königin Philippa (die es außerdem auch noch auf fünf Töchter brachten). Zu den großen Errungenschaften dieses Königs und seiner Königin, die viel zu selten erwähnt wird, gehört ihr harmonisches Familienleben. Sie erinnern sich doch bestimmt noch, wie die Söhne des Eroberers oder Henrys II. sich bis aufs Messer bekämpft haben? Verglichen damit scheint es fast ein Wunder, dass die fünf Söhne von Edward und Philippa, die das Erwachsenenalter erreichten, nie Krieg gegeneinander führten, sondern im Gegenteil meist zusammenstanden, obwohl sie charakterlich kaum verschiedener hätten sein können.

John of Gaunts Kindheit und Jugend waren vor allem vom Krieg geprägt. Schon früh kam er zur ritterlichen Ausbildung in den Haushalt seines großen Bruders, des Schwarzen Prinzen, den er über die Maßen bewunderte. Mit zehn Jahren erlebte er die Seeschlacht von Winchelsea, erhielt mit fünfzehn seinen Ritterschlag, mit neunzehn befehligte er erstmals eine eigene Truppe während eines zermürbenden Kriegswinters in der Normandie. Der Sieg bei Najera, wo er die Vorhut anführte, war sein Verdienst.

Den Titel des Duke of Lancaster erlangte er, weil sein Vater ihn mit der einzigen Erbin seines Cousins, Henry of Lancaster, verheiratete. (Diese Heiratspolitik, die Lords durch eheliche Verbindungen mit seinen Söhnen und Töchtern noch enger an sich zu binden, gehörte zu Edwards politischem Programm.) Als Duke of Lancaster wurde John der größte Landeigner in England nach der Krone und der reichste der englischen Lords.

Das war auch gut so, denn seine Prunksucht und seine Vorliebe für alles, was schön und teuer war, übertrafen die seines Vaters und Bruders. Die Pracht und Schönheit seiner Paläste war legendär. Nach seinen Glasfenstern war er so süchtig, dass er nirgends darauf verzichten wollte, wenn er seine weit verstreuten Besitzungen in England abklapperte, und darum ließ er seine Hallen überall im Land so umbauen, dass man die herausnehmbaren Glasfenster jeweils dort einsetzen konnte, wo er sich gerade aufhielt.

Lancaster war ein typischer Vertreter seiner Klasse und seiner Zeit: Er strebte nach den Idealen des ritterlichen Ehrenkodex, war ein Förderer der Künste, in hohem Maße arrogant gegenüber jenen, die gesellschaftlich unter ihm standen, und er hatte einen enormen Verschleiß an Frauen. Neben diversen Affären war er dreimal verheiratet. Seiner ersten Gemahlin, der besagten Blanche of Lancaster, war er allerdings sehr zugetan, heißt es. Sie bekamen einen Sohn und zwei Töchter. Als Blanche 1368 starb, war Lancasters Trauer bitter, und ein junger Hofbeamter aus London schrieb eine Totenklage für Blanche, das *Book of the Duchess*. Der Verfasser war Geoffrey Chaucer, der größte Dichter des englischen Mittelalters.

Lancasters zweite Frau war Constancia von Kastilien (Tochter und Erbin des grausamen Königs Pedro), die er heiratete, weil er gerne König von Kastilien werden wollte. (Daraus wurde nichts, aber ihre gemeinsame Tochter wurde Königin von Kastilien.)

Nachdem auch Constancia 1394 gestorben war, schockierte Lancaster die Welt, indem er seine langjährige Geliebte Katherine Swynford ehelichte, mit der er schon vier Kinder hatte. Nach der Heirat der Eltern wurden diese Kinder vom Papst legitimiert und bekamen den Namen Beaufort, der noch eine ziemlich wichtige Rolle spielen wird.

Dieser Duke of Lancaster war es also, der während der Minderjährigkeit seines königlichen Neffen die Geschicke Englands lenkte und sich der Herkulesaufgabe stellte, den festgefahrenen Krieg fortzuführen und nach Möglichkeit zu gewinnen und die Folgen der Pest und der Schuldenpolitik seines Vaters in England zu bewältigen.

Er machte einen hervorragenden Job, aber die Sache war einfach völlig aussichtslos.

Um auch nur das klägliche Restchen von Aquitanien und Calais halten zu können, waren immer neue Steuern vonnöten, und die einfachen Menschen in England hassten Lancaster dafür.

Vor allem die Londoner. 1381 setzte Lancaster im Parlament eine allgemeine Kopfsteuer durch, und da knallte es.

Was soll das heißen, Kopfsteuer?, fragten die Engländer, denn so etwas gab es bislang noch nicht.

Kopfsteuer heißt, jeder Mann und jede Frau über vierzehn in England, bekamen sie zur Antwort. Die Höhe der individuellen Steuerschuld sollte nach der Höhe des Einkommens gestaffelt werden – was immerhin ein Mindestmaß an Gerechtigkeit bedeutete –, aber dank der restriktiven Gesetze König Edwards waren die Bauern und kleinen Handwerker arm. Sie konnten diese Steuer nicht bezahlen, und so brach sich Bahn, was schon lange gegärt hatte: der Volkszorn.

Die Revolte begann in Essex, wo, so erzählt eine Ballade, die königlichen Steuereintreiber (die in den Augen der kleinen Leute Lancasters Steuereintreiber waren) in ein Dorf kamen und nicht nur die verhasste Kopfsteuer kassierten, sondern nebenbei auch noch die Tochter eines Dachdeckers namens Wat Tyler vergewaltigen wollten. Tyler – ein Kriegsveteran – erschlug einen der königlichen Beamten, floh und wurde zum Anführer der aufständischen Bauern, die sich überall in Kent und Essex zusammenrotteten.

Die Bauern verlangten die Abschaffung der Leibeigenschaft, des Frondienstes und der Gerichtsgewalt der Lords, und sie hatten vollkommen Recht mit ihren Forderungen, denn die alten Gesetze und Bräuche waren überholt und ungerecht. Diese Meinung hegten nicht nur die kleinen Leute. Es gab auch eine intellektuelle Bewegung, die althergebrachte Autoritäten in Frage stellte.

Das 14. Jahrhundert war eine sehr dynamische Zeit in England. Künste und Wissenschaften nahmen rasante Entwicklungen, und es war erlaubt, die unerhörtesten Dinge zu denken und zu schreiben. Dass Juden und Muslime genauso gute Menschen seien wie Christen, zum Beispiel, schrieb einer und stellte damit die ganze Kreuzzugsidee grundsätzlich in Frage.

Dass ein Mann seine Frau und Kinder lieben sollte, statt sie zu verprügeln, schrieb ein anderer. Lauter neumodisches Zeug eben. Und dann gab es einen Professor in Oxford, Dr. John Wycliff, der kaum ein gutes Haar an der Heiligen Mutter Kirche ließ. Er schrieb, der Papst sei korrupt und geldgierig. Und man müsse überhaupt nicht vor einem Priester beichten, um Vergebung für seine Sünden zu finden. Vor allem behauptete Wycliff, dass Brot und Wein bei der Wandlung nicht zu Leib und Blut Jesu Christi wurden. Er sägte so ziemlich jeden Grundpfeiler der Kirche an mit dem, was er dachte und predigte.

Die englische Bischofssynode lud ihn in London zu einer kritischen Anhörung und entzog ihm die Lehrerlaubnis, aber sonst passierte ihm nichts. (Dr. Wycliff ist ein wunderbares Beispiel dafür, dass das 14. wesentlich liberaler war als das 15. Jahrhundert. Auf dem Konzil in Konstanz 1415 wurde Wycliff nämlich als Ketzer verurteilt. Da war er zwar schon längst tot, aber das machte nichts. Die Glaubenshüter des Konzils ließen seine Gebeine ausbuddeln und öffentlich verbrennen.)

Jedenfalls hatten all diese unerhörten neuen Gedanken und Wycliffs vorreformatorische Bewegung, die ein echter Breitensport werden sollte, bei vielen kleinen Geistlichen zu einem Linksruck geführt. So gab es etwa einen Priester namens John Ball, der die Bauernrevolte unterstützte und gemeinsam mit Tyler anführte und ihr ein Motto verpasste, das Weltruhm erlangen sollte: »When Adam delved and Eve span, who was then the gentleman?« – Als Adam grub und Eva spann, wer war da der Edelmann?

Die aufständischen Bauern zogen durch Essex und Kent und vergossen viel Blut. Dann führte Tyler sie nach London, und weil einer der Stadtväter zu ihnen überlief, gelangten sie am 13. Juni 1381 kampflos in die Stadt. Die kleinen Handwerker, Tagelöhner und das Gesindel von London schlossen sich ihnen an, und es kam zu Massakern an Ausländern, Plünderungen und einem allgemeinen Chaos.

Der Hass der Menschen richtete sich vor allem gegen Lancaster, den Lord Chancellor und den Treasurer. Die beiden Letzteren erwischten sie, als sie es schafften, in den Tower einzudringen, und sie schlugen ihnen auf dem Tower Hill die Köpfe ab. Lancaster bekamen sie nicht in die Finger, denn er hielt sich an der schottischen Grenze auf, wo er in den vergangenen Jahren häufiger zu Verhandlungen mit den Schotten gewesen war. Im Tower von London befand sich jedoch sein Sohn und Erbe, Henry Bolingbroke, der zu dem Zeitpunkt vierzehn Jahre alt war und nur deswegen mit dem Leben davonkam, weil ein Ritter sich vor ihn stellte und den Jungen in seinem Rücken versteckte, als die Rebellen den Tower stürmten.

Frustriert, dass sie den verhassten Herzog nicht gefunden hatten, zogen die Rebellen zu Lancasters Londoner Residenz, dem Savoy Palast, und machten ihn dem Erdboden gleich.

Und dann betritt – plötzlich und unerwartet, wie es so schön heißt – der junge König Richard die Bühne, ganze vierzehn Jahre alt, genau wie sein Cousin Henry. Gegen den Rat seiner Lords und mit erstaunlichem persönlichem Mut traf König Richard sich zweimal mit Wat Tyler, um über die Forderungen der Rebellen zu verhandeln. Das war die einzige Gelegenheit in seinem Leben, da Richard dem Beispiel seines berühmten Vaters, des Schwarzen Prinzen, gerecht wurde. Denn von dieser Episode abgesehen war Richard ein Scheusal und ein fast so jämmerlicher König wie sein Urgroßvater.

Sein Glück war, dass sein Onkel Lancaster alle unbequemen Entscheidungen der letzten Jahre auf seine Kappe genommen, den Namen seines Neffen von jedem Makel reingehalten hatte. Die Rebellen glaubten daher, König Richard sei ein Freund der kleinen Leute. Das war ein fataler Irrtum.

Zum Schein stimmte Richard ihren Forderungen zu. Beim zweiten Treffen kam es trotzdem zum Eklat. Wat Tyler bedrohte erst einen Ritter im Gefolge des Königs, dann den Bürgermeister von London mit seinem Dolch, woraufhin der Bürgermeister ihn mit dem Schwert niedermachte. (Tylers

Wat Tylers Tod

Dolch können Sie heute noch im Londoner Rathaus besichtigen.) Während der Held des Volkes sterbend im Gras lag, zog die Londoner Miliz auf, trieb die Rebellen auseinander und formierte sie zum Rückzug. Die große Bauernrevolte war genauso tot wie ihr Anführer, und London feierte König Richard als seinen Befreier.

Der junge Heldenkönig ließ die gefangenen Rädelsführer foltern und hinrichten und schickte Truppen aus, um diejenigen aufzuspüren, die ihm entwischt und nach Hause aufs Land zurückgekehrt waren. Als bei einem Scharmützel mit einer Handvoll übrig gebliebener Rebellen deren Anführer den König an seine Versprechen erinnerte, erwiderte Richard eiskalt: »Leibeigene seid ihr, und Leibeigene sollt ihr bleiben.«

Die unmittelbare Folge der Bauernrevolte war, dass König Richard zwei Dinge gelernt hatte, die fortan sein ganzes Handeln bestimmten: Er hatte Bekanntschaft mit der beinah mystischen Macht des Königtums gemacht, und er hatte erfahren, dass man mit Hinterhältigkeit und falschen Versprechungen weit kommen kann. Vor allem, wenn man der König von England ist.

Er war selbstbewusst geworden, ertrug die Gängelung durch seinen Kronrat immer unwilliger und schüttelte sie ab, sobald er konnte. Stattdessen führte er ein Regime der Günstlingswirtschaft ein, das die Geschichtsbewanderten seiner Zeitgenossen in gruseliger Weise an Edward II. erinnert haben muss.

Die übrigen Lords betrachteten das Schauspiel mit einem kollektiven Stirnrunzeln, und der Earl of Arundel wurde der Wortführer der Kritikerfraktion. Derweil geißelten die Commons im Parlament die heillose Verschwendung an Richards Hof.

1385 führte Richard eine Armee auf den peinlichsten Schottlandfeldzug aller Zeiten: Nach zwei Wochen ohne Feindkontakt kam der König zurück, weil Schottland ihm zu ungemütlich und das Lagerleben zu unbequem war. Mit dieser Farce machte er nicht nur Lancasters jahrelange Friedensbemühungen zunichte, er verlor auch das Ansehen seiner Untertanen.

Die Zahl der Kritiker wuchs, und mancher Lord liebäugelte damit, den jungen, verantwortungslosen König abzusetzen. Das hatten ihre Väter und Großväter vor rund sechzig Jahren schließlich schon mal gemacht, darum war die Hemmschwelle jetzt weitaus niedriger.

König Richard hatte es allein seinem Onkel Lancaster zu verdanken, dass er auf seinem Thron Platz behalten durfte, denn Lancaster – immerhin selbst ein Königssohn – glaubte an die Unantastbarkeit des Königtums.

Doch 1386 verließ der Duke of Lancaster England für einen, wie sich herausstellen sollte, beinah dreijährigen Feldzug nach Kastilien, und kaum war er davongesegelt, brach der Konflikt zwischen König Richard und den Lords offen aus. Spät im

Herbst 1387 verlangten Arundel und König Richards Onkel, der Duke of Gloucester, das »Impeachment«-Verfahren gegen einige von Richards engsten Vertrauten und Freunden einzuleiten.

Richard stimmte zum Schein zu, schickte seinen Freund, den Earl of Oxford, aber gleichzeitig aus, um eine Truppe aufzustellen. Am 20. Dezember kam es bei Radcot Bridge (unweit von Oxford) zur Schlacht zwischen den Anhängern des Königs und seinen Kritikern, denen sich inzwischen auch Lancasters Sohn, Henry Bolingbroke, angeschlossen hatte.

Richards Freunde holten sich eine blutige Nase.

Im »gnadenlosen Parlament« von 1388 kehrten die siegreichen Lords mit eisernem Besen, und Richards engste Vertraute wurden, so sie nicht nach der Schlacht von Radcot Bridge ins Ausland geflohen waren, hingerichtet. Der König behielt seine Krone, aber die Macht übernahmen die fünf führenden Lords, die sich die »Appellanten« nannten: Richards Onkel Gloucester, sein Cousin Henry Bolingbroke, die Earls of Arundel und Warwick und ein Mann namens Thomas Mowbray, der einmal zu Richards engsten Vertrauten gezählt hatte.

Als Lancaster 1389 nach England zurückkehrte, konnte er eine Versöhnung zwischen dem König und den Appellanten herbeiführen, und für ein paar Jahre schien alles gut. Richard brachte sogar einen langfristigen Waffenstillstand mit Frankreich zustande, betätigte sich als Mäzen und erfreute sich mit seiner geliebten, aber kinderlosen Königin Anna des Hoflebens. Aber weder seine Verschwendungssucht noch seine Hinterhältigkeit hatte er abgelegt, und er hielt sich ein ganzes Regiment walisischer und englischer Bogenschützen als persönliche Leibgarde. Sein despotisches Auftreten und sein Misstrauen gegen die Lords wurden schlimmer. Manche glauben heute, dass Richard psychotisch war. Jedenfalls wurde er immer unberechenbarer, und als seine Anna 1394 starb, ließ er den Palast, in dem sie gestorben war, dem Erdboden gleichmachen. Das fanden die Engländer ziemlich eigenartig.

1397 endlich holte Richard zum Gegenschlag gegen die fünf Appellanten aus: Sein Onkel Gloucester wurde verhaftet, nach Calais gebracht und dort in aller Stille ermordet, weil er so mächtig war, dass Richard nicht riskieren konnte, ihn vor dem Parlament anzuklagen. Genau das tat er aber mit Arundel und Warwick. Der Erste wurde hingerichtet, der Zweite bat um Gnade und wurde verbannt.

Blieben sein Cousin Henry Bolingbroke und sein einstiger Kumpel Mowbray. Erst einmal passierte gar nichts, was die beiden ganz schön nervös gemacht haben dürfte. Dann zerstritten Bolingbroke und Mowbray sich, und Richard entschied, der Streit solle nach guter alter Sitte im ritterlichen Zweikampf, also per Gottesurteil, entschieden werden.

Der Zweikampf wurde auf den 16. September 1398 festgelegt, und als die beiden Kontrahenten auf das Trefflichste gerüstet vor einer großen Zuschauermenge in Coventry antraten, blies König Richard den Turnierkampf auf Leben und Tod ab, ehe er begonnen hatte, und verbannte die beiden Streithähne aus England, Mowbray lebenslänglich, Henry für sechs Jahre.

Das war ein ziemlicher Paukenschlag. Henry fügte sich der Verbannung jedoch notgedrungen, ging an den Hof in Paris, und sein Vater, der inzwischen greise Lancaster, bemühte sich, Richards Urteil auf eine kürzere Verbannungsdauer herunterzuhandeln. Doch im Februar 1399 starb Lancaster, und statt seinen Cousin als neuen Duke of Lancaster aus dem Exil zurückzuholen, wandelte König Richard Henry Bolingbrokes Verbannung in lebenslänglich um und zog sein beachtliches Vermögen und seinen noch beachtlicheren Grundbesitz für die Krone ein.

Henry Bolingbroke hatte nicht die Absicht, sich das gefallen zu lassen. Er wartete, bis Richard auf einen Feldzug nach Irland ging, dann kehrte er mit einigen treuen Freunden aus Frankreich zurück und landete Anfang Juli in Ravenspur. Eigentlich war er nur gekommen, um sich sein Erbe zu holen.

Aber dann begannen die Ereignisse sich zu überschlagen und eine gewisse Eigendynamik zu entwickeln.

Während Henry nach Süden zog, schwollen seine Reihen an. Richard hingegen, der überstürzt aus Irland zurückkam, um neue Truppen auszuheben, fand so gut wie niemanden mehr, der noch für ihn ins Feld ziehen wollte. Kampflos fiel er Henry im August in Chester in die Hände, wurde nach London gebracht und fürs Erste im Tower … einquartiert.

Im September trat in Westminster ein Parlament zusammen und setzte König Richard ab, dem der guten Form halber die Möglichkeit eingeräumt wurde, freiwillig abzudanken. Das tat er auch, weil ihm ja gar nichts anderes übrig blieb, besiegt und allein, wie er war. Dann trug das Parlament Henry Bolingbroke die Krone an, und am 13. Oktober 1399 wurde er zu Henry IV. von England gekrönt.

Genau wie zweiundsiebzig Jahre zuvor sein Urgroßvater erwies sich auch der abgesetzte Richard als zu gefährlich für den neuen Machthaber: Während der Weihnachtsfeierlichkeiten wurde ein Anschlag auf König Henry und seine Familie verübt, und wenig später wurde Richard nach Pontefract Castle verfrachtet und dort in aller Stille ermordet.

Ein unrühmliches Ende für das Geschlecht der Plantagenet, die fast zweihundertfünfzig Jahre lang Englands Könige gestellt und spektakuläre Nieten ebenso wie Lichtgestalten hervorgebracht hatten.

Mit Henry IV. begann nicht nur eine neue Dynastie, sondern wieder einmal sind wir an einer Jahrhundertwende angekommen. Eine gute Gelegenheit also, um nachzusehen, was sich abgesehen von den Misse- und Ruhmestaten der Könige und Fürsten noch so getan hatte in England.

Das dreizehnte, vor allem jedoch das vierzehnte Jahrhundert brachte eine Vielzahl sozialer und kultureller Veränderungen mit sich. Zu den radikalsten gehörten die Entstehung eines Bürgertums und der damit einhergehende Aufstieg der Städte. Das galt in ganz besonderem Maße für London, das zu Beginn des 14. Jahrhunderts sage und schreibe 50 000 Einwohner zählte. Ein Kaff, denken Sie vielleicht, aber das war immerhin rund ein Prozent der Gesamtbevölkerung. Das Areal innerhalb der Stadtmauern betrug etwa zweieinhalb Quadratkilometer, was eine Bevölkerungsdichte von 20 000 pro Quadratkilometer bedeutet. Zum Vergleich: In Köln leben heute etwa 6000 Menschen auf einem Quadratkilometer. Vom ländlichen Charakter des Stadtbildes kann also keine Rede mehr sein. Die Menschen und ihr Vieh lebten unvorstellbar dicht aufeinander in meist zweigeschossigen, mehrheitlich aus Holz gebauten Häusern. Die hygienischen Verhältnisse waren dementsprechend abenteuerlich, aber nicht so schlimm, wie oft angenommen und behauptet wird. Es gab öffentliche Wasserleitungen, deren Verunreinigung unter Strafe stand, und sogar öffentliche Toiletten, deren Pflege und Instandhaltung vom Stadtrat überwacht wurden.

Die Pestwellen um die Mitte des 14. Jahrhunderts halbierten die Stadtbevölkerung, aber wegen der großen Landflucht jener Zeit war sie um die Wende zum 15. Jahrhundert schon wieder etwa auf ihr altes Maß angestiegen.

Je wichtiger die Zolleinnahmen aus dem internationalen Handel für die Finanzen der Krone wurden, desto mehr rückten die Kaufleute ins Blickfeld der Herrschenden, und im gleichen Maße wuchs das Bewusstsein ihrer eigenen Wichtigkeit.

Die Kaufleute waren, nach Branchen unterteilt, in Gilden organisiert, die teilweise schon in angelsächsischer Zeit entstanden waren, und diese Gilden regelten das Geschäftsgebaren, aber auch den sozialen, religiösen und politischen Alltag ihrer Mitglieder. Bei ihren Zusammenkünften und Festlichkeiten wurden Ehen ebenso eingefädelt wie Geschäfte, politische und finanzielle Coups geplant, es wurde gemeinsam gebetet und gefeiert, und wenn ein Mitglied starb, kümmerte die Gilde sich um die Beerdigung, unterstützte die Witwe und Waisen fi-

Woll- und Tuchhändler gehörten zu den mächtigsten Kaufleuten.

nanziell, wenn es nötig war, und half bei der Beschaffung eines neuen Ehemannes, falls gewünscht. War die Witwe aber selbst kundig in den Geschäften ihres verstorbenen Mannes, konnte sie diese auch allein weiterführen und sogar Gildemitglied werden. Höhere Ämter in der Gilde oder der Stadtverwaltung waren Frauen allerdings verwehrt.

So wie die Gilden der Kaufleute funktionierten auch die Zünfte der Handwerker, die ebenfalls einen Aufschwung erlebten, was unter anderem daran lag, dass es in der Woll- und

Metallverarbeitung einige technische Neuerungen gab, die zu einer erhöhten Nachfrage an Facharbeitern führte.

Die Mitglieder der Gilden und Zünfte bildeten die bürgerliche Oberschicht, die sogenannten »Freien« der Stadt. Aus ihnen setzte sich der vierundzwanzigköpfige Stadtrat zusammen, der wiederum aus seinen Reihen die beiden Sheriffs und den Mayor – den Bürgermeister – von London wählte. Sie waren es auch, die die zwei Abgeordneten stellten, seit die Commons zum festen Bestandteil der Parlamente geworden waren, jede Stadt und jede Grafschaft also zwei Abgeordnete von nichtadligem Stand stellen durften. Wobei man nicht den Fehler machen darf, den Begriff »Commons« mit »einfachen Leuten« gleichzusetzen, denn die Bevölkerungsmehrheit aus Leibeigenen, Kleinbauern und Tagelöhnern war im Parlament nicht vertreten. Es war die privilegierte Mittelschicht, die die »Commons« stellte. Aber selbst das war ja schon ein beträchtlicher Fortschritt gegenüber früheren Jahrhunderten, und allein die Existenz des Parlaments – einer Kontrollinstanz, die die Macht des Königs einschränkte, an Gesetzgebungsverfahren teilhatte und an der Steuererhebung und -verteilung – war in dieser Form einzigartig in Europa.

Diese bürgerliche Oberschicht blickte natürlich mit einiger Hochnäsigkeit auf die übrige Stadtbevölkerung herab: die kleinen Handwerker, die Lohnarbeiter, Dienstboten, Bettler, Huren, Scharlatane und sonstigen menschlichen Darreichungsformen, die das bunte Stadtbild prägten. Trotzdem gab es viel Mildtätigkeit, denn das war eine Christenpflicht, und außerdem fürchteten alle Kaufleute, in die Hölle zu kommen, weil ihre Geschäfte nicht immer ganz und gar edelmütig waren. Mit ihrer Mildtätigkeit hofften sie, Gott dazu zu bewegen, ein Auge zuzudrücken. Bei ihren Begräbnissen ließen sie daher beutelweise Pennys an die Armen verteilen, luden Bettler zu ihren Gildefesten und stifteten Armenspeisungen mit der Auflage, dass jeder, der dort eine Schale Suppe bekam, aufgefordert wurde, für die Seele des edlen Spenders zu beten.

Den Wollkaufleuten war immer schon eine besondere Bedeutung zugefallen, aber um den Ausbruch des Hundertjährigen Krieges herum nahm diese Bedeutung eine neue Qualität an. Das lag zum einen daran, dass Königin Philippa aus ihrer niederländischen Heimat Weber, Walker und Färber nach England holte und die englische Tuchherstellung daraufhin in bislang unbekannter Weise zu boomen begann. Zum anderen lag es daran, dass Edward III. die Niederlande als Verbündete wollte, die nach englischer Wolle dürsteten. So erpresste er die Kooperation der niederländischen Fürsten durch ein Wollembargo, trieb die Preise in die Höhe und hofierte die englischen Wollkaufleute, damit sie ihm Geld liehen und nicht gar zu viel Wolle am Embargo vorbei nach Flandern schmuggelten.

Manche der Coups, die Edward und die Wollkaufleute ausheckten, erlitten Schiffbruch, andere funktionierten prächtig, und einige der Kaufleute wurden steinreich. Sie kauften sich Güter auf dem Land – wo sie natürlich Schafe züchteten –, und viele kauften sich auch noch den dazu passenden Ritterschlag.

Ein Ritterschlag war *käuflich*?, werden Sie jetzt voller Enttäuschung fragen.

Ja. Auch das hatte Edward III. sich einfallen lassen, um seine chronische Finanznot zu lindern. Er verkaufte das, was eben nur er anzubieten hatte, und zwar dementsprechend teuer. (So wie die Kommunen es heute mit uns und den Müllentsorgungsgebühren machen. Da lob ich mir doch das 14. Jahrhundert.) Aber diese etwas drollige Zeremonie, bei der der Kandidat mit dem Schwert auf einer Schulter berührt wurde, machte aus einem Mann noch keinen Ritter. Nicht wirklich. Die »wahren« Ritter, die Edward um sich scharte, mit denen er eine aussichtslose Schlacht nach der anderen gewann und sich an die runde Tafel setzte, mussten sich einem umfangreichen und ziemlich komplexen Wertekatalog unterwerfen. Tapferkeit gehörte dazu, Höflichkeit, Aufrichtigkeit, Frömmigkeit, Mäßigung und Streben nach Perfektion in allen Lebensbereichen, körperliche wie charakterliche Stärke und hohe Waffenkunst, Schutz der Schwächeren und so weiter und so fort, und gut

Schach spielen können mussten sie auch noch. Dieser Kodex hinderte die edlen Ritter nicht daran, französische Städte zu plündern, französische Zivilisten abzuschlachten und französische Nonnen zu vergewaltigen, aber ernst nahmen sie ihn irgendwie trotzdem. Welche Rolle er in der Gesellschaft spielte, sieht man schon daran, dass so viele dieser Werte heute noch Gültigkeit haben und »Ritterlichkeit« auch für uns ein eher positiver Begriff ist.

Doch auch für diese »wahren« Ritter änderten sich die Zeiten, vor allem, nachdem König Edward und der Schwarze Prinz gestorben waren und der lukrative Krieg ins Stocken geriet. Sie mussten feststellen, dass man Ritterlichkeit nicht essen kann und die wirtschaftlichen Folgen der Pest dazu führten, dass ihre oft bescheidenen Landgüter ihren Lebensstandard nicht mehr sicherten. Also fingen sie an, Schafe zu züchten und die Wolle an die Kaufleute zu verhökern. Dann wurden sie noch schlauer, kauften eigene Schiffe und brachten die Wolle selbst auf den Kontinent oder schickten sie zum Veredeln nach Salisbury oder Norwich, um dann das fertige Tuch zu exportieren.

Aus Kaufleuten wurden Ritter – aus Rittern wurden Kaufleute. Die Grenzen zwischen den gesellschaftlichen Schichten waren durchlässiger geworden.

Das wohl beeindruckendste Beispiel dafür ist Michael de la Pole. Sein Vater, William, war ein märchenhaft reicher Kaufherr aus Hull in Yorkshire und ein Schurke gewesen, der zu den größten Geldgebern König Edwards III. gezählt hatte. Dadurch wurde der Kontakt zur königlichen Familie geknüpft, und sobald Michael alt genug war, verabschiedete er sich von dem kaufmännischen Milieu, in welches er hineingeboren worden war, und zog mit dem Schwarzen Prinzen und John of Gaunt, dem Duke of Lancaster, in den Krieg. Er machte eine ausgesprochen gute Figur, wurde von Lancaster mit Ländereien belohnt und auf diplomatische Missionen geschickt, und der junge König Richard II. erhob Michael de la Pole schließlich in den Adelsstand und zu seinem Lord Chancellor. Bei diesem Amt bewies de la Pole keine besonders glückliche Hand, und gegen den Willen des Königs wurde er per »Impeachment«-Verfahren abgesetzt. Aber Tatsache bleibt: Aus dem Krämerssohn war der Earl of Suffolk geworden.

Auch auf dem Land hatte sich einiges getan. Der Versuch, die gesetzliche Abschaffung der Leibeigenschaft durch die Bauernrevolte zu erzwingen, war gescheitert, wie wir gesehen haben. Aber nach und nach verlor sie immer mehr an Bedeutung, weil die Pest und einige andere Veränderungen die Landwirtschaft radikal umkrempelten. Trotz der Gesetzgebung, die genau das verhindern wollte, verließen leibeigene Bauern ihre angestammte Scholle, zogen ein paar Kilometer weiter in die nächste oder übernächste Grafschaft und ließen sich dort als freie Pächter nieder. Bald bestand ein solcher Mangel an landwirtschaftlichen Arbeitskräften, dass viele Grundherren ihre Gutsbetriebe aufgaben oder in Weideland umwandelten, da Schafzucht lukrativer und weniger personalintensiv war. Durch die Zunahme der Schafzucht wurden die Böden besser gedüngt, und die Ernteerträge, die so lange rückläufig gewesen waren, verbesserten sich wieder. Mehr Gemüse als in vergangenen Jahrhunderten wurde angebaut, auch mehr Gerste, weil der Bierkonsum anstieg. Ganz allmählich hob sich der Lebensstandard, auch auf dem Land, wo Wirtshäuser in immer größerer Dichte entstanden. Dort fanden die Bauern sich nach getaner Arbeit oder an Sonn- und Feiertagen (von denen es viele gab) zusammen, würfelten und tranken Bier, und am Sonntag nach dem Kirchgang spielten sie Fußball und Handball und Tennis, obwohl der König mit immer neuen Gesetzen versuchte, das Bogenschießen als alleinigen Freizeitsport durchzusetzen.

Von dem anhaltenden Mangel an Arbeitskräften profitierten auch die Frauen in Stadt und Land. Es geschah nicht mehr automatisch, dass eine Frau in jungen Jahren verheiratet wurde, sondern gar nicht wenige suchten sich Arbeit in der Stadt. Manche lernten ein Handwerk und arbeiteten im elterlichen Betrieb mit. Auch im Geschäftsleben, vor allem im Seidenhandel, gab es erfolgreiche und sogar selbstständige Frauen.

Das 13. und 14. Jahrhundert bildeten eine kulturelle Blütezeit. Überall wuchsen Kathedralen in den Himmel, und allmählich entwickelte sich in England mit dem Perpendikularstil eine eigene gotische Prägung. Wegen der wachsenden Studentenzahlen wurden neue Colleges in Oxford und Cambridge gegründet, die teilweise mit Hallen in eben diesem Stil ausgestattet wurden, die sich an Pracht und Größe beinah mit den Kathedralen messen konnten. Die Adligen, die mit reicher Beute aus dem Hundertjährigen Krieg zurückkehrten, ließen ihre Burgen modernisieren und umbauen, und jeder, der es sich leisten konnte, wollte eine Residenz in London. Diese rege Bautätigkeit trug zum Aufschwung im Handwerk bei, und die Maurer und Steinmetze, die sich in sogenannten Logen organisierten, waren gut bezahlte, angesehene und mancherorts mächtige Männer.

Ebenso rasant entwickelte sich die Literatur. Waren in den ersten beiden Jahrhunderten nach der normannischen Eroberung literarische Texte fast nur in französischer oder lateinischer Sprache entstanden, bildete sich nun eine eigene, volkssprachliche Literatur, die mit Dichtern wie William Langland, John Gower, aber vor allem mit Geoffrey Chaucer ihren Höhepunkt fand. Auch Chroniken, politische und philosophische Texte entstanden, die weit mehr als reine Übersetzungen kontinentaler Literatur waren, die vielmehr die englische Lebenswelt widerspiegelten und kommentierten. Wie bereits erwähnt, war es gerade im 14. Jahrhundert erlaubt, beinah alles zu denken, zu sagen und zu schreiben.

Nur bei der Bibel in englischer Sprache verstand die Kirche überhaupt keinen Spaß.

Sie hatte es nämlich gar nicht leicht gehabt während dieser Periode. Das Scheitern der Kreuzzüge, die schmachvolle Verlegung des Heiligen Stuhls nach Avignon und das ewige Hickhack mit Päpsten und Gegenpäpsten in der Zeit des Schismas hatten zu einem beträchtlichen Verlust an Macht und Einfluss

Porträt Chaucers in einem Manuskript seiner Canterbury Tales

geführt, und nicht nur in England wurden Stimmen laut, die die Autorität der Kirche in Frage stellten. Von Dr. Wycliff sprachen wir ja schon, der den Papst kritisierte und die heilspendende Wirkung der Sakramente anzweifelte. In dieser Stimmung entstanden auch die ersten Teilübersetzungen der Bibel, damit die Menschen das Wort Gottes unmittelbar erfahren konnten, und da ging die Amtskirche auf die Barrikaden.

Bislang war das Wissensmonopol der Kirche das Fundament ihrer Macht gewesen. Nur Geistliche konnten die lateinische Bibel lesen und auslegen. Eine Übersetzung der Heiligen Schrift bedeutete, dass diese nun auch »Laien und ungebildeten

Frauen« zugänglich war, wie ein Kritiker empört schrieb, und dabei konnte doch nichts Gutes herauskommen. Tatsächlich bildete sich am Ende des 14. Jahrhunderts eine Art Sekte, »Lollarden« genannt, die Dr. Wycliffs Lehren aufgriff, zu weitaus radikaleren Ansichten weiterentwickelte und auch den Machtanspruch der weltlichen Autoritäten in Zweifel zog.

Vor allem unter den Armen, den Webern und unfreien Bauern stieß die Bewegung auf ein breites Echo, doch sie fand auch Anhänger unter dem Adel, einem Teil des Klerus und an den Universitäten. 1401 sahen weltliche und kirchliche Machthaber sich gezwungen, Gegenmaßnahmen zu ergreifen, und auf Betreiben des Erzbischofs von Canterbury erließ das Parlament ein Statut, welches das Predigen ohne kirchliche Erlaubnis verbot. Wer es trotzdem tat, konnte eingesperrt werden, bis er seine »Irrlehren« widerrief. Wer einen Widerruf verweigerte oder rückfällig wurde, konnte dem weltlichen Gesetz übergeben und verbrannt werden.

Im Laufe des 15. Jahrhunderts spitzte der Konflikt sich weiter zu. Es gab Umsturzpläne der Lollarden, und es kam zu einigen Ketzerverbrennungen. Viele waren es allerdings nicht. Noch richtete die Kirche das Augenmerk vornehmlich darauf, die »Irrgläubigen« auf den rechten Pfad zurückzuführen, weniger auf Bestrafung oder Ausrottung.

Erst viel später, im Zuge der Gegenreformation im 16. Jahrhundert, kam die Zeit, da man praktisch jeden Tag an jeder Straßenecke in London einen Scheiterhaufen brennen sehen konnte. Die furchtbare Hysterie der Hexen- und Ketzerverfolgung, die wohl wie kein anderer Themenkomplex für den schlechten Ruf des Mittelalters verantwortlich ist, hat im Mittelalter de facto niemals stattgefunden – weder in England noch anderswo.

Kapitel 5
1399–1461: Die Lancaster

Henry IV., der erste Lancaster-König, war eine ganz arme Socke.

Bis zu seiner Thronbesteigung im Herbst 1399 war er *everyone's darling*: Englands bester Turnierkämpfer, ein perfekter Ritter, besonnener Politiker und wahrer Gentleman, dem die Lords vertrauten, auf den die Commons ihre Hoffnungen setzten und den die Londoner vergötterten. Alle hatten die Nase gestrichen voll von Richards Tyrannei und Günstlingswirtschaft. Sie wollten stabile Verhältnisse und einen König, zu dem sie aufschauen konnten wie zu Edward III.

Henry, so schien es, war genau der richtige Mann für den Job.

Aber kaum trug er die Krone, schlug die Stimmung um. Das lag vor allem an Richards Ermordung. Sicher, Richard war ein Scheusal und außerdem ein Versager auf dem Thron gewesen, aber einen gesalbten König ins Jenseits zu befördern, das gehörte sich einfach nicht.

Als Edward II. entmachtet und ermordet worden war, hatten Isabella »die Wölfin« und ihr Lover Mortimer die Drecksarbeit erledigt, und der junge Edward III. war aus der ganzen abscheulichen Angelegenheit mit einer strahlend weißen Weste hervorgegangen.

Jetzt bei Henry war es anders: Er war Entmachter und Nachfolger des Königs in Personalunion, hatte aller Wahrscheinlichkeit nach auch dessen Ermordung in Auftrag gegeben, und das fanden viele Engländer anstößig. Irgendwie unappetitlich. Richard war kaum unter der Erde, da erhoben sich die ersten

Stimmen, die behaupteten, *so* schlimm sei er nun auch wieder nicht gewesen, und überhaupt …

Und das war noch nicht alles: Henry of Lancaster war – streng genommen – in der Thronfolge überhaupt nicht an der Reihe. Richard war zwar kinderlos gestorben und Henry sein Cousin ersten Grades. Aber zwischen ihren Vätern, dem Schwarzen Prinzen und dem Duke of Lancaster, hatte es noch einen Bruder gegeben, Lionel, Duke of Clarence. Der hatte einen Urenkel, den kleinen Earl of March, und der wäre – aufgrund des inzwischen allgemein anerkannten Erstgeburtsrechtes – vor Henry an der Reihe gewesen. Aber als Richards Herrschaft auseinanderbrach und der König in so ultimativer Weise abgesetzt wurde, war der Earl of March erst acht Jahre alt, und das Letzte, was England gebrauchen konnte, war ein Kind auf dem Thron. Also wurde der Earl of March übergangen und für die nächsten vierzehn Jahre auf einer irischen Burg verwahrt, wo er, so hoffte man wohl, allmählich in Vergessenheit geraten sollte.

Das klappte aber nicht. Jedes Mal, wenn König Henry eine unpopuläre Entscheidung traf, erinnerte irgendwer ihn daran, dass sein Thron auf wackligen Füßen stand.

Henry verdankte diesen Thron dem Parlament, das als Gegenleistung noch größere Mitbestimmungsrechte verlangte und auch bekam. Henry war ein lösungsorientierter, vor allem ein geduldiger König, der in jedem einzelnen Fall so lange mit dem Parlament verhandelte, bis eine zufriedenstellende Lösung für das jeweilige Problem gefunden war – ganz gleich, wie lange es dauerte. Vor allem dieser Gabe war es zu verdanken, dass England sich innerlich allmählich stabilisierte.

Des Weiteren verdankte der König seinen Thron zwei mächtigen Adelsgeschlechtern aus dem Norden, den Nevilles (die die Earls of Westmoreland waren) und den Percys (die den Earl of Northumberland stellten). Mit den Nevilles bekam er nie Schwierigkeiten, denn seine Halbschwester Joan Beaufort war mit dem Earl of Westmoreland verheiratet, und die Bindung der einflussreichen Nevilles an die Krone war eng und freundschaftlich.

Mit den Percys war es schwieriger. Sie hatten von Anfang an das Gefühl, dass König Henry ihre Rolle bei seiner Thronbesteigung nicht genügend würdigte und die Nevilles vorzog. Das mag stimmen, soweit es den älteren Percy, Henry Earl of Northumberland, betrifft, denn der hatte König Henrys Vater während der Bauernrevolte schändlich im Stich gelassen und war überhaupt ein ziemlich widerlicher Kerl. Aber Percy junior, den alle »Hotspur«, also Heißsporn, nannten, war ein Jugendfreund des Königs und hätte eigentlich mehr Vertrauen zu ihm haben sollen. Doch er trug seinen Spitznamen nicht zu Unrecht. Als Hotspur bei einem Scharmützel mit den Schotten den mächtigen schottischen Earl of Douglas gefangen nahm und König Henry das Lösegeld für den kostbaren Gefangenen kassieren wollte, statt es den Percys zu lassen, die den kostbaren Gefangenen ja schließlich geschnappt hatten, kam es zum endgültigen Bruch.

Hotspur und sein Vater zogen Henrys Anspruch auf die Krone öffentlich in Zweifel, drohten damit, den kleinen Earl of March auf den Thron zu setzen (mit dem sie verwandt waren), und unterstützten auch noch die Revolte unter Owen Glendower, die in Wales ausgebrochen war.

Die persönliche Enttäuschung muss bitter für König Henry gewesen sein, aber er handelte schnell. Er stellte eine kleine Armee auf und führte sie nach Westen, ehe Percy senior und junior ihre Truppen vereinigen konnten. In Shrewsbury wartete der sechzehnjährige Prince of Wales – schon wieder ein Henry – auf seinen Vater, und gemeinsam machten sie am 21. Juli 1403 der Meuterei der Percys ein Ende. Hotspur fiel. Sein Onkel, der Earl of Worcester, wurde gefangen genommen und zwei Tage später hingerichtet. Aber Percy senior, der Earl of Northumberland, wurde begnadigt, nachdem er hoch und heilig versprochen hatte, sich zu bessern. Wieso der König ausgerechnet diesem Mann verzieh, der auf eine so lange Karriere gebrochener Versprechen und verräterischer Treuebrüche zurückblicken konnte, wird wohl ewig sein Geheimnis bleiben. Jedenfalls sollte Henry noch Anlass haben, seine Milde zu bereuen.

Owen Glendowers Revolte in Wales gewann an Schwung, nicht zuletzt dank finanzieller Unterstützung aus Frankreich, und 1405 schloss der alte Percy sich schon wieder mit Owen Glendower zusammen. Er holte auch noch den Erzbischof von York mit ins Verräterboot und zettelte eine neue Verschwörung gegen König Henry an.

Jetzt reicht's aber, befanden die königstreuen Lords unter der Führung von Henrys Schwager Ralph Neville, dem Earl of Westmoreland. Er zog der Rebellenarmee entgegen und jagte sie auseinander. Der wackere Percy floh nach Schottland (wo er drei Jahre später bei einem unrühmlichen Scharmützel ums Leben kam). Der Erzbischof von York hingegen wurde gefangen genommen und hingerichtet.

Das war eine Katastrophe.

Zum einen verstieß es gegen das Gesetz, einen Priester hinzurichten, ganz gleich, was für ein Mistkerl er auch sein mochte, denn Geistliche standen ja außerhalb der weltlichen Gerichtsbarkeit. Aber viel schlimmer war, dass es als furchtbares Sakrileg galt, Hand an einen Mann Gottes zu legen.

Der erzbischöfliche Kopf lag längst im Gras, als König Henry am Ort des Geschehens eintraf, aber natürlich war er es, der die Verantwortung für den Bischofsmord zu tragen hatte. Niemand war davon so überzeugt wie er selbst, und als er 1405 krank wurde, glaubte er wie viele andere, dass es eine Strafe Gottes für dieses furchtbare Vergehen sei.

Wir wissen nicht, woran er litt. Seine Zeitgenossen sagten, er sei vom Aussatz befallen. Das ist nicht völlig ausgeschlossen, zumal Henry 1393 nach Jerusalem gepilgert war. So mancher

Henry IV. bei seiner Krönung

Kreuzfahrer hat sich die Lepra als Andenken aus dem Heiligen Land mitgebracht, und die Inkubationszeit konnte bzw. kann über zehn Jahre betragen. Aber ebenso gut ist es möglich, dass König Henrys Krankheit völlig anderer Natur war und seine Widersacher die Geschichte von der Lepra in die Welt setzten, weil »Aussatz« und »göttliche Strafe« so wunderbar zueinander passten. Jedenfalls war der König phasenweise so krank, dass er nicht regieren konnte.

Zum Glück war sein ältester Sohn schon fast erwachsen. Und nicht nur das: Henry of Monmouth, der Prince of Wales, sollte das absolute Erfolgsmodell aus dem Hause Lancaster werden.

1407 übernahm der Prinz die Führung der englischen Truppen gegen den walisischen Aufstand und belagerte Owen Glendower in Harlech Castle, das 1409 fiel. Nicht lange danach musste Glendower untertauchen, und seine Revolte brach endgültig zusammen. Prinz Henry war erbarmungslos gegen die Waliser vorgegangen und hatte in der heißen Phase der Kämpfe buchstäblich keine Gefangenen gemacht. Sonderbarerweise genoss er trotzdem hohes Ansehen in Wales. Das mag daran gelegen haben, dass er selbst in Monmouth, einem Grenznest auf walisischer Seite, geboren war und die Waliser deswegen einen der Ihren in ihm sahen. Vielleicht lag es auch daran, dass er zwar hart, aber niemals hinterhältig gegen die Aufständischen vorging, und möglicherweise reichte das allein, um ihm Sympathiepunkte einzubringen, denn die Waliser waren in den letzten zweihundert Jahren so schauderhaft von englischen Königen behandelt worden, dass sie keine hohen Ansprüche mehr stellten.

Ende 1409 wurde der König so krank, dass die Ärzte um sein Leben bangten. Gesicht und Körper waren inzwischen furchtbar entstellt. Doch König Henry selbst, heißt es, war zuversichtlich, dass er sich erholen werde, denn ein Seher hatte ihm prophezeit, dass er in Jerusalem sterben werde. Trotz der Überzeugung, dass ihm praktisch nichts passieren konnte, solange er nur nicht wieder ins Heilige Land reiste, musste er einsehen, dass er zu krank war, um die Regierungsgeschäfte weiterzuführen.

Der steinalte Erzbischof von Canterbury wurde als Lord Chancellor durch den Halbbruder des Königs, der der Bischof von Winchester war, abgelöst. Dieser Bischof hatte das diplomatische und taktische Talent ihres Vaters, des Duke of Lancaster, geerbt und sollte Englands Politik in den nächsten dreißig Jahren entscheidend mitprägen. Sein Name war leider auch Henry: Er war Henry Beaufort, der mittlere der drei Söhne aus Lancasters Skandalehe mit seiner Mätresse Katherine Swynford. Dass den beiden nichts Besseres eingefallen war, als ihrem Sohn den gleichen Namen zu geben wie seinem Halbbruder, ist bedauerlich, aber sie haben vermutlich einfach nicht daran gedacht, ein bisschen Rücksicht auf die geschichtsinteressierte Nachwelt zu nehmen.

Zurück zur Sache: Bischof Beaufort wurde der neue Lord Chancellor, und der zweiundzwanzigjährige Prinz Henry übernahm den Vorsitz im Kronrat. Sie machten ihre Sache hervorragend, aber als irgendein missgünstiger Schwätzer dem schwer kranken König zuflüsterte, sein Sohn wolle ihn zur Abdankung zwingen und ihm die Krone entreißen, entließ der Todkranke seinen Sohn und Bruder 1411 wieder aus ihren Ämtern. Im Mai des folgenden Jahres gab es gar ein Gerücht, Prinz Henry hebe Truppen aus, um seinen Vater gewaltsam zu entmachten. Vater und Sohn waren beide zutiefst gekränkt, beide fühlten sich vom anderen betrogen und ungerecht behandelt. Der Prinz schrieb dem König einen langen Brief, in welchem er alle Vorwürfe abstritt, dann erschien er persönlich vor dem König in London – sicherheitshalber mit großem Gefolge – und verlangte die Bestrafung derer, die ihn so schändlich verleumdet hatten.

Ob die Vorwürfe üble Nachrede waren oder ein Körnchen Wahrheit darin steckte, ist umstritten. Jedenfalls endete der schmuddelige Familienkrach am 20. März 1413, als König Henry starb. Übrigens im sogenannten Jerusalem-Zimmer der Abtei zu Westminster, womit die Prophezeiung des Sehers sich dann doch irgendwie noch erfüllte. Der Prinz war an der Seite seines Vaters und empfing dessen Segen, ehe der König starb.

Die Krone, die Henry 1399 so mühelos aus der noch nicht erfundenen Gosse gefischt hatte, hatte ihm nicht viel Glück gebracht. Die dreizehn Jahre seiner Regentschaft waren von Verrat, Aufständen und schwerer Krankheit überschattet. Aber er hinterließ seinem Sohn ein weitaus gefestigteres England, als er selbst von Richard übernommen hatte. Er hatte England innere Stabilität zurückgebracht, Wales und Schottland zumindest vorläufig befriedet, die Staatsfinanzen halbwegs saniert, weil er kein so heilloser Verschwender war wie Richard und den unbezahlbaren Krieg gegen Frankreich weniger auf dem Schlachtfeld weitergeführt hatte, sondern mehr am Verhandlungstisch, wo er die innerfranzösischen Konflikte zwischen Burgund und der Partei des Herzogs von Orléans nach Kräften geschürt hatte.

In gewisser Weise war Henry IV. ein tragischer König. Und ein König der leisen Töne. Mit Taktgefühl und Samthandschuhen führte er das Parlament, seinen Kronrat und seine temperamentvollen Söhne und bereitete so die Bühne für den größten Heldenkönig, der England je beschert wurde.

Bei der Krönung Henrys V. am 9. April 1413 gab es heftige Gewitter mit Hagel, Sturmböen – sogar Schneegestöber.

Niemand war überrascht.

Dieser König war ein äußerst ungestümer Prinz gewesen. Die Darstellung seiner jugendlichen Ausschweifungen ist in der Vergangenheit vielleicht oft übertrieben worden, aber trotzdem dürfen wir getrost davon ausgehen, dass er in den meisten der Londoner Wirts- und Hurenhäuser kein Fremder war, und einmal wurde er wegen nächtlicher Ruhestörung und ungebührlichen Betragens in der Öffentlichkeit verhaftet und einem Londoner Richter vorgeführt, der ihm eindringlich ins Gewissen redete, ehe er ihn wieder laufen ließ. Außerdem war Henry seit seinem 13. Lebensjahr Soldat.

Das extreme Wetter bei seiner Krönung (bei deren Bankett die Speisen von Dienern hoch zu Ross aufgetragen wurden) hielten viele also nur für einen Vorgeschmack auf die stürmischen Regierungsjahre, die ihnen bevorstanden.

Doch Henry überraschte seine Untertanen (nicht zum ersten und nicht zum letzten Mal), indem er seinen Lebenswandel vollkommen änderte. Er wurde ernst und fleißig und angeblich sogar enthaltsam, um sich für die französische Prinzessin aufzusparen, die er zweifellos bald heiraten würde.

Er ernannte seinen Onkel, Bischof Beaufort von Winchester, wieder zum Lord Chancellor und pumpte ihn an, weil der Bischof der reichste Mann in England war und König Henry Geld für sein ehrgeiziges Projekt brauchte: Er wollte den Krieg gegen Frankreich wieder beleben und vor allem gewinnen. Er wollte die französische Krone.

Bevor er allerdings aufbrechen konnte, um sie sich zu holen, galt es erst einmal, der Welt zu beweisen, dass er die *englische* Krone zu Recht trug. Dass er selbst zutiefst von der Rechtmäßigkeit seiner Herrschaft überzeugt war und deswegen keine Konkurrenz fürchtete, weder tote noch lebendige. Also schockierte er seine Brüder und seinen Kronrat, indem er den ermordeten König Richard aus dem verschwiegenen Grab holen ließ, wo er in King's Langley verscharrt worden war, und mit allem angemessenen Prunk und Pomp in Westminster Abbey beisetzen ließ.

Dann holte er seinen Cousin, den Earl of March, der ja streng genommen einen besseren Thronanspruch hatte als er, aus der irischen Festung und hieß ihn an seinem Hof willkommen. Vielleicht war das das Geheimnis seines Erfolgs: König Henry hatte ein sonniges Gemüt und ein großes Herz, genau wie sein Urgroßvater Edward III. Gegen seinen Charme und seine Ausstrahlung war kaum jemand gefeit, und der Earl of March, dankbar für seine Freilassung und überwältigt von dem herzlichen Willkommen, war vollauf zufrieden damit, sich Henrys Herrschaftsanspruch zu unterwerfen.

Aber nicht alle in England dachten so wie er.

Während Henry immer schärfere Botschaften mit dem König von Frankreich und vor allem dessen Sohn, dem *Dauphin*, austauschte, um eine Rechtfertigung für den Feldzug zu schaffen, den er um jeden Preis führen wollte, fiel ihm ein alter Freund in den Rücken: Sir John Oldcastle war ein Lollarde. (Übrigens weiß niemand so recht, woher das Wort »Lollard« kommt. Möglicherweise stammt es aus dem Niederländischen und bezeichnet jemanden, der murmelt oder nuschelt. Der Zusammenhang zu einer vorreformatorischen Bewegung erschließt sich allerdings nur mit sehr viel Fantasie.) Obwohl der junge König entschlossen und ziemlich unbarmherzig gegen diese »Ketzer« vorging, hatte er Oldcastles Gesinnung immer toleriert, weil der zu seinen ältesten Kumpeln zählte und bei so ziemlich jedem seiner Streifzüge durchs Londoner Nachtleben dabei gewesen war. Aber Anfang 1414 zettelte Oldcastle einen Aufstand der Lollarden an. Während der Weihnachtsfeierlichkeiten am Hof in Eltham sollten der König und seine Brüder gefangen genommen und ermordet werden, gleichzeitig sollten sich bis zu 20000 Lollarden außerhalb Londons sammeln, um das Land im Handstreich zu nehmen. Aber der Plan wurde aufgedeckt und vereitelt. Die Lollardenarmee löste sich schleunigst wieder auf, ein paar Rädelsführer wurden aufgehängt. Oldcastle floh und wurde in Abwesenheit zum Tode verurteilt. Drei Jahre später wurde er gefasst und aufgehängt, und unter dem Galgen wurde ein Scheiterhaufen entzündet, sodass er verbrannte, während er erstickte.

König Henry betrachtete die glückliche Aufdeckung der Lollardenrevolte als göttliche Genehmigung für seinen Frankreichfeldzug, den er nun mit Hochdruck vorbereitete. Im ganzen Land wurden Truppen ausgehoben. Schiffe wurden gebaut, Zimmerleute und Bogenbauer in Scharen angeheuert. Im Juli 1415 war es endlich so weit. Das königliche Heer sammelte sich in Southampton, um den Kanal zu überqueren und den inzwischen fast achtzig Jahre alten Krieg endlich zu gewinnen.

Aber schon wieder drohte Henry Verrat in den eigenen Reihen: Sein Cousin, der Earl of Cambridge, sein vertrauter Freund Henry Scrope of Masham und Thomas Grey, ein Ritter aus dem Norden, der vermutlich im Auftrag der ewig abtrünnigen Percys handelte, schmiedeten ein Komplott, um Henry und seine Brüder noch vor der Überquerung des Kanals umzubringen und stattdessen den Earl of March auf den Thron zu setzen, mit dessen Schwester der Earl of Cambridge verheiratet war. Vieles spricht dafür, dass die Verschwörer sich ihren Plan vom König von Frankreich finanziell hatten versüßen lassen.

Doch auch sie scheiterten, genau wie Oldcastle, denn der junge Earl of March wollte nicht König werden. Jedenfalls nicht so. Und er brachte es wohl auch einfach nicht fertig, Henry, der ihn mit solcher Großzügigkeit aus der Festungshaft geholt und an seinem Hof willkommen geheißen hatte, in so grässlicher Weise zu verraten. Er ging zum König und berichtete ihm von den Plänen der Verschwörer.

Grey wurde enthauptet. Genau wie der Earl of Cambridge, der ein umfassendes, reuiges Geständnis unterschrieb. Lord Scrope – König Henrys Freund – zeigte keine Reue und bat auch nicht um Gnade. Also wurde er zur Unterhaltung der Southamptoner ausgeweidet.

Jetzt aber, sagte sich König Henry und setzte am siebzehnten August endlich mit seinen fünfzehnhundert Schiffen, neuntausend Mann, fünftausend Pferden, Kanonen, Belagerungsmaschinen, Ausrüstung, Proviant und so weiter in die Normandie über. Sie landeten in der Nähe von Harfleur, und etwa vier Wochen lang belagerten sie die gut befestigte Stadt. Das war nicht lang, aber lange genug, dass die halbe englische Armee an der Ruhr erkrankte.

Als die schwer bedrängten Bürger von Harfleur feststellen mussten, dass weder der Dauphin noch der Oberbefehlshaber der französischen Armee ihnen zu Hilfe kamen, und König Henry versprach, die Stadt nicht zur Plünderung freizugeben, öffneten sie ihm die Tore.

Gut gemacht, sagten Henrys Ratgeber, aber jetzt lass uns erst mal wieder nach Hause segeln, denn es wird Herbst.

Davon wollte der König nichts hören. Tausend Engländer, die die Ruhr besonders schwer erwischt hatte, die aber noch lebten, schickte er nach Hause. Und er ließ eine Besatzungstruppe in Harfleur zurück. Mit dem Rest machte er sich auf den Weg nach Calais, um mit diesem Marsch die Normandie quasi symbolisch in Besitz zu nehmen. Es waren gerade mal noch fünftausend, die mit ihm aufbrachen, und ungefähr die Hälfte von ihnen war krank. Weil Henry es eilig hatte und das Gelände schlecht war, konnten sie keine Versorgungswagen mitnehmen, also waren die Rationen knapp. Und kaum waren sie losgezogen, fing es an zu regnen, und es hörte einfach nicht wieder auf.

Immer wieder sahen die englischen Späher während dieses zweiwöchigen Gewaltmarsches französische Truppen, die etwa so groß waren wie ihre, aber sie hielten Abstand, stellten sich niemals zum Kampf. Bis das müde, kranke, hungrige englische Häuflein am 24. Oktober, keine fünfundzwanzig Meilen mehr vom Ziel entfernt, den kleinen Fluss Ternoise überquerte und die Ebene jenseits des Flusses schwarz vor Menschen vorfand.

Es ist nicht ganz sicher, wie groß die französische Armee war, die sich den Engländern nahe dem Dorf Agincourt (oder Azincourt, wie die Franzosen es schreiben) in den Weg stellte. Aber es könnten durchaus 50 000 gewesen sein – eine Übermacht von zehn zu eins. Selbst wenn es nur halb so viele

Agincourt – Antreten zur berühmtesten Schlacht des Hundertjährigen Krieges

waren: Die Franzosen waren ausgeruht, gesund, satt und perfekt ausgerüstet.

Es schien hoffnungslos.

Aber Henry verhinderte, dass seine *Happy Few*, wie Shakespeare sie nannte – die »wenigen Glücklichen«, die an dieser denkwürdigen Schlacht teilnehmen durften –, in Panik gerieten. Am Morgen des 25. Oktober brachte er sie auf einem Weizenfeld zwischen zwei Waldstücken in Stellung und formierte seine Bogenschützen zu mehreren Spitzen.

Siegesgewiss, aber planlos griff die französische Übermacht an. Da das Feld jedoch von den Bäumen begrenzt war, konnte sie ihre zahlenmäßige Überlegenheit kaum nutzen und die Engländer auch nicht einkesseln. Die englischen Augenzeugen behaupten auch, die Franzosen hätten die Nacht vor der Schlacht durchgesoffen und um die lukrativsten der englischen Gefangenen gewürfelt.

Ganz gleich, ob das stimmt oder erfunden ist – niemand kann befriedigend erklären, wieso das passierte, was eben am 25. Oktober 1415 bei Agincourt passiert ist: Henry von England und seine *Happy Few* gewannen die Schlacht und verloren nicht einmal dreihundert Mann. Zu den Gefallenen zählten Michael de la Pole, Earl of Suffolk und Enkel des Krämersohnes, von dem ich Ihnen erzählt habe, sowie der Duke of York, welcher der ältere Bruder des Verräters Cambridge war, mit dessen Verschwörung er aber nichts zu tun gehabt hatte. Vermutlich war er während der Schlacht gestürzt, hatte es nicht geschafft, wieder auf die Füße zu kommen, und war unter dem Gewicht seiner Rüstung langsam und qualvoll erstickt. Suffolk und York waren die einzigen Gefallenen von adligem Rang auf englischer Seite.

Der König von Frankreich hingegen (der nicht persönlich erschienen war) hatte wieder einmal die Blüte seines Adels verloren: zwei Herzöge in Gefangenschaft, drei gefallen, ein gutes Dutzend Grafen, tausendfünfhundert Ritter und vier- bis fünftausend einfache Soldaten.

König Henry, seine Brüder, Lords, Ritter und Bogenschützen hatten eine ganz simple Erklärung für dieses Wunder: Es war Gottes Wille.

Um der Wahrheit die Ehre zu geben, muss allerdings erwähnt werden, dass sie der göttlichen Willensfindung ein wenig nachhalfen: Kurz vor dem Ende der Schlacht hatte Henry den Befehl gegeben, alle französischen Gefangenen zu töten. Möglicherweise hatte ein Teil der französischen Kavallerie den Wald umrundet, drohte Henry nun in den Rücken zu fallen oder den Tross mit den Verwundeten, Geistlichen und Knappen zu überfallen, und Henry fürchtete, sie könnten die Gefangenen befreien, wieder bewaffnen und so das Ruder noch mal herumreißen. Was auch immer seine Gründe gewesen sein mögen, es war eine Tat, die selbst im rauen 15. Jahrhundert als höchst unritterlich galt. Hätte es den Begriff »Kriegsverbrechen« damals schon gegeben, wäre die Ermordung der Gefangenen eines gewesen.

Aber dieser kleine Makel ging im Siegestaumel schnell unter. England bejubelte seinen siegreichen König, als er 1416 heimkehrte, aber der siegreiche König ruhte sich nicht lange auf seinen Lorbeeren aus.

1417 kehrte er in die Normandie zurück, die er bis 1419 komplett eroberte. Das war ein hartes Stück Arbeit, zumal Henry nicht wollte, dass seine Truppen das Land wie in der Vergangenheit überrannten und ausplünderten. Er wollte vielmehr, dass die Normannen ihn ins Herz schlossen und als ihren rechtmäßigen Herzog bzw. König anerkannten. Also belagerte er mühsam Stadt um Stadt, Burg um Burg, und eine nach der anderen fiel.

Unterdessen verhandelte sein Onkel, Bischof Beaufort von Winchester, mit Burgund und den Vertretern des Königs von Frankreich. Das war alles andere als einfach: Der König von Frankreich, Charles »Le Fou«, litt an periodischem Wahnsinn und war oft monatelang nicht ansprechbar. Das hatten die mächtigen Herzöge von Burgund und Orléans ausgenutzt, um nach der Macht zu greifen und jahrzehntelang um die Vorherrschaft zu ringen. Als Orléans bei Agincourt in Gefangenschaft geriet, übernahm der Dauphin – der französische Thronfolger – die Führung seiner Partei.

England hatte über die letzten Jahrzehnte versucht, mal mit der einen, mal mit der anderen Seite ein Bündnis zu schließen, aber die beiden verfeindeten französischen Parteien wurden sich nie so richtig schlüssig, ob sie sich nicht vielleicht doch lieber zusammenraufen und ein Bündnis gegen England schließen sollten.

Um genau darüber zu verhandeln, trafen der Dauphin und der Herzog von Burgund sich am 10. September 1419 auf einer Brücke bei Montereau. Ehe irgendwer die Verhandlungen eröffnen konnte, hob einer der Männer des Dauphin die Streitaxt und spaltete Burgund den Schädel.

Damit hatten die Verhandlungen sich erledigt.

Der Sohn und Erbe des erschlagenen Herzogs war verständlicherweise zutiefst verbittert über diesen feigen Mordanschlag auf seinen Vater. Allein konnte er ihn nicht rächen, und weil es sonst niemanden gab, an den er sich wenden konnte, bat er Henry von England um Hilfe gegen den Dauphin. Die Königin von Frankreich sagte sich endgültig von ihrem Sohn los, den sie sowieso nicht ausstehen konnte, und der wahnsinnige König wurde nicht gefragt. So kam es, dass Burgund und die Königin 1420 mit Henry von England den Vertrag von Troyes schlossen: Der Dauphin sollte enterbt werden. König Henry sollte dessen Schwester Katherine heiraten. Der kranke Charles sollte dem Titel nach bis an sein Lebensende König von Frankreich bleiben, aber Henry erst sein Regent, dann sein Nachfolger werden, die Krone an seine und Katherines Nachkommen übergehen.

Geschafft!, jubelten die Engländer. Wir haben erreicht, wofür dieser Krieg begonnen wurde.

Es bestand nur noch das kleine Problem, dass der Dauphin von all diesen schönen Plänen nicht sonderlich begeistert war, und südlich der Loire hatte er die Macht. Dann müssen wir ihm die Macht eben entreißen, beschloss Henry kurzerhand.

Erst einmal heirateten er und Katherine am 2. Juni 1420 in der Kathedrale von Troyes, und am 1. Dezember zog der König von England mit seiner französischen Gemahlin im Triumph als Regent von Frankreich in Paris ein. Wie selig er gewesen sein muss. Er hatte sein ehrgeiziges Ziel erreicht.

Was allerdings die französische Prinzessin bei alldem empfand, die mit dem Feind verheiratet worden war, ist nicht überliefert. Die Chronisten schwärmen von ihrer Schönheit, und sie absolvierte ihre öffentlichen Auftritte mit großer Würde. Vielleicht verabscheute sie ihren hinterhältigen Bruder so sehr, dass sie ihr Heimatland lieber in den Händen des englischen Königs sah. Vielleicht fügte sie sich auch einfach nur klaglos in ihre Ehe, weil es eben normal für eine Prinzessin war, aus politischen Erwägungen mit dem ehemaligen Feind verheiratet zu werden. Wir können nur spekulieren. Genau wie über die Frage, was sich wohl abspielte, wenn die beiden allein waren, denn Katherine konnte kein Englisch und Henry kein Französisch.

Im Februar 1421 brachte er seine Königin nach England, um sie krönen zu lassen, und machte anschließend mit ihr eine Rundreise, um ihr England und England seine neue Königin zu zeigen. In Beverley in Yorkshire erreichte ihn im März die Schreckensnachricht, dass es unweit der Loire bei Baugé ein Scharmützel mit den Dauphinisten gegeben hatte und sein Bruder, Thomas Duke of Clarence, gefallen war. Das war ein schwerer Schock für den erfolgsverwöhnten König und ein persönlicher Verlust, denn er und seine Brüder standen sich nahe. Henry kam zu dem Schluss, dass der Krieg gegen den Dauphin nur zu gewinnen war, wenn er sich persönlich darum kümmerte. Also kehrte er im Juni 1421 nach Frankreich zurück.

Er sollte England nicht wiedersehen.

Während Henry das stark befestigte Meaux belagerte und einen zermürbenden Winter im Feld verbrachte, gebar die Königin am Nikolaustag in Windsor einen Sohn, der – Sie dürfen dreimal raten – auf den Namen Henry getauft wurde. Sein Großonkel Henry Beaufort, der Bischof von Winchester, war einer seiner Paten.

Meaux fiel Anfang Mai, und viele glaubten, dies sei der Durchbruch. Aber schon im Winter war König Henry krank geworden. Vermutlich hatte er sich mit der Ruhr infiziert und sich keine Ruhe gegönnt, um sich gründlich auszukurieren. Über den Sommer wurde er jedenfalls immer kränker. Und auf dem Ritt nach Cosne Ende Juli fiel er bewusstlos vom Pferd. In einer Sänfte brachten seine Lords ihn nach Vincennes, wo er am 31. August 1422 mit fünfunddreißig Jahren starb, ohne seinen Sohn ein einziges Mal gesehen zu haben.

»Er war zu ruhmreich, um lange zu leben«, soll sein Bruder, John Duke of Bedford, am Totenbett gesagt haben.

England trauerte um seinen Heldenkönig, aber das war nicht der einzige Grund zum Wehklagen. Das Land befand sich im Krieg, steckte wie üblich in bösen finanziellen Schwierigkeiten, und der Prince of Wales war ganze neun Monate alt.

Zweimal war es seit der normannischen Eroberung bislang passiert, dass ein Kind auf den Thron gekommen war. Beide Male war es halbwegs gelungen, die Stabilität mit einem handlungsfähigen Kronrat zu wahren, aber Henry III. war neun Jahre alt gewesen, Richard II. elf. Ein König in Windeln war eine Katastrophe. Zumal sechs Wochen nach Henry auch der umnachtete Charles von Frankreich starb, sodass nun *zwei* Kronen auf den winzigen Säuglingskopf warteten.

König Henry hatte mindestens einen Monat lang gewusst, dass er sterben würde. Reichlich Zeit also, um seine Angelegenheiten zu regeln. Und das hatte er nach bestem Wissen und Gewissen getan: Seinem Onkel, Bischof Beaufort, und seinem

Henry VI. betet um den dringend benötigten göttlichen Beistand.

vertrauten Freund, dem Earl of Warwick, übertrug er die Vormundschaft für seinen Sohn. Seinen Bruder John of Bedford setzte er bis zur Mündigkeit des kleinen Königs als Regenten in Frankreich ein und drückte ihm aufs Auge, den zähen Krieg gegen den Dauphin weiterzuführen. Seinem letzten verbliebenen Bruder, Humphrey Duke of Gloucester, übertrug er die Regentschaft über England, das Gloucester als Lord Protector stellvertretend für seinen Neffen und in Abstimmung mit dem Kronrat verwalten sollte.

Das war alles gut gemeint, aber es funktionierte vorne und hinten nicht. John of Bedford machte seine Sache in Frankreich hervorragend, hielt das Bündnis mit dem Herzog von Burgund (dessen Schwester er geheiratet hatte) und nahm dem französischen Adel den Lehnseid ab, aber realistisch betrachtet hatte er keine echte Chance, die Macht des Dauphin südlich der Loire zu brechen. Das war wohl nie viel mehr als ein schöner Traum gewesen, aber solange König Henry noch lebte – der bei Agincourt bewiesen hatte, dass er Träume wahr machen konnte –, hatte das niemanden sonderlich besorgt. Jetzt gab es ein böses Erwachen.

Aber die eigentlichen Probleme lagen in England. Humphrey of Gloucester war ein eitler, machtgieriger und verantwortungsloser Lump, der von Anfang an versuchte, den Kronrat auszubooten und allein zu regieren. Sein Onkel, Bischof Beaufort, der ihn aus tiefster Seele verabscheute, wusste das zu verhindern, aber bald drohte England im Streit zwischen Herzog und Bischof ins Chaos zu sinken.

Um Gloucesters Protektorat schnellstmöglich ein Ende zu machen, wurde der kleine König am 5. November 1429 zu Henry VI. von England gekrönt. Obwohl er noch nicht einmal acht Jahre alt war, ahnte er wohl, was ihm blühte, denn er schaute sich »kummervoll und wehmütig um«, erzählt ein Chronist, während sein Großonkel Beaufort, der inzwischen Kardinal geworden war, ihm die viel zu große Krone aufs Haupt setzte.

Durch die Krönung hatte Gloucester einen Teil seiner Macht eingebüßt – was ja der eigentliche Zweck der Zeremonie gewesen war –, aber trotzdem ging das Gerangel weiter: auf der einen Seite Kardinal Beaufort, der vor allem von seinen Neffen John und Edmund Beaufort – den Söhnen seines verstorbenen älteren Bruders – und von William de la Pole, dem Duke of Suffolk und jüngeren Bruder des bei Agincourt gefallenen Michael de la Pole, unterstützt wurde. Auf Gloucesters Seite stellte sich hingegen ein sehr mächtiger, reicher und – wie sich herausstellen sollte – gefährlicher junger Mann: Richard Duke of York.

Tut mir leid, jetzt wird's mal kurz ein bisschen kompliziert, aber das ist wichtig: Richard of York war der Sohn des Verräters

Cambridge und dessen Frau Anne Mortimer, der Schwester des Earl of March. (Sie wissen schon: der junge Mann, der den besseren Thronanspruch hatte und deswegen so lange weggesperrt war und König Henry nicht verraten wollte.) Der war kinderlos gestorben. Genau wie Cambridges Bruder, der Duke of York, der ja bei Agincourt in seiner Rüstung erstickt war. Deswegen gingen sowohl der Titel und die beträchtliche Macht des Duke of York als auch der Thronanspruch des Earl of March auf diesen jungen Richard of York über. Und darum werden wir von ihm, vor allem von seinen Söhnen, noch allerhand hören. Nur noch 26 Jahre trennen uns nämlich vom Ausbruch der Rosenkriege um den englischen Thron, die das letzte fulminante Kapitel in unserer Geschichte darstellen. Und die Seil- und Feindschaften, die sich im Konflikt zwischen Kardinal Beaufort und Humphrey of Gloucester bildeten, sollten England während der Rosenkriege so richtig um die Ohren fliegen.

Aber genug der *Spoiler* und zurück ins Jahr 1429.

Während der kleine König unter der Last seiner Krone fast zusammenbrach und seine Onkel um die Macht rauften, hatte seine Mutter, die französische Prinzessin Katherine, sich in aller Stille einen Liebhaber genommen und ihn heimlich geheiratet. Es handelte sich um einen walisischen Edelmann namens Owain ap Meredydd, der zum Glück aufgrund eines Schreibfehlers in einer Urkunde als Owen Tudor in die Geschichte einging, sodass auch Nicht-Waliser eine Chance haben, sich den Namen zu merken. Dieser Owen Tudor hatte wahrscheinlich in König Henrys Gefolge bei Agincourt gekämpft und war nach Henrys und Katherines Hochzeit in den Haushalt der Königin versetzt worden. Allerlei romantische Gerüchte ranken sich um die verwitwete Königin und ihren walisischen Kavalier. Mal heißt es, er sei beim Tanz gestolpert und ihr in den Schoß gefallen, und da hätt's gefunkt. An anderer Stelle wird beschrieben, wie der stattlich gebaute Owen Tudor ein Bad in der Themse nahm, die Königin ihn dabei heimlich beobachtete und unwiderstehlich fand, was sie sah.

Wie es auch immer passiert sein mag, es war gefährlich: Wenn eine Königinwitwe wieder heiratete, war das eine politische Angelegenheit. Darum hatte der Kronrat es vorsichtshalber verboten. Und ganz sicher hätte er niemals in Katherines Ehe mit einem walisischen Niemand eingewilligt.

Also zog die Königin sich vom Hof zurück, damit sie und Tudor nicht aufflogen, und der kleine König stand ohne mütterlichen Zuspruch ganz allein zwischen seinen zankenden Onkeln.

Aber es sollte noch schlimmer kommen. Etwa um diese Zeit passierte nämlich auf den französischen Schlachtfeldern etwas höchst Sonderbares: Ein siebzehnjähriges Bauernmädchen namens Jeanne d'Arc aus Domrémy in Lothringen war in Männerkleidern und mit Erlaubnis des Dauphin nach Orléans gezogen, das der Duke of Bedford gerade belagerte. Das war weiß Gott schon verrückt genug. Männerkleider! Das schockierte die Engländer mehr als alles andere. Und dieses unmögliche Mannweib schaffte es doch tatsächlich, mit der kleinen Truppe, die der Dauphin ihr zugestanden hatte, die Belagerung der Stadt aufzuheben. Völlig verdattert mussten der Duke of Bedford und seine Haudegen abziehen.

Aber die »Jungfrau von Orléans« war noch nicht fertig mit den verhassten Engländern und Burgundern. Sie fing an, nach und nach zurückzuerobern, was Bedford so mühevoll eingenommen hatte, und schließlich führte sie den Dauphin nach Reims, wo er zu Charles VII. von Frankreich gekrönt wurde.

Frankreich staunte und jubelte. Jeanne d'Arc selbst staunte überhaupt nicht, denn sie tat nur, was die Stimmen der heiligen Margarete, Katharina und Michael ihr auftrugen, die sie praktisch täglich hörte und die ihr immer genau sagten, was als Nächstes passieren würde.

England war fassungslos, und spätestens bei der Krönung des Dauphin zutiefst erschrocken. Die französische Krone sollte doch laut Vertrag von Troyes an die Könige von England übergehen! So eine Unverschämtheit konnte man sich nicht bieten lassen. Also brach Kardinal Beaufort im Mai 1430 mit dem sehr kleinen König und einem sehr großen Gefolge nach Frankreich auf, um Henry auch noch seine zweite Krone aufzubürden.

Im gleichen Monat fiel Jeanne d'Arc dem Grafen von Ligny in die Hände, der ein Verbündeter von Burgund, mithin auch ein Verbündeter der Engländer war. Sie hatte – aus englischer Sicht – großen Schaden angerichtet, hätte um ein Haar sogar Paris eingenommen, und vor allem hatte sie Frankreich einen französischen König zurückgegeben und zumindest teilweise hinter ihm geeint.

Das durfte nicht sein.

Die Engländer beschlossen, den Burgundern die Jungfrau abzukaufen und als Ketzerin und Hexe zu überführen. Für solch eine Anklage war sie angreifbar, weil sie sich ständig damit brüstete, in Gottes Auftrag zu handeln und von ihren drei Heiligen geführt zu werden. Die Engländer wollten Rache für den Schaden, den sie angerichtet hatte, aber vor allem wollten sie den Dauphin diskreditieren, indem sie die Frau, die ihn auf den Thron gehievt hatte, als Ketzerin entlarvten. Ihre Hoffnung war, dass der französische Adel und Klerus sich dann von ihm ab- und König Henry zuwenden würden.

Also veranstalteten sie einen abscheulichen abgekarteten Schauprozess, dessen theologisches Fundament die Universität von Paris lieferte (die Burgund freundlich gesinnt war, nicht dem Dauphin).

Jeanne wurde nicht mit Fingerschrauben oder ähnlichen schauerlichen Instrumenten gefoltert. Aber sie war schon fast ein Jahr lang eingesperrt, als ihr Prozess begann. Nachdem sie zur Verhandlung nach Rouen gebracht worden war, wurde sie in Isolationshaft gehalten, bewacht von drei englischen Finstermännern, die ihr zwar vermutlich nichts getan haben, aber die Drohung stand ständig im Raum. Sie war noch keine zwanzig Jahre alt und psychisch äußerst labil. Wir könnten auch sagen, psychotisch. (Es sei denn, Sie glauben, dass sie Erscheinungen hatte und die Stimmen der Heiligen hörte.) Jeden Tag führte man sie vor eine Riege von einem runden Dutzend Anklägern, gebildeten, feindseligen Kirchenmännern, die versuchten, das einfache Bauernmädchen in rhetorische Fallen zu locken, ihr das Wort im Mund zu verdrehen, und die der überaus frommen Angeklagten außerdem die Sakramente verweigerten. Es ist ein kleines Wunder – und ein Beweis ihrer verblüffenden Hartnäckigkeit –, dass sie so lange durchgehalten hat. Aber nach gut zwei Monaten hatten sie sie schließlich weichgekocht, und Jeanne unterschrieb ein Geständnis (nur mit einem Kreuz, denn sie konnte nicht schreiben, aber vor vielen Zeugen).

Dann legten sie sie herein und brachten sie dazu, ihr Geständnis zu widerrufen. Daraufhin übergaben ihre kirchlichen Ankläger sie dem weltlichen Gesetz in Gestalt des Earls of Warwick, der verfügte, Jeanne d'Arc auf dem Alten Markt von Rouen öffentlich zu verbrennen.

Das geschah am 30. Mai 1431. Als es vorüber war, schickte Kardinal Beaufort seine Männer aus, die Asche einzusammeln und in die Seine zu streuen, auf dass nichts von der Jungfrau übrig bliebe, worauf man einen Heiligenkult hätte begründen können.

Das ist ein ziemlich finsteres Kapitel in der englischen Geschichte. Keiner der sonst eigentlich ziemlich anständigen Männer, die daran beteiligt waren, hat Jeanne gegenüber auch nur einen Funken Anstand bewiesen.

Und obendrein war auch noch alles umsonst. Der gefürchtete Heiligenkult begann praktisch am Tag ihrer Hinrichtung, und der gewünschte politische Effekt stellte sich nicht ein. Im Gegenteil. Die Lage der Engländer auf dem Kontinent wurde immer schwieriger, und John of Bedford zeigte deutliche Verschleißerscheinungen. Er hatte keine Lust mehr, diesen Krieg für seinen Neffen weiterzuführen. Das Parlament in England bewilligte ihm keine Steuern mehr dafür, denn die Lords und Commons meinten, der Krieg müsse doch wohl mit den Ein-

Jeanne d'Arcs Hinrichtung. Man beachte das fiese Grinsen ihres Anklägers, Piere Cauchon (ihr gegenüber).

künften aus den eroberten Gebieten in Frankreich zu bezahlen sein. Da die aber großteils verwüstet waren, war das nicht der Fall, und der Herzog von Burgund, dem der Spaß allmählich auch zu teuer wurde und der Geld aus England für seine Bemühungen verlangte, wurde langsam, aber sicher ziemlich grantig.

Als Kardinal Beaufort dem kleinen Henry am 16. Dezember 1431 endlich in Notre Dame in Paris seine Zweitkrone aufs Haupt setzte, blieb der Herzog von Burgund den Krönungsfeierlichkeiten fern. Das war mehr als nur ein schlechtes Zeichen. Es war der Anfang vom Ende.

Erleichtert kehrte der verängstigte König nach England zurück, und er sollte den Kanal nie wieder überqueren.

1435 kam es durch Vermittlung des Papstes in Arras zu einer Friedenskonferenz, die den Krieg zwei Jahre vor seinem hundertsten Geburtstag ein für alle Mal beenden sollte. Doch die Gegensätze waren unüberbrückbar. Aus englischer Sicht war die Friedenskonferenz von Arras ein totaler Fehlschlag, aus französischer ein Triumph: Charles VII., vormals der Dauphin, schloss Frieden mit dem Herzog von Burgund.

England hatte seinen wichtigsten Verbündeten in Frankreich verloren. Und als habe ihm das den Rest gegeben, starb wenige Wochen später der Duke of Bedford. Nun hatte England auch noch seinen fähigsten Kommandanten verloren.

Der Duke of Gloucester und der Duke of York waren überzeugt, man müsse sich nur mehr Mühe geben, nur noch ein bisschen mehr Blut vergießen, um das Ruder wieder herumzureißen. Kardinal Beaufort und seine Anhänger befanden hingegen, es sei an der Zeit, Frieden mit Frankreich zu schließen, aber ihr Hass auf ihre innenpolitischen Widersacher trieb sie zu einer unklugen, geradezu kindischen Politik, sodass auch sie sich nicht gerade mit Ruhm bekleckerten.

1437 erklärte der Kronrat den vierzehnjährigen König für mündig, und Henry schickte sich an, zwischen den Streithähnen zu vermitteln, aber dazu war er nicht gestrickt. Er war leicht zu beeinflussen und glaubte immer demjenigen, der gerade vor ihm stand und seine Argumente vortrug.

Henry, merkten seine Untertanen bald, war ein schwacher Charakter. Die einzig königliche Eigenschaft, die er besaß, war seine große Frömmigkeit. Aber damit ließen sich die brisanten innen- und außenpolitischen Probleme nicht lösen.

1447 starben Gloucester und Kardinal Beaufort (Ersterer in Haft und unter höchst dubiosen Umständen). Aber selbst das beendete den Krach innerhalb des Adels nicht. Richard of York auf der einen, die Beauforts und vor allem der Earl of Suffolk auf der anderen Seite übernahmen jetzt die Führung der jeweiligen Fraktionen und taten alles, um sich gegenseitig das Leben zur Hölle zu machen.

Suffolk stand dem jungen, wankelmütigen König vielleicht näher als jeder der anderen, und als England in Frankreich die

Felle schwimmen gingen und es im Innern zu Unruhen und gar zu neuerlichen Bauernaufständen kam, war es kein Wunder, dass der Zorn der Lords, Commons und kleinen Leute sich vor allem gegen Suffolk richtete. Um seiner Verurteilung im Parlament zuvorzukommen, schickte der König Suffolk für fünf Jahre in die Verbannung. Aber das Schiff, das den Exilanten über den Kanal bringen sollte, wurde aufgehalten, der umstrittene Suffolk ermordet.

Das dürfte wohl auf Richard of Yorks Konto gehen, obwohl sich an dieser Frage die Geister scheiden.

1444 hatte König Henry eine Nichte des französischen Königs, Marguerite d'Anjou, geheiratet, was eigentlich mit einem Waffenstillstand hätte einhergehen sollen. In einem geheimen Zusatzvertrag hatte Henry seinem Onkel, König Charles von Frankreich, sogar die Grafschaft Maine versprochen, um endlich Frieden zu haben, denn er hatte für Krieg im Allgemeinen und für diesen hundertsiebenjährigen im Besonderen nichts übrig.

Aber Charles und die Franzosen waren die Besatzung so satt, dass sie sich an keine Abkommen mehr hielten. Sie waren ja nicht blöd und wussten ganz genau, dass kein Löwe wie Henry V., sondern ein Lämmchen auf dem englischen Thron saß.

Bis 1450 eroberten die Franzosen die gesamte Normandie zurück, und dann blickte Charles VII. nach Süden.

Da war doch noch was?

Aquitanien, ganz genau.

Lange Zeit war das südliche Herzogtum im Krieg um die nördlichen Gebiete fast in Vergessenheit geraten, aber jetzt, rund dreihundert Jahre nachdem die berühmte Eleanor es quasi als Mitgift an die englische Krone eingebracht hatte, erinnerte man sich in Frankreich plötzlich daran, dass die Engländer ja auch im Süden noch ein Standbein hatten.

Es dauerte noch einmal drei Jahre, es abzusägen. 1453 kam es bei Castillon zu einer blut- und verlustreichen Schlacht. Dieses Mal machten nicht die englischen Bogenschützen Kleinholz aus den Franzosen, sondern die französische Artillerie Hackfleisch aus den Engländern.

Das Zeitalter der Rüstungstechnik hatte nämlich begonnen.

Und so endete der Hundertjährige Krieg, den England mehrmals um ein Haar gewonnen hätte. Alle englischen Besitzungen in Frankreich bis auf Calais waren verloren.

Als König Henry die Nachricht erhielt, tat er das, was auch sein französischer Großvater in Krisensituationen häufig getan hatte: Er verlor den Verstand.

Siebzehn Monate lang war er umnachtet, bettlägerig und teilweise überhaupt nicht ansprechbar. Er verpasste die Geburt seines Sohnes und Erben (der zur Abwechslung mal wieder auf den Namen Edward getauft wurde), sowie den eskalierenden Streit zwischen dem Duke of York und Edmund Beaufort, dem Duke of Somerset.

Beide hatten ja schon unter Kardinal Beaufort und Humphrey of Gloucester in verfeindeten Lagern gestanden. Beide betrachteten sich als rechtmäßigen Erben des Königs. York, weil er den March-Thronanspruch geerbt hatte, Somerset, weil er ein Beaufort war und somit unmittelbar von John of Gaunt, dem großen Duke of Lancaster, abstammte.

Sie brauchen nicht zu versuchen, die Legitimation dieser Thronansprüche zu durchschauen. Es gab in beiden Fällen Argumente für und wider. Und mit der Geburt des kleinen Prince of Wales hätte sich die Frage ja eigentlich auch erledigen sollen. Das geschah aber nicht, und die Feindschaft zwischen York und Somerset, die sich gegenseitig die Schuld für den verlorenen Krieg in Frankreich zuwiesen, wurde immer bitterer. Ein Chronist erzählt, sie seien sich in London einmal zufällig in einem Garten über den Weg gelaufen. Nachdem sie sich ein paar Gehässigkeiten an den Kopf geworfen hatten, riss Somerset eine rote Rose von einem Busch ab (die Wappenblume des Hauses Lancaster) und sagte: »Lasset all jene, die treu zu Lancaster stehen, eine rote Rose tragen!« Daraufhin riss York eine weiße Rose ab (die Wappenblume seines Hauses) und erklärte, sie solle fortan das Erkennungszeichen der Yorkisten sein.

Das war auch das Mindeste, was die beiden Gentlemen tun konnten. Wenigstens gaben sie dem furchtbaren Bürgerkrieg, den sie anzettelten, mit dieser Episode einen hübschen Namen.

In dem Machtvakuum, das Henrys geistige Erkrankung schuf, konnte York vorerst den Kronrat hinter sich bringen, und Somerset wanderte in den Tower.

Doch als der König um Weihnachten 1454 herum wieder ins Hier und Jetzt zurückkehrte, machte er alle Beschlüsse rückgängig und holte seinen Cousin Somerset aus der Haft.

Es ist sehr schwierig zu entscheiden, wer in diesem Machtkampf (und natürlich ging es um nichts anderes als um die Macht in England) im Recht, wer im Unrecht war. Aber eins ist gewiss: König Henry machte die Sache mit seiner Neigung, im Zweifel für Somerset – der ihm verwandtschaftlich näher stand – zu entscheiden, nicht einfacher.

Richard of York verkrümelte sich nach Norden, wo er eine große Schar Anhänger hatte, die fast alle Neville hießen. Vielleicht erinnern Sie sich an Ralph Neville, den standhaften Earl of Westmoreland, der John of Gaunts Tochter Joan Beaufort geheiratet hatte? Die beiden bekamen fünfzehn Kinder, und ihr ältester Sohn noch mal ein Dutzend. Darum wimmelte es im Norden nur so von Nevilles, und Richard of York hatte eine geheiratet. Nun sammelte er die Neville-Scharen und seine sonstigen Anhänger um sich und zog mit ihnen zurück gen Süden.

In einem tristen Kaff namens St. Albans trafen sie am 22. Mai 1455 auf Somersets Truppen, bei denen sich auch der König aufhielt, und es kam zur ersten Schlacht der Rosenkriege. Sie war nicht besonders wild, fand auf dem Marktplatz des verschlafenen Städtchens statt und dauerte nur eine halbe Stunde. Aber als sie vorbei war, war Somerset gefallen, der König leicht verletzt und Richard of York *de facto* Herrscher über England.

Nur hatten die Jungs alle die Rechnung ohne die Königin gemacht. Marguerite d'Anjou hatte schon während der wahnsinnigen Auszeit ihres Gemahls versucht, die Regierungsgeschäfte in die Hand zu nehmen, denn seit der Geburt ihres Sohnes nahm die bislang eher passive Königin regen Anteil am politischen Geschehen im Land. York und Somerset hatten das nicht zugelassen, denn auch wenn sie einander verabscheuten, waren sie sich doch in einem Punkt einig: Wenn man die Wahl zwischen einer regierenden Königin und einem Bürgerkrieg hatte, war der Bürgerkrieg allemal vorzuziehen.

Doch nachdem Somerset tot war, übernahm Marguerite mehr und mehr die Führungsrolle bei den Lancastrianern. Sie hasste den Duke of York mit großer Leidenschaft, denn sie

Neben Kriegsführung fand Marguerite d'Anjou auch noch Zeit, das Queens College in Cambridge zu gründen.

fürchtete – völlig zu Recht –, dass er ihren kleinen Sohn aus der Thronfolge drängen wollte. König Henrys rührende, aber nutzlose Friedenbemühungen unterband sie und machte sich daran, das Geburtsrecht des Prince of Wales mit Klauen und Zähnen zu verteidigen.

Apropos Wales. Sie wissen doch noch, dass König Henrys Mutter Katherine verbotenerweise einen walisischen Ritter geheiratet hatte, der nicht Tudor hieß, aber hartnäckig so genannt wurde? Die beiden hatten drei Söhne bekommen – Halbbrüder des Königs –, und nachdem die bedauernswerte Katherine 1437 in geistiger Umnachtung gestorben war, hatte König Henry seinem Stiefvater großmütig verziehen und seine drei kleinen Brüder unter seine Fittiche genommen. Inzwischen waren sie erwachsen, und der Älteste, Edmund Tudor, hatte die Cousine des Königs geheiratet, Margaret Beaufort (die bei ihrer Hochzeit übrigens ganze zwölf Jahre alt war). Sie wurde kurz darauf schwanger. Drei Monate vor der Niederkunft starb ihr Mann in yorkistischer Gefangenschaft an der Pest. Am 28. Januar 1457 brachte sie in Pembroke Castle einen Sohn zur Welt, der auf den Namen Henry getauft wurde.

Warum ich Ihnen von diesen Ereignissen aus der walisischen Provinz und von der Geburt dieses unbedeutenden Henry Tudor erzähle, fragen Sie sich?

Das werden Sie schon noch sehen.

Unterdessen hatten Yorkisten und Lancastrianer sich ein paar Mal getroffen, um sich gegenseitig die Köpfe einzuschlagen. König Henrys Gesundheits- und Geisteszustand blieb labil. Er war noch keine vierzig, aber er wirkte greisenhaft, abwesend, vergesslich und vor allem den Belangen der Welt entrückt. Am liebsten hielt er sich in seiner dämmrigen Privatkapelle auf. Er wollte gar nicht mehr wissen, was jenseits ihrer Mauern vor sich ging, und überließ der Königin die Kriegführung gegen York ebenso wie die Regierung – soweit Letztere überhaupt noch stattfand.

Marguerite errang für eine Weile die Oberhand über die Yorkisten, und Richard of York musste nach Irland ins Exil fliehen. Dann schlug sein ältester Sohn, Edward Earl of March, die Lancastrianer am 10. Juli 1460 ziemlich gründlich bei der Schlacht von Northampton und nahm König Henry gefangen (den man auf einen Trosswagen gesetzt und mit in die Schlacht genommen hatte, um die Moral der Truppe zu stärken). Henry mochte ein nutzloser König sein, aber als Pfand war er wertvoll. Marguerite blieb erst einmal nichts anderes übrig, als mit ihrem Söhnchen nach Schottland zu fliehen.

Im Oktober kehrte York siegesgewiss aus dem Exil zurück und ritt nach Westminster zum Parlament. Wie ein König zog er in Westminster Hall ein. Sein zweitältester Sohn, Edmund Earl of Rutland, trug feierlich ein entblößtes Schwert vor ihm einher, und York trat an den leeren Thron und legt die Hand auf die Lehne.

Hätten die Lords angefangen zu klatschen, wären die Rosenkriege damit zu Ende und Richard of York König von England gewesen. Aber sie klatschten nicht. Diese Quasi-Inbesitznahme des Throns war ein ziemlich starkes Stück, und offenbar zweifelte die Mehrheit der Lords, ob der gar zu selbstbewusste York England wirklich so ein guter König wäre. Sie fanden eine Art Kompromisslösung und machten ihn zum Lord Protector.

Aber Richard of York sollte nicht lange Freude an seinem hübschen Titel haben. Inzwischen waren die Söhne seines Erzfeindes Somerset erwachsen geworden, und der neue Duke of Somerset – Henry Beaufort – sammelte Truppen in Pontefract, der stärksten der Lancaster-Festungen. York zog in seine nahe gelegene Burg Sandal Castle, um ein Auge auf Somerset zu haben.

Als der Duke of York am 30. Dezember 1460 mit seinen Männern nach Wakefield ritt, um Proviant für seine Burgbesatzung aufzutreiben, lauerte Somerset ihm auf, und es kam zu einem dieser für die Rosenkriege so typischen Scharmützel: Es waren keine großen Armeen, sondern eher Häuflein, die da aufeinanderprallten. Es sah nicht nach viel aus und dauerte auch nicht lange. Aber der Ausgang war katastrophal: Richard of York fiel. Sein wichtigster Verbündeter, der Earl of Salisbury (natürlich ein Neville), wurde gefangen genommen und hingerichtet. Und Yorks siebzehnjähriger Sohn, Edmund of Rutland, wurde auf der Flucht niedergemetzelt.

Die Rosenkriege waren ein bitterer und tragischer Konflikt, weil alle Kontrahenten mehr oder minder nah miteinander verwandt waren. Es waren immer Cousins, die einander auf den Schlachtfeldern begegneten. Doch mit der Ermordung des jungen Rutland nahm die Verbitterung dieses Krieges eine neue Qualität an. Niemand fühlte sich jetzt mehr so richtig an die Gepflogenheiten eines ehrenhaften Kampfes gebunden.

Der junge Somerset ließ Salisburys, Rutlands und Yorks Köpfe über der Stadtmauer von York aufpflanzen und setzte Richard of York eine Papierkrone auf. Darüber schmunzelten die Lancastrianer: York hatte die Krone, nach der er so gegiert hatte, doch noch bekommen.

Aber das Lachen sollte ihnen bald vergehen.

Yorks ältester Sohn, Edward of March, und Salisburys ältester Sohn, Richard Neville (wie sonst?), der der Earl of Warwick war, übernahmen die Führung der yorkistischen Partei. Beide hatten bei Wakefield den Vater und einen Bruder verloren. Beide waren ehrgeizig und wollten diesen Krieg gewinnen. Warwick war ein gerissener Taktiker, Edward of March ein hervorragender Soldat – ein Ritter vom alten Schlage.

Es wurde finster für Lancaster.

Am 2. oder 3. Februar 1461 vernichtete Edward of March ein walisisch-lancastrianisches Heer unter der Führung von Jasper Tudor.

Zwei Wochen später gewann Marguerite gegen eine yorkistische Truppe unter dem Earl of Warwick bei St. Albans.

(Genau, das verschlafene Nest, wo die Rosenkriege angefangen hatten.) Bei der Gelegenheit erbeutete sie auch ihren königlichen Gemahl zurück, aber ansonsten nützte dieser Sieg ihr absolut gar nichts. Die Londoner schlugen ihr nämlich die Tore vor der Nase zu, weil sie Angst hatten, die grausame Königin werde ihre geliebte Stadt plündern lassen, und rollten stattdessen Edward of March den roten Teppich aus. Jubelnd säumten sie die Straßen, als er in die Stadt einzog. London hatte eben, wie gesagt, eine Schwäche für schöne junge Helden.

Anfang März wurde Edward of March zum König von England ausgerufen.

Doch vorerst war Edwards Anspruch auf die Krone erst einmal nicht viel mehr als eine leere Drohung, denn noch war die lancastrianische Armee nicht geschlagen. Aber das holte Edward am 29. März 1461 nach. Es war Palmsonntag, als die beiden Heere im dichten Schneetreiben bei Towton in Yorkshire aufeinandertrafen. An die vierzigtausend Soldaten insgesamt, schätzt man, und somit war es die größte Schlacht, die je auf englischem Boden geschlagen wurde.

Als die Sonne unterging, lagen achtundzwanzigtausend Gefallene im Schnee, sechsundzwanzigtausend davon Lancastrianer.

Kapitel 6
1461–1485: Die York

Am 28. Juni 1461 wurde Edward of March mit nicht einmal zwanzig Jahren zu Edward IV. von England gekrönt – der erste König aus dem Hause York.

Die meisten Engländer waren erleichtert. Den einfachen Leuten war nämlich völlig egal, wie ihr König mit Nachnamen hieß. Sie wollten nur, dass nach 116 Jahren Krieg gegen Frankreich und den sich nahtlos anschließenden sechs Jahren Bürgerkrieg endlich mal Ruhe herrschte und niemand in ihre Dörfer kam, um ihre Scheunen zur Versorgung der Truppen zu plündern oder ihre Väter, Ehemänner und Söhne als Bogenschützen anzuwerben, die dann entweder gar nicht oder mit einem Arm, Bein oder Auge weniger nach Hause kamen.

Und König Edward machte seine Sache hervorragend. Nach dem jämmerlichen Henry VI. (den seine Königin mitsamt ihrem Sohn in Schottland in Sicherheit gebracht hatte), war es doch irgendwie sehr beruhigend, einen König auf dem Thron zu haben, der auch wie ein König aussah, redete und handelte.

Edward IV. hatte in vieler Hinsicht Ähnlichkeit mit seinen strahlenden Vorgängern Edward III. und Henry V. Genau wie sie legte er keinen Wert auf Rachefeldzüge gegen die besiegten politischen Gegner, sondern setzte auf Aussöhnung. Genau wie sie war er ein König, dem Recht und Rechtsprechung sehr am Herzen lagen, der aber auf dem Schlachtfeld ordentlich hinlangen konnte, wenn es sein musste. Und genau wie sie sah er – so wird berichtet – unverschämt gut aus und ließ nichts, aber auch gar nichts anbrennen.

Und genau das wurde sein größtes Problem.

Während sein wichtigster Ratgeber, sein Cousin Richard Earl of Warwick, ihn zu einer Ehe mit einer französischen Prinzessin drängte, der kaum weniger einflussreiche Earl of Pembroke auf eine Verbindung mit Burgund setzte, hatte der König sich rettungslos in die Witwe eines unbedeutenden Landritters verliebt, Elizabeth Woodville. Das wäre ja eigentlich weiter nicht schlimm gewesen, denn wenn der König sich verliebte, umgarnte er das Objekt seiner Begierde, bis es willig mit ihm in die Kissen sank, und danach ging er von Neuem auf die Jagd.

Aber Elizabeth Woodville sank nicht. Das machte den König völlig verrückt, und im Mai 1464 heiratete er sie in aller Heimlichkeit, weil das eben der einzige Weg war, um zu kriegen, was er wollte.

Im September flog die heimliche Heirat auf. Der Hof war schockiert. Der Earl of Pembroke war ziemlich genervt. Und viel schlimmer: Edwards Cousin, der mächtige Earl of Warwick, war fuchsteufelswild.

König Edward hatte Warwick viel zu verdanken, denn ohne die Macht der Nevilles, die Warwick verkörperte, hätte er seinen Thron niemals erringen können. Und der einflussreiche, supergescheite Warwick hatte auch dafür gesorgt, dass der Übergang von der lancastrianischen zur yorkistischen Regierung reibungslos verlief. Mit Mitte dreißig war er der erfahrene, kluge Ratgeber an der Seite des jungen Königs gewesen, der sich immer von ihm hatte lenken lassen.

Bis jetzt.

Mit einem Mal war König Edward erwachsen geworden, und Warwick sah seine Felle davonschwimmen. Obendrein stand er vor dem König von Frankreich da wie der letzte Trottel, hatte er dem doch schon praktisch die eheliche Verbindung mit dem Hause York versprochen.

Edward IV. galt als auffällig gut aussehender Mann. Davon zeigt dieses Porträt eher wenig.

Warwicks Unmut und seine schlimmsten Befürchtungen bewiesen sich im Lauf der nächsten Jahre als durchaus berechtigt. Das Problem war nicht einmal so sehr die Königin selbst, sondern ihre riesige Sippschaft. Elizabeth Woodville hatte einen Vater, Brüder, zwei Söhne aus erster Ehe und eine Unzahl von Schwestern, die sie allesamt mit lukrativen Adelstiteln, Ämtern und Ehemännern versorgte. Die Woodvilles kamen wie ein gefräßiger Heuschreckenschwarm über England, und der Earl of Warwick war *not amused*.

1469 rebellierte er gegen den König, ließ ein paar Widersachern und ein paar der verhassten Woodvilles die Köpfe abschlagen, nahm den König kurzzeitig gefangen und drohte, ihn durch Edwards trunksüchtigen, hinterhältigen, ganz und gar unmöglichen Bruder George of Clarence zu ersetzen. (Daraus wurde nichts. Clarence musste seine Ambitionen begraben und wurde knapp zehn Jahre später als Verräter verurteilt und – weil er doch ein solcher Weinliebhaber war – in einem Weinfass ertränkt.)

Schon im Herbst 1469 hatte Edward seine Macht wieder gesichert, und da tat der Earl of Warwick das Unfassbare: Er wechselte die Seiten, nahm Kontakt zur abgesetzten Königin Marguerite in Frankreich auf und fragte an, ob sie Interesse an einer Allianz habe, um ihren Gemahl wieder auf den Thron zu bringen.

Eher stürze ich mich in die Seine, war Marguerites erste Reaktion. Wenn es auf der Welt irgendjemanden gab, den sie leidenschaftlicher hasste als den toten Richard of York und seinen sehr lebendigen Sprössling auf dem englischen Thron, dann war es Warwick.

Aber König Louis von Frankreich vermittelte zwischen seiner unversöhnlichen Cousine und dem stolzen Warwick, denn er wollte, dass der burgundfreundliche Edward vom englischen Thron verschwand und der zahme Henry unter Führung des frankophilen Warwick wieder an die Macht kam. Schließlich brachte Louis fertig, was keiner für möglich gehalten hatte: Im Sommer 1470 schlossen Marguerite und Warwick ein Bündnis. Beide mussten dafür eine fette Kröte schlucken: Warwick musste sich der Königin förmlich unterwerfen und auf Knien um Verzeihung bitten. Marguerite musste ihren geliebten Sohn, Prinz Edward, mit Warwicks Tochter Anne verheiraten, denn das war der Preis, um Warwicks Macht auf Lancasters Seite zu holen: Der Earl of Warwick wollte, dass seine Nachkommen die Krone tragen würden.

Mit einer Armee, die größtenteils aus französischer Schatulle bezahlt wurde, setzte Warwick nach England über und jagte den yorkistischen König ins burgundische Exil. Im Oktober 1470 wurde der verdatterte Lancaster-König Henry aus der Mottenkiste im Tower geholt, wo er die letzten Jahre verwahrt worden war, und in Westminster wieder auf seinen Thron gesetzt – König von Warwicks Gnaden.

Aber es ging nicht lange gut. Im Sommer hatte Warwick den Überraschungsvorteil auf seiner Seite gehabt, doch der tatkräftige König Edward erwachte schnell aus seiner Schreckensstarre, lieh sich vom Herzog von Burgund, der mit seiner Schwester verheiratet war, 2000 Soldaten und landete am 14. März 1471 in Ravenspur. Das gehörte den Percys von Northumberland, die ja bekanntlich immer für einen überraschenden Seitenwechsel gut waren und kurzerhand zu Edward überliefen.

Und damit ging alles wieder von vorne los.

Am 14. April 1471 trafen die Armeen Yorks und Lancasters bei Barnet aufeinander. Dieses Mal schneite es nicht, dafür herrschte dichter Nebel. König Edward schlug die Lancastrianer wieder einmal, und als Warwick erkannte, dass seine Sache verloren war, ergriff er im Nebel die Flucht. Doch er wurde von einer Handvoll yorkistischer Ritter verfolgt und niedergemacht. Sie zogen dem Leichnam die Kleider aus, brachten ihn nach London und stellten ihn dort zur Schau. Ein ganz schön unrühmliches Ende für einen Mann, der als der »Königsmacher« in die Geschichte einging.

Am selben Tag landeten Marguerite und ihr Sohn in England, die erst einmal in Frankreich abgewartet hatten, wie die Dinge sich entwickelten. Eilig scharten sie die letzten verbliebenen Lancastrianer im Südwesten um sich und zogen Richtung walisische Grenze, um sich mit Jasper Tudor, König Henrys treuem Halbbruder, und dessen Truppen zu vereinigen.

Aber keinen Tagesritt mehr von der walisischen Grenze entfernt, holte König Edward sie bei Tewkesbury ein, und es kam zur vorerst letzten Schlacht der Rosenkriege. Edward siegte schon wieder. Das war ja nichts Neues, aber neu war, dass seine Männer – wahrscheinlich unter der Führung seines Bruders Clarence – den siebzehnjährigen Lancaster-Prinzen Edward jagten und abschlachteten. So wie die Lancastrianer es zehn Jahre zuvor mit dem jungen Rutland getan hatten.

Alle lancastrianischen Lords, die bei Tewkesbury gefangen genommen wurden, verloren den Kopf, darunter auch der letzte Somerset, Edward Beaufort. König Edward hatte gelernt, dass es sich rächte, den Lancastrianern gegenüber allzu große Milde walten zu lassen. Er wollte endlich Ruhe in England.

Am 21. Mai 1471, dem Tag, als Edward im Triumph in London einzog, wurde der greise, verwirrte König Henry im Tower of London ermordet. Ganz genau wissen wir nicht, wer es getan hat, aber König Edwards jüngster Bruder, Richard of Gloucester, befand sich im Tower, als es passierte.

Genau wissen wir hingegen dies: Am 21. Mai 1471 endete die Hauptlinie der Lancaster, und der lange Krieg hatte auch alle Beauforts aufgerieben, die die Lancaster-Krone hätten beanspruchen können.

Wirklich alle?

Nicht ganz.

Erinnern Sie sich an die einsame Niederkunft der dreizehnjährigen Witwe in Pembroke, die Edmund Tudor geheiratet hatte, der aber noch vor der Geburt seines Sohnes, des kleinen Henry, gestorben war? Diese bedauernswerte Wöchnerin war eine Beaufort. Und weil sonst keiner mehr übrig war, ging der Thronanspruch der Lancaster auf diesen bislang völlig unbedeutenden Henry Tudor über.

Der Junge war inzwischen vierzehn Jahre alt, und sein kluger, weitsichtiger Onkel Jasper hatte ihn schon vor der Schlacht von Barnet außer Landes gebracht, denn er wusste, die Yorkisten würden hinter Henry Tudor her sein wie der Teufel hinter der armen Seele.

Die Tudors tauchten in der Bretagne unter, wo sie die nächsten zwölf Jahre als mehr oder minder gut gelittene Gäste des Herzogs der Bretagne darauf warteten, dass die Zeit reif wurde.

Derweil genoss König Edward seine wiedererlangte Königswürde und liebäugelte damit, den Krieg gegen Frankreich wiederzubeleben, jetzt, da er die Lancaster endgültig erledigt glaubte.

Aber der König von Frankreich kaufte Edward den Anspruch auf die französische Krone für ein stattliches Sümmchen ab, und der York-König mit dem sonnigen Gemüt machte sich daran, dieses königliche Lösegeld zu verprassen. Er wurde vollkommen maßlos in seinen Ausschweifungen. Das klingt reichlich altmodisch, aber genau so war's. Er betrog seine Königin nicht einfach nur mit einer Reihe von Mätressen, wie fast jeder seiner Vorgänger es getan hatte, sondern zog sich immer häufiger auf irgendeine verschwiegene Burg zurück, wo er die wildesten Orgien veranstaltete. Außerdem trank und aß er zu viel und wurde fett. Das rächte sich 1483: Um Ostern herum wurde er krank – vielleicht war's ein Schlaganfall –, und am 9. April starb er im Palast zu Westminster.

Jetzt wird es ein bisschen kompliziert, denn alles, was sich in den sechs Monaten nach Edwards Tod ereignete, ist bis auf den heutigen Tag heftig umstritten.

Version A fängt an mit: Edwards einzig verbliebener Bruder, Richard of Gloucester, war ein Monster.

Version B fängt an mit: Edwards einzig verbliebener Bruder, Richard of Gloucester, war ein Engel.

Die aktuelle Forschung und ich tendieren zu Version A, die ich Ihnen darum auch erzähle, und auf Version B gehen wir danach kurz ein, okay?

Also: Edwards einzig verbliebener Bruder, Richard of Gloucester, war ein Monster. Trotzdem bestimmte das Testament seines Bruders ihn zum Lord Protector, der mit dem Kronrat gemeinsam regieren sollte, bis der zwölfjährige Edward, Prince of Wales, mündig wurde (so wie wir's schon kennen).

Gloucester holte den zwölfjährigen Prinzen auch nach London, quartierte ihn im Tower ein und bereitete scheinbar alles für dessen Krönung Ende Juni vor, schaffte aber gleichzeitig jeden aus dem Weg, der dem Prince of Wales besonders nahe stand. Wie den Bruder der Königin etwa, den Gloucester des Verrats bezichtigte und hinrichten ließ.

Königin Elizabeth geriet in Panik und ging mit ihren Töchtern und ihrem zweiten Sohn, Richard of York, in Westminster Abbey ins Kirchenasyl.

Am 16. Juni schickte Richard of Gloucester, das Monster, den Erzbischof von Canterbury zur Königin, um sie zu bitten, ihren jüngeren Sohn herauszurücken, weil der zukünftige König im Tower so einsam sei. Und Elizabeth, dieses Riesenschaf, ließ sich überreden.

Am selben Abend wurde bekannt gegeben, die Krönung des jungen König Edward sei auf den 9. November verschoben worden.

Am 22. Juni predigte ein gewisser Dr. Shaw an St. Pauls Cross – das war im 15. Jahrhundert das Äquivalent zu einer Sondernachrichtensendung – und tat kund, dass der kleine Prince of Wales und sein Bruder Bastarde seien, da ihr Vater vor Elizabeth Woodville schon eine andere Frau geehelicht habe. Darum habe Richard, der Duke of Gloucester, sich schweren Herzens entschlossen, die Krone selber zu nehmen.

Vier Tage später nahm Richard of Gloucester, dieses Muster an Anstand und Selbstlosigkeit, zum ersten Mal auf dem Thron in Westminster Hall Platz, und am 6. Juli 1483 ließ er sich zu Richard III. von England krönen.

Irgendwann zwischen Richards Krönung und September 1483 verschwanden die beiden Prinzen im Tower. Sie verschwanden ganz allmählich. Zuerst sah man sie auf dem Tower Green noch jeden Tag beim Fußballspielen und Bogenschießen. Dann immer seltener. Und irgendwann überhaupt nicht mehr.

Vieles spricht dafür, dass Richard III. seine beiden Neffen ermorden ließ, denn auch wenn er sie als Bastarde gebrandmarkt und somit aus der Thronfolge gedrängt hatte, wären sie doch immer eine Bedrohung für ihn geblieben, denn die Behauptung einer angeblichen früheren Ehe seines königlichen Bruders war ein schwacher, leicht durchschaubarer Trick. Aber ein eindeutiger Beweis für den Prinzenmord fehlt. Offiziell gelten Edward V. (wie er genannt wird, obwohl er nie gekrönt wurde) und der

Das Schicksal der Prinzen im Tower beschäftigte noch diesen Künstler des 19. Jahrhunderts.

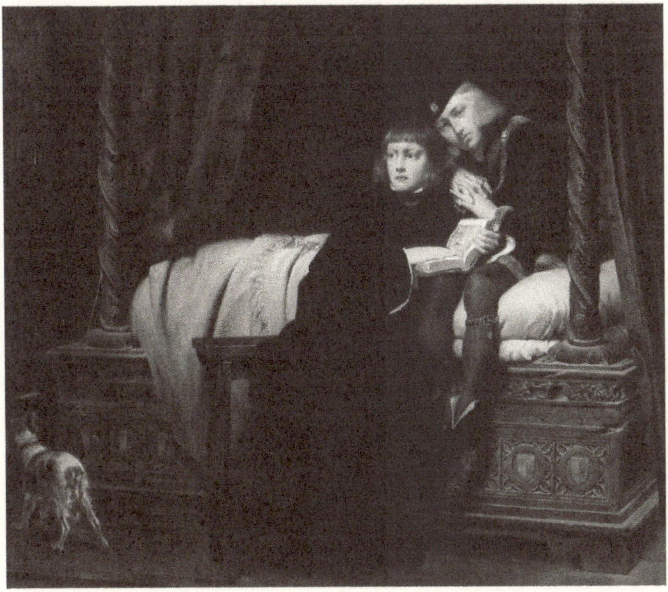

kleine Richard of York als »verschollen«, denn ihre Leichen wurden nie eindeutig identifiziert.

Im Jahr 1674 wurden bei Bauarbeiten im Tower zwei Kinderskelette entdeckt. Der damalige König – Charles II. – warf einen Blick darauf, sagte, es müsse sich wohl um die ermordeten Prinzen handeln, und ließ sie in Westminster Abbey beisetzen. 1933 wurden sie exhumiert und von einem Mediziner und einem Zahnmediziner untersucht. »Zwei männliche vorpubertäre Skelette«, schrieben sie in ihren Bericht. »Der ältere Junge war zum Todeszeitpunkt zwölf oder dreizehn Jahre alt, der jüngere neun oder zehn.« Sowohl die Fundstelle der Skelette als auch ihr Zustand deckten sich mit dem Bericht über den Prinzenmord in den Chroniken. Die beiden Wissenschaftler kamen also wiederum zu dem Schluss, dass es die Prinzen sein müssten, und wieder wurden die sterblichen Überreste beigesetzt. Und dabei ist es bislang geblieben. Der endgültige wissenschaftliche Beweis steht noch aus.

Nach Version B hat Richard of Gloucester seine Neffen nicht ermordet, sondern unfreiwillig und auf hartnäckiges Drängen einiger Lords die Krone genommen, weil eben der Verdacht im Raum stand, die Prinzen könnten Bastarde sein. Er brachte sie irgendwo weit weg vom Hof in Sicherheit, und dort lebten sie glücklich und zufrieden bis ans Ende ihrer Tage. Oder: Dort ließ der Duke of Buckingham sie ermorden, der auch gerne König werden wollte. Oder: Dort ließ Henry Tudor sie umbringen, der ebenfalls König werden wollte. Das dürfen Sie sich aussuchen. All diese Theorien sind reine Spekulation.

Einen eindeutigen Beweis gibt es, wie gesagt, für Version A auch nicht, aber einen Haufen Indizien. Und Tatsache ist: Nach September 1483 wurden die Prinzen nie wieder gesehen.

Wie dem auch sein mag, Richard war König. An seiner Seite hatte er eine schöne Königin – er hatte nämlich Anne Neville geheiratet, die Witwe des bei Tewkesbury ermordeten Lancaster-Prinzen Edward –, und ein Söhnchen hatten sie auch schon. Alles wie aus dem Bilderbuch.

Aber das Verschwinden der Prinzen lastete wie ein Fluch auf Richards Regentschaft. Jedes Mal, wenn er eine Entscheidung traf, die seinen Lords und Bischöfen nicht passte, fand sich irgendein Mutiger, der mit Unschuldsmiene fragte: Ach, übrigens, Majestät, wo sind eigentlich die Prinzen?

Richard begegnete dem, indem er Angst und Schrecken verbreitete und das Parlament zu entmachten versuchte. Das gefiel den Lords und Commons überhaupt nicht. Und immer öfter hörte man sie munkeln: Da ist doch noch dieser Tudor in der Bretagne. Wär's nicht besser, er käme auf den Thron, statt uns von diesem Kindermörder schikanieren zu lassen?

Im März 1484 starb König Richards kleiner Sohn Edward, der Prince of Wales. Da wurde den unzufriedenen Lords so richtig unheimlich. Wollte Gott ihnen ein Zeichen geben? Hatte er Richard für den Mord an seinen Neffen bestraft?

Richard wurde unterdessen immer despotischer, und als wenige Monate später auch noch seine Königin starb, gab es Gerüchte, er habe sie ermordet. Erst einzeln und verschämt, dann scharenweise gingen Lords und Ritter zu Henry Tudor über, der inzwischen von der Bretagne nach Frankreich übersiedelt war. Dort hatte man ihm für seinen kleinen Hof im Exil eine Burg geborgt, aber die drohte bald aus allen Nähten zu platzen, als die Überläufer aus England die Vierhundert überschritten.

Am 1. August 1485 stach Henry Tudor mit seiner kleinen Flotte in See und landete in Milford Haven in Wales. Dort hatte er großen Zulauf, und auch als er England durchquerte, stießen weitere Truppen zu ihm. Am 22. August 1485 trafen seine und König Richards Armeen bei Bosworth (unweit von Leicester) zur letzten Schlacht der Rosenkriege aufeinander.

Richard hatte mit 10000 fast doppelt so viele Männer wie Tudor. Aber Lord Stanley (der ein eingefleischter Yorkist, aber Tudors Stiefvater war), lief zu Henry Tudor über, und die Percys kippten mal wieder, beschlossen, alles in allem lieber doch nicht für Richard ins Feld zu ziehen, und taten gar nichts.

König Richard verlor die Schlacht und sein Leben. Er war übrigens der letzte englische König, der auf einem Schlachtfeld starb. Es heißt, er habe über dem Helm eine Krone getragen, die unter einen Busch rollte, als er fiel. Einer der siegreichen lancastrianischen Lords hob sie auf, und Henry Tudor wurde noch auf dem Schlachtfeld zu Henry VII. von England gekrönt.

Der neue König heiratete Elizabeth of York, die älteste Tochter Edwards IV., und vereinte somit die Häuser Lancaster und York. Um diese Vereinigung zu versinnbildlichen, wählte er eine Rose zur Wappenblume, die aus roten und weißen Blättern bestand.

Und damit endeten nicht nur die Rosenkriege, sondern auch das Mittelalter in England war vorüber.

Natürlich ist es Blödsinn, das Ende einer Epoche an einer Schlacht festzumachen. Aber das ist auch gar nicht der Fall. Ein neues Zeitalter war längst angebrochen, nur verhinderten die Rosenkriege, dass die Gedanken des Humanismus und die Errungenschaften der Renaissance in England Einzug halten konnten. Das entwickelte sich erst in den vergleichsweise friedlichen Jahren unter Henry VII.

Sein Nachfolger war übrigens sein Sohn Henry VIII. (genau, der mit den sechs Frauen), dessen Hof und Lebensstil als Glanzbeispiel der englischen Renaissance gelten.

Es war in vieler Hinsicht eine Zeit großer Umwälzungen: Bereits 1453 hatten die Türken Konstantinopel erobert, und das Byzantinische Reich war untergegangen.

Die Erfindung der Druckerpresse veränderte die Welt.

Am Ende des Mittelalters machte die Kunst Fortschritte: Diese Büste sieht Henry VII. tatsächlich ähnlich, heißt es.

1483 – in dem Jahr, da Richard of Gloucester die Macht an sich riss – kam in Eisleben ein Mann namens Martin Luther zur Welt.

1492 – sieben Jahre nach der Schlacht von Bosworth – vertrieben die »katholischen Majestäten« Isabella und Ferdinand die letzten muslimischen Machthaber aus Spanien und finanzierten einem gewissen Christoph Columbus seine Seereise zur Suche einer Westpassage nach Indien. Stattdessen landete er in der Neuen Welt, wie Sie natürlich wissen, und auch wenn der Kulturschock und die Folgen für die unfreiwillig Entdeckten weitreichender und katastrophaler waren als für die Entdecker, war doch auch im alten Europa danach nichts mehr so wie vorher.

ENDE

Kurze Nachbemerkung

In dieses Buch ist all das eingeflossen, was ich in mehr als eineinhalb Jahrzehnten intensiver Beschäftigung mit dem englischen Mittelalter erfahren habe.

Zusätzlich habe ich natürlich noch einmal viele Bücher gelesen, um die Informationen zusammenzutragen, die ich Ihnen hier in hoffentlich unterhaltsamer Weise dargeboten habe. Für diejenigen, die gerne ein bisschen weiterlesen möchten und des Englischen mächtig sind, will ich die wichtigsten dieser Bücher nennen: Wie immer bildete die alte, aber hervorragende Serie *The Oxford History of England* das Rückgrat meiner Recherche, insbesondere Frank M. Stenton: *Anglo-Saxon England, c. 550-1087;* Austin L. Poole: *From Domesday Book to Magna Carta, 1087-1216;* Maurice Powicke: *The Thirteenth Century, 1216-1307;* May McKisack: *The Fourteenth Century, 1307-1399;* Ernest F. Jacob: *The Fifteenth Century, 1399-1485.* Die wichtigste Quelle, um mich auf den aktuellen Forschungsstand zu bringen, war das neue *Oxford Dictionary of National Biography*, das ich in der praktischen, aber leider kostenpflichtigen Online-Version nutze (www.oxforddnb.com), und wo ich neben unzähligen zuverlässigen Fakten auch viele der kleinen Anekdoten über die Menschen entdeckt habe, die das englische Mittelalter geprägt haben. Und ein deutschsprachiges Buch fand ich ebenfalls ausgesprochen hilfreich, nämlich Jürgen Sarnowsky: *England im Mittelalter.*

Ich danke Karlheinz Jungbeck, der die Idee zu diesem Buch hatte, und Nina Monser für ihre akribische und kundige Mitarbeit.

Zeittafel

ca. 450	Beginn der angelsächsischen Besiedelung
7. – 9. Jh.	»Heptarchie«
597	Beginn der Missionierung durch Augustin
633	Beginn der irischen Missionierung
663	Synode von Whitby
673 (oder 74) – 735	Beda Venerabilis
793	Beginn der Wikingerüberfälle
878	Alfred der Große besiegt die Dänen bei Edington
bis 950	Vereinigung Englands unter westsächsischer Führung
991	1. Lösegeldzahlung an die Dänen durch Æthelred
1016	England fällt für ein Vierteljahrhundert unter dänische Herrschaft
14.10.1066	Schlacht von Hastings, normannische Eroberung

1067 – 1071	Niederschlagung des angelsächsischen Widerstandes
1085/86	William lässt eine landesweite Erhebung der Bevölkerung und ihrer Vermögensverhältnisse durchführen, deren Ergebnisse im *Domesday Book* festgehalten werden
1087	Aufspaltung des anglo-normannischen Reiches
1096	Herzog Robert verpfändet König William Rufus die Normandie
1106	Schlacht von Tinchbray
25.11.1120	Untergang des *White Ship*
1127	König Henry I. lässt seine Tochter Matilda zur Thronerbin ausrufen
1138/39	Beginn des Bürgerkrieges zwischen Kaiserin Matilda und König Stephen
2.2.1141	Schlacht von Lincoln
6.11.1153	Friedensvertrag von Winchester
29.12.1170	Ermordung Thomas Beckets
1173 – 1174	Rebellion der Prinzen und Königin gegen Henry II.
1188 – 1189	Erneute Erhebung der Prinzen gegen den König
1192	Richard Löwenherz gerät auf dem Rückweg vom Kreuzzug in österreichisch-deutsche Gefangenschaft

ab 1204	Verlust der Normandie und aller weiteren französischen Besitzungen bis auf einen Teil Aquitaniens
1208 – 1214	Der Papst belegt England mit dem Interdikt
27.7.1214	Schlacht von Bouvines
15.6.1215	König John unterzeichnet die »Magna Charta«
1258	»Provisions of Oxford«
14.5.1264	Schlacht von Lewes
4.8.1265	Schlacht von Evesham
bis 1284	Eroberung von Wales
27.4.1296	Schlacht von Dunbar
24.6.1314	Schlacht von Bannockburn
20.1.1327	Edward II. wird zur Abdankung gezwungen und wenig später ermordet
19.10.1330	Edward III. stürzt das Regime der Königinmutter und Roger Mortimers und erlangt die Macht
1337	Beginn des Hundertjährigen Krieges
24.6.1340	Seeschlacht von Sluis
26.8.1346	Schlacht von Crécy
1347	Fall von Calais
1348/49	Erster Ausbruch der Pest
3.4.1367	Schlacht von Najera

1376	Das »gute« Parlament
1381	Bauernrevolte
1388	Das »gnadenlose« Parlament
29.9.1399	Richard II. wird zur Abdankung gezwungen und am nächsten Tag formal vom Parlament abgesetzt; wenige Wochen später wird er in Pontefract ermordet
1401	Das Parlament verabschiedet ein Gesetz zur Bekämpfung der Lollarden, das auch die Todesstrafe vorsieht
21.7.1403	Schlacht von Shrewsbury
1403 – 1409	Walisische Revolte unter Owen Glendower
25.10.1415	Schlacht von Agincourt
1420	Vertrag von Troyes
8.5.1429	Jeanne d'Arc, die »Jungfrau von Orléans«, befreit Orléans von englischer Belagerung
30.5.1431	Hinrichtung Jeanne d'Arcs
1435	Friedenskonferenz von Arras
17. 7. 1453	Schlacht von Castillon
22. 5. 1455	1. Schlacht von St. Albans, Beginn der Rosenkriege
30.12.1460	Richard of York fällt bei Wakefield, sein Sohn Rutland wird ermordet

29.3.1461	Edward of March erringt bei der Schlacht von Towton die Macht für das Haus York
1469	Warwick rebelliert gegen König Edward
1470	Warwick wechselt auf Lancasters Seite, König Henry wird wieder eingesetzt
4.5.1471	Schlacht von Tewskesbury, Ende der Lancaster-Linie
Juli – Sept. 1483	Verschwinden der Prinzen im Tower
22.8.1485	Schlacht von Bosworth

Die Könige von England

871 – 899 Alfred der Große
899 – 924 Edward der Ältere
924 – 939 Athelstan
939 – 946 Edmund
946 – 955 Edred
955 – 959 Edwy
959 – 975 Edgar »der Friedliche«
975 – 978 Edward der Märtyrer
978 – 1013 u.
1014 – 1016 Æthelred »the Unready«
1013 – 1014 Sven Gabelbart
1016 Edmund Eisenseite
1016 – 1035 Knut
1035 – 1040 Harald Hasenfuß
1040 – 1042 Harthaknut
1042 – 1066 Edward der Bekenner
1066 Harold Godwinson

1066 – 1087 William I. der Eroberer
1087 – 1100 William II. »Rufus«
1100 – 1135 Henry I.
1135 – 1154 Stephen von Blois

1154 – 1189 Henry II.
1189 – 1199 Richard I. »Löwenherz«
1199 – 1216 John »Ohneland«
1216 – 1272 Henry III.
1272 – 1307 Edward I. »Hammer der Schotten«
1307 – 1327 Edward II.
1327 – 1377 Edward III.
1377 – 1399 Richard II.

1399 – 1413 Henry IV.
1413 – 1422 Henry V.
1422 – 1461 u.
1470 – 1471 Henry VI.

1461 – 1470 u.
1471 – 1483 Edward IV.
1483 Edward V.
1483 – 1485 Richard III.

1485 – 1509 Henry VII.

London
Calais
Agincourt
Crécy
Rouen
Reims
Paris
Orléans
Domrémy
Poitiers
Lyon
Bordeaux
Avignon
N
W
O
S

DIE KÖNIGE DES ENGLISCHEN MITTELALTERS

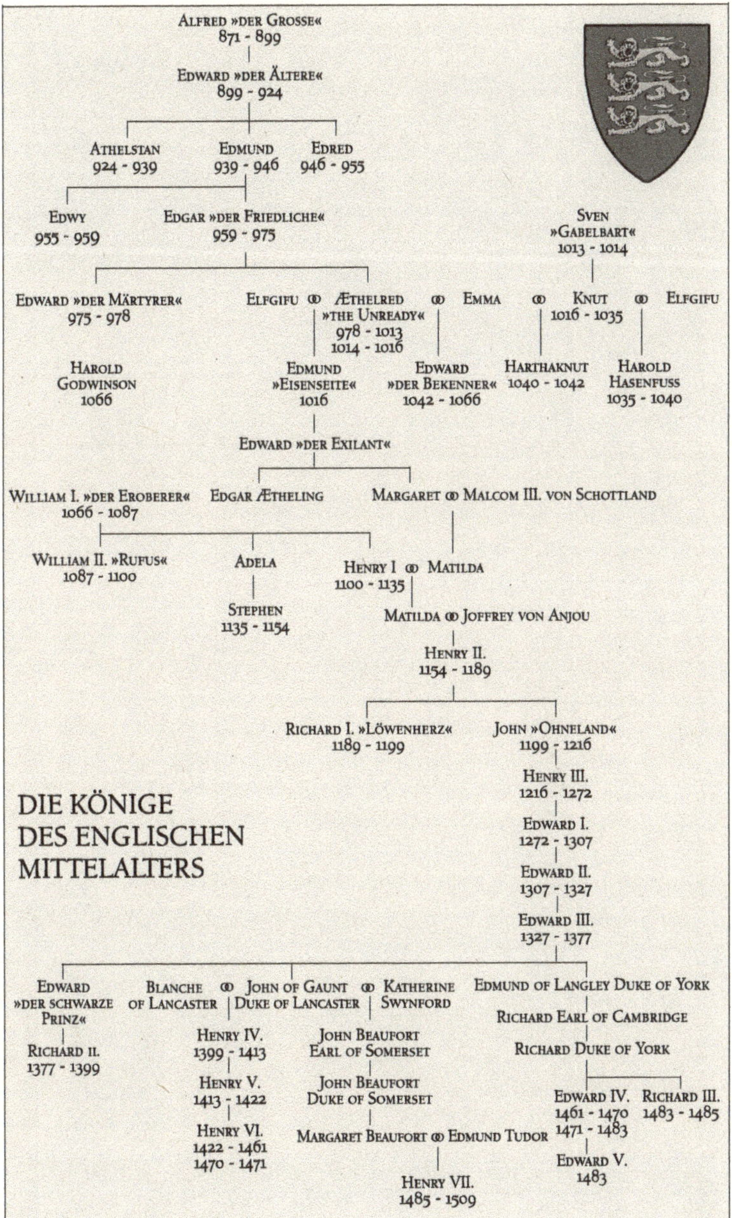